UTB 3217

Eine Arbeitsgemeinschaft der Verlage

Böhlau Verlag · Köln · Weimar · Wien
Verlag Barbara Budrich · Opladen · Farmington Hills
facultas.wuv · Wien
Wilhelm Fink · München
A. Francke Verlag · Tübingen und Basel
Haupt Verlag Bern · Stuttgart · Wien
Julius Klinkhardt Verlagsbuchhandlung · Bad Heilbrunn
Lucius & Lucius Verlagsgesellschaft · Stuttgart
Mohr Siebeck · Tübingen
Orell Füssli Verlag · Zürich
Ernst Reinhardt Verlag · München · Basel
Ferdinand Schöningh · Paderborn · München · Wien · Zürich
Eugen Ulmer Verlag · Stuttgart
UVK Verlagsgesellschaft · Konstanz
Vandenhoeck & Ruprecht · Göttingen
vdf Hochschulverlag AG an der ETH Zürich

Dieter Röh

Soziale Arbeit in der Behindertenhilfe

Mit 7 Abbildungen, 10 Tabellen und 68 Übungsfragen

Ernst Reinhardt Verlag München Basel

Prof. Dr. *Dieter Röh* lehrt Sozialarbeitswissenschaft an der Hochschule für Angewandte Wissenschaften in Hamburg, Fakultät Wirtschaft + Soziales, Department Soziale Arbeit.

Bibliografische Information der Deutschen Bibliothek

Die Deutsche Bibliothek verzeichnet diese Publikation in der Deutschen Nationalbibliografie; detaillierte bibliografische Daten sind im Internet über <http://dnb.ddb.de> abrufbar.

UTB-ISBN 978-3-8252-3217-7
ISBN 978-3-497-02068-3

Einbandgestaltung: Atelier Reichert, Stuttgart
Satz: Arnold & Domnick, Leipzig
Druck und Bindung: Friedrich Pustet, Regensburg
Printed in Germany
ISBN 978-3-8252-3217-7 (UTB-Bestellnummer)

Ernst Reinhardt Verlag, Kemnatenstr. 46, D-80639 München
Net: www.reinhardt-verlag.de E-Mail: info@reinhardt-verlag.de

Inhalt

1 Einleitung

Dieses Buch beschäftigt sich mit der Sozialen Arbeit als Profession im Bereich der sogenannten Behindertenhilfe. Soziale Arbeit wird hier als Emergenz von Sozialarbeit und Sozialpädagogik verstanden. Mit dem Begriff Behindertenhilfe ist die Gesamtheit an professionell ausgeübten Tätigkeiten für Menschen mit Behinderungen, also ein Arbeitsfeld gemeint, welches in vielfältiger Weise von Sozialpädagogen / -pädagoginnen und Sozialarbeitern / -arbeiterinnen, jedoch gleichsam auch von anderen Professionen bestimmt wird.

Die Soziale Arbeit etabliert sich seit 10 – 15 Jahren hinsichtlich ihrer professionellen und disziplinären Verortung. Der Gegenstand (Klüsche 1999) und die Funktion (Rauschenbach 1999) sind benannt und unterliegen nun dem normalen wissenschaftlichen Diskurs, der ebenso wie in anderen Fächern auch in der Sozialen Arbeit stetig belebt werden muss, damit diese sich in Wissenschaft und Praxis weiterentwickeln kann. Durch einige neuere Monografien (u. a. Engelke 2004; Erath 2006) und diverse Sammelbände (u. a. Puhl 1996; Mühlum 2004) ist diese Positionsbestimmung ein gutes Stück vorangekommen.

Für die Behindertenhilfe – neben der Jugendhilfe, der Psychiatrie und dem Gesundheitswesen ein weiteres rein quantitativ bedeutsames Handlungsfeld für die Soziale Arbeit – fehlt bislang eine deutliche Konturierung des professionellen und disziplinären Beitrages der Sozialen Arbeit. Sicherlich sind dafür Anleihen aus anderen disziplinären Zugängen, wie etwa der Geistigbehindertenpädagogik, Sonderpädagogik oder auch der Heilpädagogik, notwendig. Jedoch reichen diese nicht aus, um das *Kompetenzprofil der Sozialen Arbeit* hinreichend zu kennzeichnen und es für Studierende wie Praktiker in diesem Feld erkenntnis- und handlungstheoretisch nutzbar zu machen.

Einige der bislang mit Hinweisen auf die Kombination von Behindertenhilfe und Sozialer Arbeit erschienenen Arbeiten machen diese Lücke deutlich, da sie jeweils Besonderheiten aufweisen, aus denen heraus allerdings keine grundlegende, systematische Betrachtung erfolgen kann:

- Georg Theunissen zeigt mit seinem Buch „Wege aus der Hospitalisierung" (2005) zwar einen Bezug zu einer sozialarbeiterischen Theorie (Empowerment) auf, beschreibt diese jedoch aus einer heilpädagogischen Richtung heraus für geistig behinderte Menschen, ohne dass weitere systematische Bezüge zur Sozialen Arbeit aufgearbeitet werden.
- Hans Weiß, Gerhard Neuhäuser und Armin Sohns bearbeiten in ihrem Buch „Soziale Arbeit in der Frühförderung und Sozialpädiatrie" (2004) zwar einen Teil des Handlungsfeldes, dieser stellt jedoch nur einen Ausschnitt aus der Gesamtheit der Sozialen Arbeit mit behinderten Menschen dar. Ein – wie im Titel angedeutet – Zusammenhang zwischen Sozialer Arbeit als Beruf und der Frühförderung und Sozialpädiatrie stellt sich jedoch auch hier systematisch nicht her.
- Etta Wilken und Friedhelm Vahsen nähern sich als Herausgeber von „Sonderpädagogik und Soziale Arbeit" (1999) dem Zusammenhang von Sozialer Arbeit und Behinderung, allerdings aufgrund der Aufsatzsammlung eher unsystematisch.
- Albert Mühlum und Norbert Gödecker-Geenen widmen sich zwar mit ihrem Buch dem Zusammenhang von „Soziale[r] Arbeit in der Rehabilitation" (2003), bleiben jedoch notwendigerweise eher allgemein und es fehlt ein dezidiert sozialarbeitswissenschaftlicher Blickwinkel.
- Am weitreichendsten kommt das Handbuch „Sonderpädagogik und Soziale Arbeit" (1990) von Otto Speck und Klaus-Rainer Martin (Hrsg.) dem Anspruch nach, eine systematische Grundlegung zu erreichen, jedoch ist dieser Sammelband einerseits in einigen Punkten inhaltlich veraltet und andererseits aufgrund seiner theoretischen Heterogenität nicht geeignet, als eine entsprechende sozialarbeitswissenschaftliche Grundlegung zu dienen.

Dieses Buch möchte jene Lücke schließen und mithilfe einer umfassenden Beschreibung von *Rolle und Funktion der Sozialen Arbeit* sowohl zu einer wissenschafts- als auch zu einer handlungstheoretischen Begründung der Profession in der Behindertenhilfe beitragen. Dies kann zwar nur als eine kompilierende Verknüpfung der wesentlichen Themen, Theorien und Konzepte geschehen, allerdings mit dem Anspruch, einen ersten Entwurf einer professionellen Sozialen Arbeit in der Behindertenhilfe zu formulieren.

Sollte es nicht anders ersichtlich sein, wird der Gegenstand diese Buches vor allem in der Arbeit mit *geistig behinderten Menschen* bestehen. In einigen Teilen wird auch auf die Situation von Menschen mit körperlichen Behinderungen eingegangen, dies aber nur dann, wenn diese gleichzeitig mit einer geistigen Behinderung auftreten. Menschen mit psychischen Behinderungen werden kaum berücksichtigt. Dies hat etwas mit dem institutionellen Feld zu tun, welches sich im Begriff der Behindertenhilfe zusammenfassen lässt. Dieses Arbeitsfeld hat sich spätestens seit den 1960er Jahren von der Psychiatrie gelöst und eine eigenständige Entwicklung durchlaufen, auch wenn aktuell unter dem Stichwort Community Care / Community Living wieder gemeinsame Ziele angestrebt werden.

Dabei stehen die *angeborenen und früh erworbenen geistigen und körperlichen Behinderungen im Vordergrund*, um nicht in die thematische Nähe zur Rehabilitation im Ganzen zu kommen. Wenngleich die Gruppe der Menschen, die eine angeborene oder frühe Behinderung besitzen, in Bezug auf die Gesamtzahl derer, die in der Bundesrepublik Deutschland als behindert bzw. schwerbehindert gelten, nur einen Anteil von ca. 5 % ausmacht, stellt sie doch einen Großteil jener Personen dar, mit denen es die Soziale Arbeit in der Behindertenhilfe zu tun hat. Dies aus mehreren Gründen:

1. Menschen, die aufgrund eines Unfalls oder einer chronischen Erkrankung als amtlich anerkannte (Schwer-)Behinderte gelten, haben häufig im Rahmen der sozialpolitischen Absicherung – etwa durch Sozialversicherungen (Erwerbs- oder Berufsunfähigkeitsrente, Rehabilitationsmöglichkeiten usw.) – eine gute Chance, ein selbstbestimmtes Leben ohne fortwährende Begleitung oder Betreuung zu leben.

2. Menschen, die aufgrund einer geistigen, körperlichen oder sogar mehrfachen Behinderung gar nicht erst auf dem allgemeinen Arbeitsmarkt einen Renten- oder Rehabilitationsanspruch erwerben konnten, sind auf die Ersatzsysteme der Sozialhilfe und des SGB IX angewiesen.

3. Traditionell waren Menschen mit einer geistigen und / oder körperlichen Behinderung von fremder Hilfe abhängig. Zukünftig soll sich diese Situation durch Selbstbestimmung und Gleichbehandlung in Richtung einer stärkeren Integration in „normale" Lebensverhältnisse verändern.

4. Auf dem Weg dorthin benötigen sie eine kompetente, professionelle Unterstützung, die ihre Rechte auf Selbstbestimmung ebenso achtet wie ihre Entwicklung fördert.

Dieses Buch soll als Studienbuch für die Ausbildung von Sozialarbeitern/-arbeiterinnen und Sozialpädogen/-pädagoginnen dienen und enthält daher neben der theoretischen Erörterung auch praxisrelevante Beispiele sowie Aufgaben und Lösungen für bestimmte Fragestellungen.

Dabei wird zu zeigen sein, dass die Soziale Arbeit sich in profunder Weise von anderen verwandten Professionen, wie etwa der Heil- oder Sonderpädagogik, durch einen eigenen fachwissenschaftlichen Zugang unterscheidet, der als *„Expertise für die Zusammenhänge zwischen Individuum und Gesellschaft"* bezeichnet werden kann. Mit dieser Expertise ist ein (handlungs-)theoretisches Modell verbunden, welches eigene Konzepte für die Arbeit mit Menschen mit Behinderungen vorhält.

Ermutigt wurde ich, diese Aufgabe in Angriff zu nehmen, durch das jüngst veröffentlichte, biopsychosoziale Behinderungsmodell der Weltgesundheitsorganisation (WHO 2001; DIMDI 2005), der International Classification of Functioning, Disability and Health (ICF), welches auf bemerkenswerte Weise eine „ganzheitliche Sicht" von Krankheit, Behinderung und sozialer Teilhabe ermöglicht. Es verbindet medizinische, individual- und sozialpsychologische und schließlich sozialwissenschaftliche Sichtweisen auf Behinderung miteinander in einer Form, die als multidimensionaler Blick der Sozialen Arbeit schon lange bekannt ist, etwa in der sozialökologischen Perspektive des Person-in-Environment-Modells.

Die vorliegende Publikation will diese Perspektive aufnehmen und in drei Schritten bearbeiten. Zunächst soll die *Soziale Arbeit in ihren Grundzügen* dargestellt werden. In Kapitel 2 werde ich einleitend einen kurzen Abriss der Geschichte Sozialer Arbeit in der Behindertenhilfe liefern, dann eine wissenschaftstheoretische Verortung der Sozialen Arbeit vornehmen sowie deren Gegenstand und Funktion skizzieren, weiterhin ethisch-moralische Grundlagen beschreiben und schließlich Aussagen zur allgemeinen Methoden- bzw. Handlungstheorie treffen.

In Kapitel 3 wird die *Behindertenhilfe als Handlungsfeld* beschrieben, wobei sowohl der Behinderungsbegriff diskutiert als auch sozialethische Grundlagen sowie die Lebenslage und insbesondere die damit verbundenen möglichen sozialen Probleme von behinderten Menschen sowie die meist institutionellen Antworten hierauf dargestellt werden müssen, um daran anschließend einige aktuelle Entwicklungen aufzuzeigen.

Schließlich wird beides in Form einer *professionellen Bestimmung der Sozialen Arbeit in der Behindertenhilfe* in Kapitel 4 miteinander verbunden. Dazu werde ich zunächst den Gegenstand und die Funktion der Sozialen Arbeit, danach handlungstheoretische Grundlagen und abschließend eine Auswahl an Konzepten und Arbeitsformen vorstellen.

Ich hoffe sehr, dass der Versuch, eine systematische Beschreibung des Beitrages der Sozialen Arbeit als neue Wissenschaft und als Profession für die Arbeit mit Menschen mit Behinderungen darzulegen, die weitere Diskussion um die Professionalisierung ebenso wie um die Beteiligung der Sozialen Arbeit anregen wird.

Hamburg, im Januar 2009
Dieter Röh

2 Grundlagen der Sozialen Arbeit

2.1 Geschichte der Sozialen Arbeit in der Behindertenhilfe

Dieser Abschnitt informiert in einem ersten Teil über die geschichtlichen Bedingungen der Entwicklungen von der Armenfürsorge über die sich konstituierende Wohlfahrtspflege bis hin zur modernen Sozialpolitik und deren jeweiligen Praxis im Umgang mit behinderten Menschen und im zweiten Teil über die Entwicklung der Auffassungen vom professionellen Umgang mit behinderten Menschen.

Dem Problem einer klaren begrifflichen Bestimmung, was Behinderung sei, kann an dieser Stelle noch nicht entsprochen werden (vgl. Kapitel 3.1). Allerdings sei darauf hingewiesen, dass die folgenden Ausführungen sich ohnehin auf ein Gesamt aus fürsorglichen Bemühungen konzentrieren werden, sodass verschiedenste Behinderungsarten, seien es geistige, körperliche oder psychische, in der Darstellung vorkommen werden. Damit wird eher der *Phänotyp „Behinderung"* behandelt, der in der frühen Geschichte des helfenden Umgangs und der Behandlung sowieso häufig mangels differenzialdiagnostischer Kriterien immer gemeint war. Bei Hauss (1989) findet man dazu Hinweise und zwar, wie sich im Laufe des 19. und 20. Jahrhunderts das Verständnis von geistiger Behinderung verändert hat. Insbesondere wurde die geistige Behinderung erst spät von der psychischen Erkrankung abgegrenzt, weshalb „Schwachsinn", „Blödheit" oder „Idiotie" häufig als Synonyme für psychische Abweichungen gesehen wurden, einerlei ob es sich um geistige Behinderungen oder psychische Störungen handelte.

Im Allgemeinen kann man aber sagen, dass der Gegenstand einer vom „Typischen" abweichenden Wesensart von behinderten Menschen bis in die Mitte des 20. Jahrhunderts als eine Domäne der Psychiatrie angesehen wurde, ohne dass die einzelnen Erscheinungsformen differenziert wurden. Auf institutioneller Seite hielt sich diese Gleichförmigkeit länger als in der medizinischen Wissenschaft, da die Psychiatrie mit ihren kustodialen, institutionellen Strukturen der Heilanstalten, Landeskrankenhäuser, Stadtasyle und Pflegeheime lange Zeit die Versorgung übernommen hatte und lediglich innerhalb der Anstalten eine Differenzierung vornahm. Es reicht deshalb an dieser Stelle aus, Behinderung als etwas vom allgemeinen Verständnis des „Normalen" Abweichendes zu sehen.

Eine vollständige Geschichte der Hilfen für Menschen mit Behinderungen aus Sicht der Sozialen Arbeit in den letzten 300 Jahren muss noch geschrieben werden, wobei gute sozialgeschichtliche Arbeiten, u. a. von Dörner (1995) und Blasius (1980, 1994), vorliegen. Eine Übersicht zur geschichtlichen Entwicklung der Fürsorge für Menschen mit körperlichen Behinderungen bis hin zur heutigen Rehabilitation bietet Hausdörfer-Reinert (2005).

2.1.1 Geschichte der Behindertenfürsorge im Rahmen der Armenfürsorge

Die Geschichte der Sozialen Arbeit ist eine Geschichte von Veränderungen hinsichtlich ihres in den verschiedenen Zeiten gesellschaftlich unterschiedlich definierten Auftrages zur Bearbeitung von sozialen Problemen bzw. Armutsphänomenen. Armenfürsorge und Behindertenfürsorge lagen deshalb lange Zeit eng beieinander.

Wenn auf Analysen prähistorischer Funde und antiker Überlieferungen verzichtet wird, so kann ein erstes Mal etwas fundierter auf die besondere Berücksichtigung und Erwähnung von Menschen mit Behinderungen im ausgehenden Mittelalter hingewiesen werden. So zeigt das zeitgenössische Gemälde von 1628 in Abbildung 1 in einer Gruppe von Bettlern auch Kranke und Behinderte.

Behinderte Menschen zählten jahrhundertelang zur Gruppe der Armen und Kranken. Sie lebten in der Regel bei ihren Familien oder ihren Verwandten und wurden von diesen versorgt. Geisteskranke oder Geistigbehinderte wurden nur im Falle der Gefährdung anderer oder bei großer Unruhe in Narrenhäuser, Spitäler und Armenhäuser, vereinzelt auch in die seit dem 16./17. Jahrhundert entstehenden Zucht- und Arbeitshäuser verbracht. Allerdings warnen Historiker davor, von einer allzu romantischen Vorstellung von Integration in die Familie bzw. das Dorf auszugehen. Vielmehr waren Stigmatisierung und Kontaktvermeidung eher die Regel als die Ausnahme. Thoma (2004, 84) berichtet

Abb. 1: Darstellung von Bettlern, Kranken und Armen. Aus: Sachße/Tennstedt 1980, 41

davon, dass bis ins 19. Jahrhundert schwangere Frauen davor gewarnt wurden, behinderte Menschen anzusehen, da sich dies schlecht auf ihr Kind auswirken würde.

Beginnend mit den ersten Bemühungen europäischer Städte, im ausgehenden Mittelalter Armen- und Bettelordnungen zu erlassen, um ihrem neuen Selbstbewusstsein als Handwerks- und Handelszentren und somit wirtschaftlichen Produktionsstätten gerecht zu werden, wird auch der Umgang mit bestimmten Bevölkerungsgruppen zunehmend davon geprägt, sie aus der Gesellschaftsordnung auszugliedern und ihre Fürsorge bzw. Verwahrung bestimmten institutionellen Formen der Hilfe und Kontrolle zu überlassen. Für die Soziale Arbeit gesprochen, entwickelt sich hier eine erste Art der beruflichen Fürsorge (Sachße/Tennstedt 1980, 1988, 1992). Wenn bis dahin hauptsächlich Kirchen und Klöster sowie Lehnsherren für die Almosenvergabe zuständig waren, so übernehmen nun die sich emanzipierenden Städte zunehmend diese Aufgabe und setzen mittels bestimmter Regelungen erste Formen beruflicher Fürsorge ein. Bereits die ersten städtischen Armenordnungen, so z.B. die Nürnberger Armenordnung von 1522, kennen spezielle Bestimmungen, wie mit Kranken umgegangen werden soll. Menschen mit Behinderungen waren wie fast keine andere Gruppe dermaßen zentral auf das Betteln angewiesen, dass sie auch bald besondere Berücksichtigung erfuhren: So bestimmt die eben genannte Ordnung, dass wenn bei

„Bettlern und hausarmen Leuten, die mit dem Fieber oder anderen Krankheiten behaftet sind, …, irgendwelche Medizin benötigt würde, diese solches einem der eingesetzten Knechte bekannt geben. Wenn dann dieser Knecht nach Augenschein das Bedürfnis anerkennt, soll er dem Kranken oder Bedürftigen das Nötige auf Kosten des Almosens aus den Nürnberger Apotheken verschaffen" (Sachße/Tennstedt 1980, 71).

Auch wenn nicht ganz sicher ist, ob auch körperlich und geistig Behinderte unter diese Regelung fielen, ist doch anzunehmen, dass diesen schon aus Gründen der christlichen Religion einiges an Mitleid und damit auch Almosen zuteil wurde. Auch zeichnet sich in der Zeit des Absolutismus zwar eine repressive Armenpolitik ab, die seit der Reformation vor allem auf den Zusammenhang von Arbeitsfähigkeit und Armut rekurriert, doch gerade durch diese Kombination wird nicht arbeitsfähigen Armen, zu denen eben auch behinderte Menschen gehörten, eine gewisse *Sonderbehandlung* zugebilligt.

Verbunden mit dieser Entwicklung ist die Entstehung eines neuen bürgerlichen Selbstbewusstseins, welches sich u. a. auch in einer Neuordnung der bisherigen Almosenvergabe ausdrückt. Den neu entstandenen Magistraten und bürgerlichen Stadtregierungen sowie auch vereinzelten, philanthropisch gesinnten Bürgern gelingt es zunehmend, die bisherige Dominanz von Klerus, Kirchen und Klöstern hinsichtlich der Versorgung von Armen zurückzudrängen. Die Verwaltung der kirchlichen Almosenmittel wird von ihnen ebenso übernommen wie die Prüfung von Bedürftigkeit und die letztendliche Ausgabe der Mittel an die Hilfesuchenden. Damit einher geht eine Straffung der Organisation der sich nunmehr als Armenpflege konstatierenden Hilfen und, wie Sachße/Tennstedt (1980, 30 ff) zutreffend formuliert haben, die Etablierung folgender Strukturprinzipien: Bürokratisierung, Pädagogisierung, Kommunalisierung, Rationalisierung.

Die weitere Entwicklung ist z. T. ambivalent, da zum einen kranke und behinderte Menschen eines besonderen Schutzes für würdig angesehen wurden, andererseits jedoch in vielen Fällen auch eine harte und aussondernde Behandlung erfuhren. Der neue gesellschaftliche Typus des ausgehenden Mittelalters, der von den sich entwickelnden Produktionsverhältnissen geschaffen wurde, sah wie folgt aus:

„Wenn der Lebenszusammenhang und damit die Persönlichkeitsstruktur des mittelalterlichen Menschen in einer vorwiegend agrarisch produzierenden, traditionalen Gesellschaft von dem natürlichen Rhythmus des

Jahres- und Tagesverlaufes, von dem Ablauf und der Dauer konkreter Verrichtungen und der Art und Weise konkret-sinnlicher Bedürfnisse bestimmt war, dann produzieren die Gesetzmäßigkeiten des Marktes einen vollständig neuen Lebensrhythmus. Dieser erfordert Disziplin, Zeitökonomie und Abstraktionsvermögen; das Vermögen, kurzfristige Bedürfnisse zugunsten längerfristig zu erreichender Ziele zurückzustellen, im voraus zu planen; abstrakte Tüchtigkeit und Erwerbsstreben" (Sachße/Tennstedt 1980, 37).

Es ist verständlich, dass insbesondere behinderte und kranke Menschen dieser – von einem frühen Typus der kapitalistischen Warenproduktion geprägten – Gleichförmigkeit nicht entsprechen können und deshalb auch von der Warenproduktion ausgeschlossen werden.

Die Neuformierung der Armenpflege durchzieht auch die Reformbemühungen im Absolutismus und der Aufklärung, allerdings mit einem entscheidenden Zusatz, nämlich der zunehmenden Nutzung von sogenannten Armen- und Arbeitshäusern, die neben der gewünschten ordnungs- und polizeirechtlichen Intention auch pädagogische Momente aufwiesen.

So wurde spätestens seit dem Siegeszug des calvinistisch-lutherischen Arbeitsideals, der auch katholische Regionen erreichte, ohne dort religiös anerkannt zu werden, Arbeit immer stärker zu einer pädagogischen und damit moralischen Sanktions- und Interventionsform.

Lebten in dem 1656 in Paris ins Leben gerufenen „hôpital général", das als Prototyp der später von Goffman (1973) beschriebenen „totalen Institutionen" gelten kann, noch die unterschiedlichsten Insassen (Bettler, Waisen, auffällige Kinder, Alte, Verbrecher, Kranke, Behinderte), so differenzieren sich diese Häuser im Laufe des 19. Jahrhunderts in Krankenheilanstalten, Gefängnisse und Kinder- und Pflegeheime aus. Ähnliches kann auch für die in deutschen Städten entstehenden Häuser, wie z. B. das Hospital in Berlin oder auch das Hamburger Werk-, Zucht- und Spinnhaus (erbaut 1618), gesagt werden.

„Bis in die zweite Hälfte des 18. Jhs. schenkte man – von Ausnahmen abgesehen – behinderten Menschen in ihrer sozialen, gesundheitlichen und auch erzieherischen Not keine besondere Aufmerksamkeit. Nur sehr langsam entwickelte sich, angestoßen durch das Gedankengut der Aufklärung, ein spezifisches Interesse für behinderte Menschen, die sie aus der großen Masse der Armen und Kranken heraustreten ließ. Nicht nur die verstärkte Suche nach naturwissenschaftlich-medizinischen Erklärungen von Krankheiten führte zu einer intensiveren Erforschung der Ursachen von

Behinderungen; auch die Pädagogik wandte sich – wenn auch nur am Rande – den zunächst für bildungsunfähig gehaltenen Blinden, Taubstummen und Schwachsinnigen zu" (Thoma 2004, 85).

Mit der Ausdifferenzierung und der Entstehung der psychiatrischen Anstalten des 19. Jahrhunderts geht dann auch langsam die Erkenntnis einher, dass die „Blödsinnigen und Kretinen" von anderen „Schwachsinnigen", vor allem den „Irren", diagnostisch und klassifikatorisch zu unterscheiden seien. So trennt bereits der schweizerische Arzt Johann Guggenbühl (1816–1862) die „Kretinen und Blödsinnigen" von den „Idioten" dadurch ab, dass er bei Ersten ein „unbekanntes Agens" vermutet, das „entweder schon vor der Geburt oder später die Ernährung von Gehirn und Rückenmark" stört und damit von einem Zustand abgrenzt, in dem „die Seele in ihrer irdischen Erscheinung erloschen" ist (zitiert nach Hauss 1989, 30).

Der Arzt Alexander Haindorf (1782–1862) teilte in „Versuch einer Pathologie und Therapie der Geistes- und Gemütskrankheiten" aus dem Jahr 1811 die von ihm vorgefundenen klinischen Bilder der Betroffenen in drei Stufen ein, wovon die leichteste von ihm bereits als „schwerfälliges Lernen" beschrieben wird und damit eine Nähe zur aktuellen Definition von Lernbehinderung in Abgrenzung zu geistiger Behinderung aufweist (zu diesem und zum Folgenden siehe Hauss 1989). Er kommt damit dem als Begründer der modernen Psychiatrie bekannten Wilhelm Griesinger (1817–1868) zuvor, der erst 1845 sein Lehrbuch „Pathologie und Therapie der psychischen Krankheiten" herausbrachte und auch dort erst in der dritten Auflage bzw. durch eine post mortem erfolgte Erweiterung die geistige Behinderung als „Idiotismus und Blödsinn" aufnimmt.

Allerdings stellt Haindorf geistig behinderten Kindern das Urteil aus, sie stünden noch „unter dem Thiere", was sich in einer späteren eugenischen Sichtweise der Nationalsozialisten wieder Bahn bricht und zur Vernichtung als „lebensunwertem Leben" führt. Ganz anders sieht ein Zeitgenosse Haindorfs, der Arzt Julius Disselhoff (1827–1896), die „Blödsinnigen". Er sieht in ihnen vor allem bemitleidenswerte Geschöpfe Gottes, denen sich eine Nation anzunehmen habe. Mit seinem 1857 erschienenen „Noth- und Hülferuf für die Verlassensten unter den Elenden an die deutsche Nation" sorgt er für großes Aufsehen und in der Folge entstehen alleine in Deutschland drei neue Anstalten, die sich speziell der Fürsorge für geistig Behinderte widmen. In seiner öffentlich ausgetragenen Auseinandersetzung mit Vertretern der defizitären und moralisierenden Sichtweise kommt es u. a. auch zum Disput mit Haindorf und Heinrich Damerow (1798–1866), welcher „Blödsinnige" als „seelenlose Geschöpfe" bezeichnet und sie damit zwar nicht den „Thieren" unterordnet, aber doch zur Vorstellung von Untherapierbarkeit beiträgt (Thoma 2004, 91 f).

Diesem Gedanken widersprechen dann nicht zuletzt einige der nun als Anstaltsgründer aktiven Personen, so u. a. Heinrich Matthias Sengelmann (1821–1899), der die Alsterdorfer Anstalten in Hamburg gründet. Überhaupt wächst das Interesse an den „Blöd- und Schwachsinnigen" vor allem, weil auch politisch aktive und pädagogisch interessierte Personen sich für diese Personengruppe einsetzen und ihr eine spezielle Fürsorge zukommen lassen wollen und weil sich, wie Blasius (1980, 22 ff) herausstellen konnte, die entstehende bürgerliche Gesellschaft ihrer Prinzipien von Freiheit und Menschenwürde immer bewusster wird und diese auch den behinderten Menschen nicht länger vorenthalten will.

Aus den Armen- und Arbeitshäusern werden sodann im Zuge des zunehmenden medizinischen Interesses Krankenheilanstalten, Heil- und Pflegeanstalten, Irrenanstalten und wie sie nach dem Zweiten Weltkrieg genannt werden: die Landeskrankenhäuser. Allerdings lässt sich bis in die 1980er Jahre eine gemeinsame Unterbringung von psychisch kranken und geistig behinderten Menschen in Landeskrankenhäusern feststellen.

Ein weiterer wesentlicher Schritt erfolgte durch die Eröffnung von konfessionellen Erziehungs- und Bildungseinrichtungen (Hilfsschulen), die zunächst Kinder und Jugendlichen aus den Anstalten retten und ihnen ein gewisses Maß an Bildung zukommen lassen (Störmer 2006).

In den 1920er Jahren begannen sich dann eugenische Vorstellungen des Umgangs mit behinderten Menschen durchzusetzen, von denen die wohl bekannteste und eindrücklichste die Arbeit des Strafrechtlers Karl Binding und des Psychiaters Alfred Hoche ist. Sie prägten in ihrer Schrift „Die Freigabe der Vernichtung lebensunwerten Lebens. Ihr Maß und ihre Form" von 1920 den Begriff der „Ballastexistenzen" und trieben damit deren Verwertungscharakter von Menschen in einen menschenverachtenden Höhepunkt hinein, der unmittelbar danach von den Nationalsozialisten in den Euthanasieprogrammen umgesetzt wird. Zusammen mit dem „Gesetz zur Verhütung erbkranken Nachwuchses" von 1933 entwickeln die Nationalsozialisten damit ein beispielloses Verbrechensprogramm gegen Menschen mit Behinderungen, durch das

300 000 bis 400 000 Bürger / -innen zwangssterilisiert, ca. 5 000 Kinder und weitere 70 000 Erwachsene ermordet worden sind (Dörner 2006, 26).

Die Nachkriegsentwicklung in der Bundesrepublik Deutschland ist dann vom (Wieder-)Aufbau einer humanen Pädagogik und Versorgung von Menschen mit Behinderungen geprägt (zur Entwicklung in der DDR siehe Theunissen 2006b).

Lindmeier / Lindmeier (2006) beschreiben drei Stationen: In den 1950er Jahren dominiert vor allem der Aufbau von Schulen für geistig behinderte Kinder und Jugendliche, die zunächst Hilfsschulen und später Sonderschulen genannt wurden. Auch die Reformulierung des Familienbegriffs und ihre Entlastung vom ideologischen Ballast des NS-Regimes schafft ein neues Klima der Förderung von Familien mit behinderten Kindern, wenn auch zunächst sehr verhalten. 1958 kommt es dann jedoch auf Initiative des Flüchtlingskommissars der Vereinten Nationen, Tom Mutters, zur Gründung des Vereins „Lebenshilfe für das geistig behinderte Kind", dem sich zunächst 15 Eltern und Fachleute anschließen und der in der weiteren Zeit zu einem der bedeutendsten Akteure in der Behindertenhilfe und schließlich auch zu einem bundesweit aktiven Träger von Einrichtungen wird.

In den 1970er Jahren kommt es dann zunehmend zu integrativen Ansätzen, zunächst im Schulbereich und später auch bezogen auf Wohneinrichtungen und Arbeitsbereiche. Mit dem Schwerbehindertengesetz (1974), dem Rehabilitationsangleichungsgesetz (1974), der Werkstättenverordnung (1980) und dem SGB IX (2001) entstehen wichtige Gesetze, die diese Entwicklung befördern. Die 1980er Jahre werden von der Selbsthilfebewegung dominiert, die in der Selbstbestimmt-Leben-Bewegung ihr Pendent für die Behindertenhilfe findet.

2.1.2 Geschichte des professionellen Umgangs mit behinderten Menschen

Bisher wurde die Geschichte der Fürsorge in der Behindertenhilfe als eine Geschichte der Sozialarbeit mit ihren Vorläufern der Armenpflege beschrieben, und damit dem materiell-existenzsichernden Bereich der Sozialen Arbeit Vorrang gegeben. Vollständig wird diese Betrachtung erst durch einen Blick auf die professionelle Entwicklung des Helfens durch die Entstehung der Sozial- bzw. Heilpädagogik im 18. bzw. 19. Jahrhundert.

Die Pädagogik wird erst im 18. Jahrhundert als eigenständige Disziplin entdeckt, so widmet sich z. B. der Philosoph Immanuel Kant 1777 in seinen Vorlesungen zur Pädagogik das erste Mal dem erzieherischen Wirken. Erst im Laufe des 19. Jahrhunderts differenzieren sich die Sozialpädagogik (erstmals erwähnt von Karl Mager im Jahr 1844) sowie die Heilpädagogik (vertreten durch Georgens/Deinhardt 1861/63) aus. So legten Letztere mit ihrem Lehrbuch von 1861 „Die Heilpädagogik mit besonderer Berücksichtigung der Idiotie und der Idiotenanstalten" sicherlich den Grundstein einer Heilpädagogik, die sich der bislang vernachlässigten und erst durch die diversen Anstaltsgründungen zunehmend berücksichtigten geistig behinderten Kinder, Jugendlichen und Erwachsen annahm. Sie selbst gründeten 1856 eine eigene „Heilpflege- und Erziehungsanstalt Levana für Geistes- und Körperschwache Kinder" in der Nähe von Wien. Allerdings gelangen auch Georgens/Deinhardt in ihrem moralischen Urteil zu dem Ergebnis, dass „Idiotismus … eine tiefere Entartung … mit dem Verlust der Menschlichkeit, d. h. dessen, was den Menschen zum Menschen macht" einhergeht, obwohl sie andererseits gerade eine Zuwendung zu den Betroffenen propagierten (zit. nach Hauss 1989, 62).

Im Weiteren trägt nun ganz wesentlich die Aufklärung dazu bei, dass die absolutistischen Bestrebungen nach Durchsetzung eines ordnungsstaatlichen Umgangs mit Armut und Behinderung in Form der Arbeitshäuser durch einen pädagogischen Umgang erweitert und z. T. als Alternative beschrieben werden. Die Pädagogisierung kommt u. a., wie Sachße/Tennstedt (1980) belegen konnten, in Form einer Arbeitspädagogik in den Arbeitshäusern sowie einer damit verbundenen Moralisierung in der Armenfürsorge daher. So wurden Trinkerei, Spielen und Verschwendung der eigenen Mittel zu moralischen Kriterien, die eine Unterstützung durch die Armenpflege unmöglich machten. Erst wenn der Hilfesuchende sich dieser Laster entledigte, war er wieder würdig, entsprechende Hilfeleistungen zu empfangen.

Andererseits geht mit der Pädagogik und der Entstehung der modernen Medizin, vor allem in der Psychiatrie, eine neue Form des Umgangs mit behinderten Menschen einher, da deren Krankheiten und Behinderungen nicht länger als „Gottesstrafe" oder „Besessenheit", sondern vielmehr als Ausdruck medizinisch zu verstehender Ursachen zu sehen seien. Griesinger etabliert das Verständnis von Geistes- als Gehirnkrankheiten und öffnet damit das Feld für das medizinische Verständnis von geistigen Behinderungen und psychischen Krankheiten. Obwohl das medizinische Menschenbild der damaligen wie der heutigen Zeit dem pädagogischen in vielem konträr entgegensteht, gehen die beiden Disziplinen doch einige „Kooperationen" ein und entwickeln dadurch auch Gemeinsamkeiten, wie sie etwa später in der bis heute von einer medizinischen Sichtweise geprägten Professionalität der Heilerziehung zum Ausdruck kommt (Buchkremer 1990, 59).

So wie die Sonder- und Heilpädagogik damit zu einer Antwort auf die Gebrechlichkeit der Menschen wird, entwickelt sich die Sozialpädagogik als Antwort auf die Gebrechlichkeit der Gesellschaft, indem sie viel stärker die „Verelendung" breiter Massen in den Blick nimmt. Befördert wird dies durch die vielfältige Gesetzgebung des 19. und 20. Jahrhunderts, etwa den Bismarck'schen Sozialversicherungen oder auch den Sozialgesetzen der Weimarer Republik.

Besonders die schulische Versorgung von geistig und körperlich behinderten Kindern und Jugendlichen wurde in der Folge von der Sonderpädagogik übernommen. Schon in der ersten Hälfte des 19. Jahrhunderts entstehen dazu in Deutschland Erziehungs- und Bildungseinrichtungen mit einem besonderen, auf Kinder mit Lernschwierigkeiten zugeschnittenen Programm und z. T. auch eine Aussonderung aus den Heilanstalten mit Schulen in Pflegeabteilungen und sogenannte Bewahr-Anstalten (Störmer 2006).

Obwohl durchaus ein reformerischer Bildungsoptimismus vorherrschte, wurden bereits hier durch das Differenzkriterium „bildungsunfähig / bildungsfähig" die später arbeitsfähigen von den auf Dauer nicht arbeitsfähigen Kindern und Jugendlichen getrennt. Für Letztere blieb in der Folge meist nur die Arbeit in der Anstalt übrig, die zwar zu keiner Verselbstständigung, aber doch zu einer Beschäftigung führte, was dann seit Ende des 19. Jahrhunderts zu den arbeitspädagogischen Abteilungen und in der zweiten Hälfte des 20. Jahrhunderts zur Entwicklung der Ergotherapie und den Werkstätten für behinderte Menschen führt.

Opp (2005a) stellt für die Geschichte der Heil- und Sonderpädagogik ein weiteres Differenzkriterium heraus, indem er die „Sprachfähigkeit" des Menschen als einen Unterscheidungspunkt zu den Tieren insbesondere im Zuge der Aufklärung betont und zeigt, dass dies auch den Erziehungsoptimismus einiger Pioniere der Erziehung von damals sogenannten „schwachsinnigen Kindern" prägt. Wo Kinder noch über ein Restvermögen verfügten, sich über Sprache zu verständigen, wurden sie auch einer schulischen Förderung unterzogen, wie etwa der Erzieher des Wolfskindes „Viktor", Jean Itard (1774–1838), und sein Schüler Eduard Séguin (1812–1880) dies in ihrem Erziehungs- und Bildungsprogramm vorsahen.

Interessant ist an dieser Stelle, dass zunächst Sprachfähigkeit als Ausdruck von Bildungsfähigkeit angesehen wird und sich erst in der zweiten Hälfte des 20. Jahrhunderts langsam ein Verständnis herausbildet, dass auch bei non-verbaler Kommunikation eine Bildungsmöglichkeit gegeben ist bzw. grundsätzlich eine Bildsamkeit, auch bei schwereren Behinderungen mit z. T. sehr eingeschränkter Mitteilungsmöglichkeit, vorhanden ist.

Übungen zu Kap. 2.1

1. Verständnisfrage: An welcher geschichtlichen Stelle wurden die früher gemeinsam internierten Personengruppen der psychisch kranken bzw. der geistig behinderten Menschen von anderen Personengruppen in den Armen- und Arbeitshäusern getrennt?
2. Diskussions-/Reflexionsfrage: Wie stark war der Einfluss der veränderten Produktionsweise des Kapitalismus auf den professionellen Umgang mit geistig behinderten oder psychisch kranken Menschen?

Sachße/Tennstedt (1980/1988/1992): Geschichte der Armenfürsorge, Band 1–3
Buchkremer (1990): Heil-/Sonderpädagogik und Sozialpädagogik

2.2   Wissenschaftstheoretisches Verständnis: Soziale Arbeit zwischen Geistes- und Sozialwissenschaften

In diesem Abschnitt wird die Soziale Arbeit wissenschaftstheoretisch als eine Querschnittswissenschaft verstanden, die zwischen einer sozial- und einer geisteswissenschaftlichen Orientierung verortet werden kann. Sozialarbeitswissenschaft ist eine eigenständige Fachwissenschaft des Sozialen.

Für die Frage nach einer professionellen wie disziplinären Verortung Sozialer Arbeit in der Behindertenhilfe scheint zunächst der Rückgriff auf wissenschaftstheoretische Erörterungen nachrangig.

Jedoch kommt keine Wissenschaft ohne eine solche Klärung des Vorverständnisses allen forschenden und praktischen Handelns aus, will sie sich ihrer Stellung und ihres Wissensbereiches innerhalb der Wissenschaftslandschaft bewusst werden. Spätestens seit der Ausdifferenzierung der Wissenschaften im 19. Jahrhundert stellt sich für jede Fachwissenschaft, und somit auch für die Sozialarbeitswissenschaft, die Frage nach ihren metatheoretischen Grundlagen.

Die Soziale Arbeit als noch junge Fachwissenschaft, deren Existenz erst 2001 in Deutschland durch die Kultusministerkonferenz und Hochschulrektorenkonferenz anerkannt wurde, benötigt noch viel mehr ein solches Vorverständnis, um den daraus abzuleitenden Gegenstand zu bestimmen.

Die Fragen, die dabei gestellt werden müssen, sind ebenso Fragen des Erkennens selbst als auch der Organisation dieser Erkenntnis innerhalb einer Wissensgesellschaft. Erkennen als Fähigkeit, sich der Welt bewusst zu werden, stellt allerdings für die Soziale Arbeit nur einen Zugang zur Wirklichkeit dar. Zugleich ist sie eine Handlungswissenschaft, deren Professionalität darin besteht, sich auf gesellschaftlich und professionell deklarierte Aufträge zu konzentrieren, die sie dann mit einer möglichst hohen Fachlichkeit ausführt. Gleichzeitig überschneidet sich das berufliche Helfen als „inszenierte Solidarität" (Rauschenbach 1994) mit der ontologischen Eigenart des Menschen, anderen Menschen zu helfen. Inszenierte Solidarität ergänzt somit in der Moderne die natürliche Solidarität der kleinen Sozialverbünde von Familie, Dorf oder Zunft, wie sie in der Vormoderne beherrschend waren. Über den Gegenstand und die Funktion wird in Kapitel 2.3 ausführlicher zu sprechen sein.

Wissenschaftstheoretisch wird die Soziale Arbeit derzeit von vielen Autoren/Autorinnen den Sozialwissenschaften zugeordnet (Engelke 2003, 59; Erath 2006, 39), genauer als angewandte Sozialwissenschaft und damit als eine Handlungswissenschaft verstanden (Staub-Bernasconi 2007). In der Tat spricht vieles dafür, diesen Handlungsbezug als eine Variante der wissenschaftslogischen Verortung Sozialer Arbeit zu begreifen. Eine andere mögliche Variante besteht darin, sie (wieder) näher an geisteswissenschaftliche Denklinien heranzuführen und damit dem „Verstehen" eine ebenso gewichtige Bedeutung beizumessen wie dem „Handeln". Auch wenn dies in verschiedenen Theorieansätzen, u. a. bei Staub-Bernasconi (2007), durchaus in Form einer Kompetenz zur Analyse sozialer Probleme und dem Verstehen subjektiver Bedeutungshorizonte davon betroffener Personen zum Ausdruck kommt, erscheint meines Erachtens die sinnstiftende Funktion der Sozialen Arbeit in einer durch Industrialisierung, Moderne und ihre jeweiligen Post-Varianten gefährdeten Gesellschaft von so großer Bedeutung, dass sie einer besonderen Explikation bedarf (Röh 2008). Handlungstheoretisch ausformuliert finden wir hierzu gute Ansätze bei Mührel (2005), der „Verstehen" als etwas Ontologisches, ein stetiges „Erleiden und eine Widerfahrnis" (84) begreift und gleichzeitig „Verstehen" als eine notwendige Form des Zugangs zum anderen und damit auch zum Hilfesuchenden konzipiert – ohne indessen in eine reine Methodik, sprich Sozialtechnologie, zu verfallen. Gerade in der Arbeit mit geistig behinderten Menschen, die vielfach einer Veränderung durch methodisches Handeln weniger zugänglich sind bzw. bei denen Lernprozesse viel langsamer verlaufen, bedarf es einer gekonnten verstehenden Haltung.

Mit Marquard (2003) könnte man folgende Geschichtentypen für die geisteswissenschaftliche Funktion der Sozialen Arbeit heranziehen: Sensibilisierungs-, Orientierungs- und Bewahrungsgeschichten liefern uns ein handlungstheoretisches Programm, entlang dessen wir Soziale Arbeit sowohl in ihrer sensibilisierenden, orientierenden als auch bewahrenden Funktion verstehen können. Für die Soziale Arbeit in der Behindertenhilfe ließe sich diese in analoger Form wie folgt beschreiben:

- Sensibilisierungsgeschichten stünden hier für Strategien und Wege, die versuchen, die besondere Lebenssituation, die besondere Verletzlichkeit und den Anspruch auf eine menschenwürdige Begleitung und Assistenz von Menschen mit geistiger Behinderung zu verdeutlichen, sie zu benennen, der Öffentlichkeit zu präsentieren, und daraus Ansprüche auf einen humanen Umgang mit ihnen abzuleiten.
- Orientierungsgeschichten würden uns weiterhin dabei helfen, die richtigen ethischen Entscheidungen in der Behindertenhilfe zu treffen, indem die Orientierungen offengelegt, diskutiert und damit fundiert werden, an denen wir alltäglich, professionell, aber auch politisch Handlungen bemessen können.
- Bewahrungsgeschichten würden schließlich dazu dienen können, die moderne, vor allem im kapitalistischen Produktionssystem zu verzeichnende Dynamisierung des Alltagslebens durch die quasi kompensatorische Rückbesinnung auf weitere Werte (Muße, Rücksicht, Solidarität) abzufedern bzw. zu bremsen.

Wie man also sieht, kann durch das Marquard'sche Geschichtenerzählen, aber auch Geschichtenerleben, also die biografische wie alltägliche Rekonstruktion der lebensweltlichen Geschehnisse, eine Orientierung erreicht werden, die weit über die wissenschaftliche und professionelle Expertise hinaus geht.

Soziale Arbeit in der Tradition von Sozialpädagogik hat sich dabei schon immer einer gewissen Nähe zu geisteswissenschaftlichen Positionsbestimmungen erfreut, die sie fruchtbar vom naturwissenschaftlichen Weltverständnis abzugrenzen half (Winkler 1997).

Meines Erachtens sollte sowohl der sozialpädagogische, in diesem Sinne hermeneutisch-geisteswissenschaftliche Zugang mit seinen Implikationen bzgl. der Erziehung und Bildung, als auch der sozialarbeiterische, in diesem Zusammenhang fürsorgerisch verstandene Zugang einer Existenzsicherung zu einem modernen Bild als „Soziale Arbeit" vereint werden, wie Mühlum dies mit der Formel des „Subsumtionstheorems" vorsieht (Mühlum 2001, 13).

Übungen zu Kap. 2.2

3. Verständnisfrage: Wofür steht die Formel von einer „inszenierten Solidarität"?
4. Diskussions-/Reflexionsfrage: Welche Gründe sprechen dafür, Soziale Arbeit den Sozialwissenschaften und welche dafür, sie den Geisteswissenschaften zuzuordnen?

Engelke (2003): Die Wissenschaft Soziale Arbeit
Niemeyer/Schröer/Böhnisch (Hrsg.) (1997): Grundlinien historischer Sozialpädagogik. Traditionsbezüge, Reflexionen und übergangene Sozialdiskurse

2.3   Gegenstand und Funktion Sozialer Arbeit

Eine genaue Gegenstands- und Funktionsbestimmung hilft, den professionellen Rahmen für eine Soziale Arbeit festzulegen. Sie wird hier anhand einer integrativen Fassung Sozialer Arbeit als komplementärem Gebilde aus Sozialarbeit und Sozialpädagogik vorgenommen, u. a.

untermauert von der IFSW-Definition und einem ersten Blick auf soziale Probleme als Gegenstand der Sozialen Arbeit.

„Sonderpädagogik und Soziale Arbeit können als gesellschaftlich organisierte Hilfe für Menschen mit besonderen Schwierigkeiten verstanden werden. Ihre Bedeutung für die Rehabilitation steht somit außer Frage. Tatsächlich stellen sie, neben Medizin und Pflege, den größten Bereich personenbezogener Dienste dieses Sektors dar. Ihre Abgrenzung (und Zusammenarbeit) ist jedoch nach wie vor schwierig, weil sich die Aufgaben überschneiden und das Selbstverständnis nicht hinreichend geklärt ist. Sozialarbeit/Sozialpädagogik hier, Sonderpädagogik/Behindertenpädagogik/Heilpädagogik dort stellen mehr als ein Begriffsdilemma dar. Sie drücken auch inhaltliche Unterschiede und berufliche Grundüberzeugungen aus" (Mühlum 1999, 49).

Diese von Mühlum formulierte Idee einer professionellen Differenzierung bei gleichzeitiger Forderung einer „ganzheitlichen Perspektive" soll hier aufgenommen und das Spezifikum Sozialer Arbeit als „ganzheitliche" Profession zum Ausgangspunkt der Überlegungen zum Gegenstand und der Funktion Sozialer Arbeit genommen werden.

Hier soll es darum gehen, die Soziale Arbeit als Profession bzw. als professionelles Handeln zu bestimmen und diesen Standort für die Soziale Arbeit in der Behindertenhilfe zu erschließen. Auf Ausführungen zur Wissenschaft der Sozialen Arbeit (Engelke 2003; Erath 2006) soll hier jedoch nicht weiter eingegangen werden.

Doch was ist der Gegenstand der Sozialen Arbeit? Mit der international anerkannten Definition der International Federation of Social Workers (IFSW) beginnend, kann dieser zunächst wie folgt verstanden werden:

„Soziale Arbeit als Beruf fördert den sozialen Wandel und die Lösung von Problemen in zwischenmenschlichen Beziehungen, und sie befähigt die Menschen in freier Entscheidung ihr Leben besser zu gestalten. Gestützt auf wissenschaftliche Erkenntnisse über menschliches Verhalten und soziale Systeme greift Soziale Arbeit dort ein, wo Menschen mit ihrer Umwelt in Interaktion treten. Grundlagen der Sozialen Arbeit sind die Prinzipien der Menschenrechte und der sozialen Gerechtigkeit" (IFSW 2000).

Damit verbindet sich – ähnlich dem im Kapitel 2.2 beschriebenen wissenschaftstheoretischen Modell – die Sicherung soziomaterieller Grundlagen durch die Sozialarbeit mit der Existenzbefähigung durch die Sozi-

Abb. 2: Gegenstand und Funktion Sozialer Arbeit

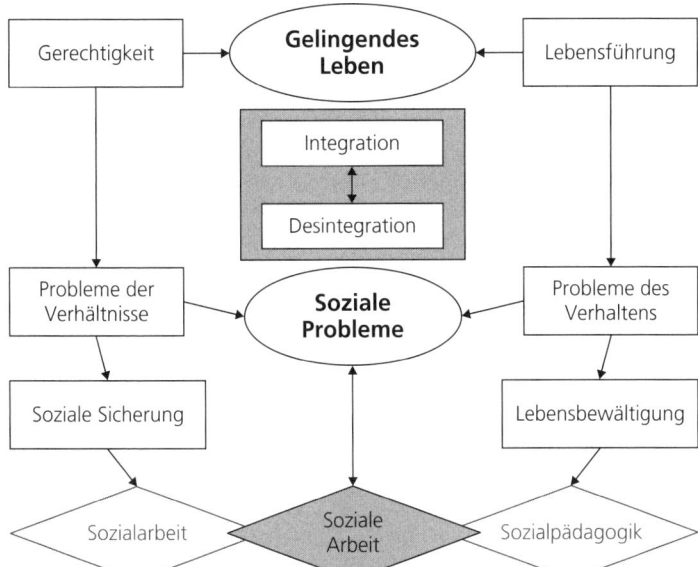

alpädagogik hin zu einer Sozialen Arbeit, die methodisch gleichermaßen als persönliche Befähigung und Sicherung der Existenzgrundlagen sowie Umweltveränderung aufgefasst werden kann. Diese Dualität ist zwar weit mehr als die reine Addition von Sozialarbeit und Sozialpädagogik, da eher im Sinne von Mühlum (2001) von einer Subsumtion unter den neuen Titel „Soziale Arbeit" ausgegangen werden kann, jedoch ließe sich das Verhältnis beider wie in Abbildung 2 darstellen.

Ein solchermaßen integratives Modell von Sozialer Arbeit, welches sowohl individuelle als auch Einflüsse aus der Umwelt auf die Entstehung von Sozialen Problemen berücksichtigt, kombiniert damit auch den klassisch sozialpädagogischen Zugang zur Lebenswelt der Menschen vor dem Hintergrund ihrer Lebensführung mit dem klassisch sozialarbeiterischen Zugang zur Lebenswelt der Menschen vor dem Hintergrund sozialer Gerechtigkeit.

Soziale Arbeit hat es in der beruflichen Realität potenziell mit einer Vielfalt von verschiedenen menschlichen Problemen zu tun und konkret jeweils mit bestimmten menschlichen Lebenslagen, in denen häufig vielfältige Probleme auftreten. Mit Klüsche (1999) kann man

diese Probleme als das Material der Sozialen Arbeit ansehen, wobei
dem gesellschaftlichen Mandat seit Staub-Bernasconi auch eine professionelle Bestimmung des Auftrages und Gegenstandes an die Seite
gestellt wird, die gleichzeitig Ausdruck einer neuen Unbescheidenheit
ist: „Der Gegenstand der Sozialen Arbeit ist die Bearbeitung gesellschaftlich und professionell als relevant angesehener Problemlagen"
(Klüsche 1999, 44). Wie Engelke (2003, 301) feststellt, ist diese Definition allerdings viel zurückhaltender und defensiver als jene Gegenstandsbestimmung der IFSW, deren Ziel nicht nur die „Bearbeitung
von Problemen" (Klüsche), sondern vielmehr die „Förderung des
sozialen Wandels" (IFSW) ist.

Die Probleme sind dabei in ihrer Wirkung im doppelten Sinne als
soziale Probleme zu bezeichnen, und zwar zunächst im gesellschaftlichen Rahmen als verbreitete Phänomene (Armut, Obdachlosigkeit,
Gewalt, Sucht, Behinderung, Kindeswohlgefährdung usw.) und gleichzeitig als Probleme von Individuen in ihrer Umwelt.

Der erste Aspekt ist hinlänglich durch die Soziologie beschrieben
und kann mit Groenemeyer wie folgt verstanden werden: Soziale Probleme sind

„diejenigen gesellschaftlichen Tatbestände, Bedingungen oder Praxen, die
Leiden und Störungen verursachen oder als solche aufgefasst werden. Es
muss also das Problematische an gesellschaftlichen Entwicklungen, Strukturen, Institutionen oder Praktiken zum Thema gemacht werden, um dann
die Bedingungen zu analysieren, unter denen diese zu sozialen, das heißt
zu öffentlichen Problemen werden" (zitiert nach Engelke 2003, 302).

Soziale Probleme sind nach Groenemeyer (2005, 1693) daher gleichermaßen Gegenstand und Aufgabe verschiedenster gesellschaftlicher
Reaktionstypen wie der Sozialpolitik, der Kriminal- und Gesundheitspolitik und eben auch der Sozialen Arbeit.

Der zweite – eher transaktionale – Aspekt wird in der sozialökologischen Theorie berücksichtigt und theoretisch fundiert. Demnach
interessiert sich die Soziale Arbeit für soziale Probleme qua ihrer quantitativen Bedeutsamkeit und der Einschätzung derselben als öffentlich
veränderungswürdig und veränderungsfähig (Hey 2004, 21). Denn erst
dadurch, dass sie zum Gegenstand spezieller Programme, wie etwa der
Sozialen Arbeit gemacht werden, geraten sie in den Fokus derselben.
Auf der anderen Seite ist die Menschenwissenschaft Soziale Arbeit
(Engelke 2003, 265 ff) auch immer eine am Individuum und seinem

Leiden an und in der Gesellschaft (Dreitzel 1972) orientierte Wissenschaft und Praxis des Helfens.

In diesem Sinne orientiert sie sich ebenso – und daraus resultierte schließlich der Befund des doppelten Mandates bei Böhnisch/Lösch (1973) – an der Individualität wie an der Gesellschaft und kann daher als Expertise für die Zusammenhänge zwischen Individuum und Gesellschaft dargestellt werden.

Dem eher passiven Gegenstandsmodell, welches die Soziale Arbeit einem sozialstaatlichen Programm zur Bewältigung und möglichst Beseitigung von sozialen Problemen zur Seite stellt, steht die bedürfnistheoretisch begründete Selbstmandatierung der Sozialen Arbeit durch Staub-Bernasconi (2007, 198 f) gegenüber, die es – wie oben bei Klüsche angedeutet – erlaubt, auch die eigenen professionellen Erkenntnisse über Problemlagen zum Gegenstand zu machen. Für Staub-Bernasconi beinhaltet dieser Schritt, dass wissenschaftliches Beschreibungs- und Erklärungswissen genutzt und dieses auf der Basis eines ethischen Berufskodexes, insbesondere auf der Basis der Menschenrechte, angewendet wird.

Bezüglich des Gegenstandes bzw. der Funktion ist daher davon auszugehen, dass sich ein Alleinstellungsmerkmal der Sozialen Arbeit auf dem „Markt der Helfer" durch ihren multidimensionalen Blick und ihre Dualität im Hinblick auf sowohl die Person als auch deren Umwelt herausstreichen lässt, wie er auch im Verständnis einer Sozialen Arbeit als intermediäre Instanz, die zwischen Lebenswelt und System vermittelt und diese verbindet, zu erkennen ist (Rauschbach 1999, 92 ff).

Und mit Böhnisch (2002) können wir die Funktion der Sozialen Arbeit in der Moderne und bedingt durch sie als eine „Hilfe zur Lebensbewältigung" verstehen, die bei ihm auf der sogenannten „Bewältigungstatsache" fußt. Böhnisch schlägt vor – und diesem Gedanken möchte ich folgen –, die Sozialarbeit und Sozialpädagogik als grundlegende professionelle Reaktion auf die Probleme von Menschen in der Moderne zu begreifen. In diesem Sinne wird die Soziale Arbeit nicht nur zu einer – wie es die IFSW formuliert – Agentin des sozialen Wandels, sondern auch zur Agentin einer im aristotelischen Sinne guten Lebensführung oder auch eines gelingenderen Lebens (Thiersch). Wilhelm Schmid versteht in seiner Philosophie der Lebenskunst (1998), diese Art von „Lebenskunst" als eine „Sorge um sich", die wesentlich durch die Moderne herausgefordert und vom Individuum unter Rückgriff auf persönliche, soziale und gesellschaftliche Fähigkeiten zu leisten ist. Schmid selbst intendiert dadurch kein individualistisches Lebensprogramm, sondern reflektiert die Entstehungs- und Wirkungszusammenhänge selbst. Mit Mühlum (2004, 141) könnte man deshalb von einer „Lebensbewältigung unter erschwerten Bedingungen" sprechen, die von der Sozialen Arbeit aufgegriffen wird und ihren Gegenstand darstellt. Damit ist die Erweiterung der Gegenstandsbestimmung möglich, die bislang lediglich auf soziale Probleme rekurriert.

Für die Soziale Arbeit mit Menschen mit Behinderungen lassen sich daraus folgende Ableitungen treffen:

- Das Leben mit Behinderung ist wie alles menschliche Leben von der „Bewältigungstatsache" geprägt.
- Diese Bewältigung geht dabei über die reaktive Verarbeitung von „Behinderungsanlässen" (Krankheit, Unfall usw.) hinaus und umfasst eine Lebensspannenperspektive.
- Neben individuellen Einschränkungen (in der ICF-Terminologie als Störungen der Körperstrukturen oder Körperfunktionen) stehen dabei vor allem die Aktivitäts- und Teilhabeeinschränkungen im Mittelpunkt der Bewältigung.
- Gelingenderes oder gutes Leben ist von dem sinnvollen „Ins-Verhältnis-Bringen" von Selbstbestimmung und sozialer Anerkennung geprägt.
- Behinderung selbst ist ein soziales Problem, insofern sich Umweltgestalt und Umweltbedingungen sowie individuelle und soziale Ressourcen und Probleme zu einer für den Einzelnen wie für die Gesellschaft zu bewältigenden Einheit verbinden.
- Das im engeren Sinne sozialpädagogische Ziel in der Arbeit mit behinderten Menschen besteht daher in der größtmöglichen Förderung von Autonomie, Selbstbestimmung und soweit es geht auch Selbstständigkeit in der alltäglichen Lebensführung.
- Das im engeren Sinne sozialarbeiterische Ziel liegt in der Verbesserung der Person-Umwelt-Transaktionen, d. h. in der Befriedigung der biopsychosozialen Bedürfnisse eines Menschen (mit Behinderung).
- Beiden gemeinsam ist in der konvergenten Fassung als Soziale Arbeit, dass die Entwicklung von Lebensperspektiven und somit die Lebensbewältigungskompetenz zu fördern und zu erhalten ist.

In einer Sozialen Arbeit in der Behindertenhilfe kommen also zwei Zugänge zusammen und bilden erst gemeinsam die spezielle Expertise:

Der Einzelne mit seiner Behinderung erlebt sich selbst und andere in einer gegebenen Umwelt, die ihm entweder Möglichkeiten oder Begrenzungen bietet. Er selbst ist durch seine eigene Sozialisation und Persönlichkeit hinsichtlich seiner Bewältigungskompetenz in einem gewissen Maße befähigt, sich diese Umwelt für ein gelingenderes Leben mit Behinderung anzueignen. Wo immer diese Aneignung nicht dazu ausreicht, die Bedürfnisse des Einzelnen zu befriedigen, da entweder die individuellen oder die sozialen Ressourcen nicht genügen oder aber die Gesellschaft ihrerseits mit Restriktionen auf den behinderten Menschen reagiert, kann die Soziale Arbeit mit ihrer Professionalität auf diese „Transaktionsstörungen" reagieren und versuchen, sie mittels professioneller Interaktionen zu beheben. Ihr vorderstes Ziel ist es dabei, ihre Klienten kurz-, mittel- oder langfristig zu einem selbstständigen und selbstbestimmten Leben zu befähigen.

Übungen zu Kap. 2.3

5. Verständnisfrage: Wie lautet die Definition Sozialer Arbeit der IFSW?
6. Diskussions-/Reflexionsfrage: Wie stehen Sozialarbeit und Sozialpädagogik in einem integrativen Modell von Sozialer Arbeit zueinander?

Böhnisch (2002): Lebensbewältigung
Staub-Bernasconi (2007): Soziale Arbeit als Handlungswissenschaft

2.4   Ethisch-moralische Grundlagen

Neben allgemeinen ethischen Überlegungen zur Sozialen Arbeit werden in diesem Abschnitt der Berufskodex und die Formel von der „Sozialen Arbeit als Menschenrechtsprofession" vorgestellt. Des Weiteren erfolgen Ausführungen zu relevanten gerechtigkeitstheoretischen Erwägungen.

Vor allem die grausamen Erfahrungen während der NS-Diktatur in Deutschland haben eine erhöhte Wachsamkeit in der Arbeit mit Menschen mit Behinderungen, aber auch bei anderen vulnerablen und von Ausgrenzung bedrohten Gruppen zur Folge gehabt.

Die ständigen Debatten um eine Bio-Ethik sowie um die utilitaristischen Begründungen von Sterbehilfe und Forschung an nicht einwilligungsfähigen Menschen mit Behinderungen stellen zudem eine fortwährende Bedrohung des erreichten ethischen Niveaus einer akzeptierenden und fördernden Gesellschaft dar.

Soziale Arbeit in der Behindertenhilfe bedarf deshalb einer grundlegenden Erläuterung von ethisch-moralischen Grundlagen, die im Sinne einer praktischen Ethik auch normative Hinweise gibt für gutes bzw. schlechtes Verhalten gegenüber behinderten Menschen, auf berufsethische Dilemmata und Fehler sowie auf gesellschaftliche Mechanismen. Dabei sind Werte und Werturteile immanenter Teil der sozialarbeiterischen, professionellen Praxis und diese Praxis benötigt neben klaren handlungsleitenden Vorgaben auch eine reflexive Kompetenz zur situativen Klärung von Dilemmata.

Eine Ethik der Sozialen Arbeit ist dabei immer eine plurale Ethik, die jedoch vereint wird in der Anerkennung und Wertschätzung der menschlichen Würde, die spätestens seit Kant auch säkular begründet werden kann. Im religiösen Verständnis wurde und wird die Würde des Menschen durch die Gottesähnlichkeit des Menschen definiert:

„Die Gottebenbildlichkeit (lat.: imago dei) ist die Voraussetzung dafür, dass der Mensch im verschiedenen Maße und nie absolut Gottähnlichkeit (lat.: similtudo dei) erreichen kann. Als Ebenbild Gottes ist damit der Mensch in Freiheit gesetzt, sein Leben zu realisieren und schöpferisch zu gestalten; jedoch gemäß den Vorstellungen eines der Offenbarung Gottes gemäßen Lebens" (Mührel/Röh 2008, 52).

Baumgartner (2004, 268) fasst die Menschenwürde deshalb wie folgt zusammen:

„Menschenwürde heißt nach christlichem Verständnis, dass jedem, der Menschenantlitz trägt, in jeder Phase seines individuellen Entwicklungsstands und unabhängig, von seinen Eigenschaften und Leistungen ein unbedingter Wert zukommt, der – negativ – jede instrumentalisierende Verrechnung verbietet."

Daneben existiert spätestens seit Immanuel Kant eine philosophische Auffassung der menschlichen Würde durch das sogenannte Instrumentalisierungsverbot, das bei Kant wie folgt definiert wird: „Handle stets so, daß du die Menschheit sowohl in deiner Person als auch in der Person eines jeden anderen, jederzeit zugleich als Zweck, niemals bloß als Mittel brauchst" (Kant, zitiert nach Eisenmann 2006, 81).

Diese auch als praktischer Imperativ bekannt gewordene Definition von Menschenwürde erweitert den kategorischen Imperativ, der besagt: „Handle stets so, daß die Maxime deines Willens jederzeit zur allgemeinen Gesetzgebung reiche" (Kant, zitiert nach Eisenmann 2006, 84).

2.4.1 IFSW-Kodex

Die Soziale Arbeit kann darüber hinaus mittlerweile auch auf einen berufsspezifischen Kodex zurückgreifen, der gemeinsam von der International Association of Schools of Social Work (IASSW) und von der International Federation of Social Workers im Jahre 2004 neu verfasst wurde. Schon in der Definition Sozialer Arbeit durch die IFSW (2000), in der die Prinzipien der Menschenrechte als Grundlage der Sozialen Arbeit festgehalten werden, bestimmt der Ethik-Kodex die besondere Aufgabe der Sozialarbeiter / -innen darin, „die körperliche, psychische, emotionale und spirituelle Integrität und das Wohlergehen einer jeden Person [zu] wahren und [zu] verteidigen" sowie „die soziale Gerechtigkeit zu fördern in Bezug auf die Gesellschaft im Allgemeinen und in Bezug auf die Person, mit der sie arbeiten".

Im Einzelnen bedeutet dies für den Bereich der Menschenrechte bzw. Menschenwürde:

„1. Das Recht auf Selbstbestimmung achten: Sozialarbeiter / innen sollten das Recht der Menschen achten und fördern, eigene Wahl und Entscheidungen zu treffen, ungeachtet ihrer Werte und Lebensentscheidung, vorausgesetzt, dass dadurch nicht die Rechte und legitimen Interessen eines anderen gefährdet werden.

2. Das Recht auf Beteiligung fördern: Sozialarbeiter / innen sollten das volle Einbeziehen und die Teilnahme der Menschen, die ihre Dienste nutzen, fördern, sodass sie gestärkt werden können in allen Aspekten von Entscheidungen und Handlungen, die ihr Leben betreffen.

3. Jede Person ganzheitlich behandeln: Sozialarbeiter / innen sollten sich mit der Person als Ganzes innerhalb der Familie, der Gemeinschaft, sowie der sozialen und natürlichen Umwelt beschäftigen, und sollten darauf bedacht sein, alle Aspekte des Lebens einer Person wahrzunehmen.

4. Stärken erkennen und entwickeln: Sozialarbeiter/innen sollten den Schwerpunkt auf die Stärken des Einzelnen, der Gruppen und der Gemeinschaften richten um dadurch ihre Stärkung weiter zu fördern."

Und die Soziale Gerechtigkeit ist konkret wie folgt zu erreichen:

„1. Negativer Diskriminierung entgegentreten: Sozialarbeiter/innen haben die Pflicht, negativer Diskriminierung aufgrund von Merkmalen wie Fähigkeiten, Alter, Kultur, Geschlecht, Familienstand, sozioökonomischem Status, politischer Überzeugung, Hautfarbe, Rasse oder anderer körperlicher Gegebenheiten, sexueller Orientierung, oder spiritueller Überzeugung entgegenzutreten.
2. Verschiedenheit anerkennen: Sozialarbeiter/innen sollten die ethnischen und kulturellen Unterschiede von Gesellschaften in denen sie arbeiten anerkennen und respektieren und die Unterschiede von Einzelnen, Gruppen und Gemeinschaften beachten.
3. Gerechte Verteilung der Mittel: Sozialarbeiter/innen sollten sicherstellen, dass die ihnen zur Verfügung stehenden Mittel gerecht – gemäß den Bedürfnissen – verteilt werden.
4. Ungerechte Politische Entscheidungen und Praktiken zurückweisen: Sozialarbeiter/innen haben die Pflicht, ihre Arbeitgeber, Gesetzgeber, Politiker und die Allgemeinheit darauf aufmerksam zu machen, wo Mittel unzulänglich sind oder wo die Verteilung von Mitteln durch Verordnungen und Praxis unterdrückerisch, ungerecht oder schädlich ist.
5. Solidarisch arbeiten: Sozialarbeiter/innen haben die Pflicht, sozialen Bedingungen entgegenzutreten, die zu sozialem Ausschluss, Stigmatisierung oder Unterdrückung führen. Sie sollen auf eine einbeziehende Gesellschaft hinarbeiten."

Diese ethischen Prinzipien, die darüber hinaus in nationale Konkretisierungen gefasst wurden (u. a. durch den Deutschen Berufsverband für Soziale Arbeit e. V. 1999), sollen der Sozialen Arbeit als Leitlinie für ein angemessenes ethisches Handeln dienen.

2.4.2   Menschenrechtsprofession

Die bereits in den Definitions- und Ethikdokumenten der IFSW und der IASSW enthaltenen Implikationen hinsichtlich einer besonderen Berücksichtigung der Menschenrechtsperspektive haben dazu geführt, dass bereits 1992 vom „Center of Human Rights" der Vereinten Nationen, von der IFSW und von der IASSW die Soziale Arbeit als Menschenrechtsprofession ausgerufen wurde. Die auf Grundlage einer bedürfnistheoretischen Begründung erfolgende Verortung Sozialer Arbeit bestimmt daher ihren ethischen Auftrag in der Wahrung der Menschenrechte als der menschlichen Natur eigene Rechte, ohne die

„wir als menschliche Wesen nicht existieren können. Die Menschenrechte und die grundlegenden Freiheiten erlauben uns, unsere menschlichen Fähigkeiten, unsere Intelligenz, unsere Begabungen und unser moralisches Bewusstsein voll zu entwickeln und zu gebrauchen und unsere geistigen und sonstigen Bedürfnisse zu befriedigen. Sie gründen im zunehmenden Verlangen der Menschheit nach einem Leben, in dem die unveräußerliche Würde und der Wert jedes einzelnen Menschen Anerkennung und Schutz findet" (Vereinte Nationen 1987, zitiert nach UN-Manual 1992, 5).

Insbesondere Silvia Staub-Bernasconi hat diesen Ansatz aufgenommen und in verschiedenen Publikationen (u. a. 2003) expliziert. Dabei kommt deutlich zum Ausdruck, dass sich das damit verbundene normativ-ethische Grundverständnis mittels einer Gegenstandsbestimmung Sozialer Arbeit entlang von Bedürfniskategorien für das professionelle Handeln von Sozialarbeitern/-arbeiterinnen erschließen lässt (vgl. Kapitel 4.2.2).

Innerhalb dieses Konzepts werden Menschen als wissens- und handlungsfähige Biosysteme erfasst, die durch biopsychosozial zu verstehende Bedürfnisse bestimmbar sind. Damit steht die Systemtheorie der Zürcher Schule in der Tradition früherer Überlegungen innerhalb der Sozialen Arbeit, von denen die Bedürfnistheorie Ilse Arlts die bekannteste sein dürfte. Arlt verstand Bedürfnisse ebenfalls als eine conditio humana und schuf für sie den Begriff „Gedeihenserfordernisse", deren Befriedigung die notwendige Bedingung für ein Leben bedeutet, welches sich durch die Fähigkeit zu einem ‚schöpferischen Konsum' auszeichnet (Arlt 1958, 60, 74).

Wo diese Bedürfnisse, deren normative Ausformung in den Menschenrechten zu sehen ist, nicht befriedigt werden, entstehen soziale Probleme. Soziale Probleme sind der Gegenstand der Sozialen Arbeit (vgl. Kapitel 4.1) und ihre professionelle Bearbeitung unterliegt dem in der Sozialen Arbeit seit Böhnisch/Lösch (1973) bekannten Modell des doppelten Mandats, also dem Spagat zwischen Hilfe und Kontrolle. Im Zuge der Anwendung der Formel „Soziale Arbeit als eine Menschenrechtsprofession" kann nach Staub-Bernasconi (2003) ein weiteres Mandat, nämlich das der Selbstmandatierung durch die Profession selbst, hinzugefügt werden, mit dem ein eigenständiger, von der Gesellschaft und der Klientel unabhängiger Auftrag an die Soziale Arbeit gerichtet werden kann (Tripelmandat). Diese Selbstmandatierung beruht im Wesentlichen auf der Verteidigung und Wahrung der Menschenrechte in den je spezifischen Handlungskontexten der Sozialen Arbeit, hier in der Behindertenhilfe.

2.4.3 Soziale Gerechtigkeit

Die International Federation of Social Work (IFSW) fasst in ihrer Definition Sozialer Arbeit die sie konstituierenden Grundlagen der Sozialen Arbeit wie folgt zusammen:

„Soziale Arbeit als Beruf fördert den sozialen Wandel und die Lösung von Problemen in zwischenmenschlichen Beziehungen, und sie befähigt die Menschen, in freier Entscheidung ihr Leben besser zu gestalten. Gestützt auf wissenschaftliche Erkenntnisse über menschliches Verhalten und soziale Systeme greift Soziale Arbeit dort ein, wo Menschen mit ihrer Umwelt in Interaktion treten. Grundlagen der Sozialen Arbeit sind die Prinzipien der Menschenrechte und der sozialen Gerechtigkeit" (IFSW 2000).

Neben der Menschenrechtsgrundlage, wie sie in Kapitel 2.4.2 schon beschrieben wurde, gehört zur Sozialen Arbeit immer auch das Ziel der sozialen Gerechtigkeit. Doch was ist gerecht und wer bestimmt darüber?

Um diese Frage beantworten zu können, müssen wir uns der Gerechtigkeitstheorie als einer Abteilung der praktischen Philosophie zuwenden. Die amerikanische Ethikerin Martha Nussbaum beschreibt in ihrer Theorie des guten Lebens solch einen Gerechtigkeitsansatz. Nussbaum baut ihre Ethik auf der aristotelischen Philosophie des guten Lebens auf und gelangt damit zu einer Konzeption der Lebensführung, die den Menschenrechtsdiskurs wieder belebt hat. Neben der darin enthaltenen Bedürfnistheorie entfaltet sie einen Fähigkeitenansatz, der sich gleichzeitig als „Sozialdemokratismus" und somit als politisches Programm verstehen lässt. Dies geschieht bei Nussbaum in bewusster Abgrenzung zu anderen Gerechtigkeitsvorstellungen, wie etwa der Theorie der Gerechtigkeit von John Rawls, der mithilfe eines hypothetischen Gedankenexperimentes zu beweisen versucht, dass Ungleichheit in dem Maße erträglich ist, wie alle Mitglieder einer Gesellschaft sich durch freie Wahl dieser zustimmen, auch wenn sie für einige von ihnen Nachteile mit sich bringt. Aufgewogen werden diese Nachteile bei Rawls (1975, 336) durch zwei Bedingungen:

a) Die Prinzipien müssen unter der Einschränkung des gerechten Spargrundsatzes den am wenigsten Begünstigten den größtmöglichen Vorteil bieten, und
b) sie müssen mit Ämtern und Positionen verbunden sein, die allen gemäß fairer Chancengleichheit offenstehen.

Für Rawls stellt eine „Ur-Gemeinschaft", an deren Verfassungsgebung alle beteiligt sind, die zu dieser Gemeinschaft gehören, die Grundbedingung dar. Diese Ur-Gemeinschaft zeichnet sich noch dadurch aus, dass zunächst alle Mitglieder gleich ausgestattet sind, also die gleichen Chancen haben. Nussbaum bezieht hier eine andere Position als Rawls, wenn sie gerade denjenigen, die mehr brauchen (weil sie qua Natur oder gesellschaftlichem Status weniger mitbringen), auch mehr geben will.

Nach Nussbaum steht am Beginn der ethischen Reflexion nicht der „gleiche Mensch", der sich ausgehend von gleichen Startbedingungen unterschiedlich entwickelt und damit auch Ungerechtigkeit bis zu einem gewissen Maß zulässt, sondern einer, dessen

„Kräfte der praktischen Vernunft zu ihrer Entwicklung institutioneller und materieller Voraussetzungen bedürfen, die nicht immer vorhanden sind. Man kann also annehmen, dass Bürger, die die moralischen Fähigkeiten bei sich selbst und bei anderen schätzen und deren Ziel ein Gerechtigkeitsbegriff ist, der ihnen ein gutes Zusammenleben in der Gemeinschaft ermöglicht, über diese Voraussetzungen nachdenken und gute politische Prinzipien nicht nur darin erblicken, die Verteilung der instrumentellen Grundgüter zu regeln, sondern auch darin, die angemessene Verwirklichung dieser und anderer menschlicher Fähigkeiten der Bürger zu fordern" (Nussbaum 1999, 61).

Interessanterweise kommt Nussbaum also zu dem Schluss, dass neben einer Güter-Theorie auch ein Fähigkeiten-Ansatz zu einem guten Leben führen kann.

„Das Ziel politischer Planung besteht darin, für jeden Bürger die Voraussetzungen zu schaffen, die es ihm ermöglichen, ein gutes menschliches Leben zu wählen und zu führen. Diese distributive Aufgabe zielt auf die Entwicklung von Fähigkeiten ab. Das heißt, sie konzentriert sich nicht auf die Zuteilung von Gütern, sondern will auch die Menschen befähigen, bestimmte menschliche Tätigkeiten auszuüben" (Nussbaum 1999, 87).

Darin verarbeitet Nussbaum die aristotelische Unterscheidung von Gerechtigkeit als „austeilender Gerechtigkeit" und „ausgleichender Gerechtigkeit" als Fähigkeiten-Ansatz:

„Die austeilende Gerechtigkeit kommt einem heute noch gültigen Gerechtigkeitsverständnis gleich, wenn davon ausgegangen wird, dass jedem einzelnen Mitglied einer Gemeinschaft wie auch allen anderen Teilgemeinschaften das diesen jeweils Zustehende an Gemeinschaftsgütern und -lasten zugewiesen wird. ... So können gemeinschaftlich geschaffene Güter nur dadurch gebildet und dann verteilt werden, wenn sie von diesen Gesellschaftsmitgliedern entsprechend ihrer Leistungsfähigkeit bis zu einem gewissen Grad ‚erwirtschaftet' werden. ... Die eigentliche Gerechtigkeit besteht dann darin, dass man bei der Verteilung der Güter wie auch der Lasten ein bestimmtes Verhältnis festlegt, das sich an sachlichen und nicht an ideologischen Gesichtspunkten, wie etwa Einkommen, Leistung, Fähigkeit oder Bedürftigkeit, orientiert. Demgemäß kann es nicht gerecht sein, jedem sachlich und mengenmäßig dasselbe zuzuteilen oder abzuverlangen. ... Die ‚ausgleichende Gerechtigkeit' geht eher in diese Richtung, auch wenn man zuerst den erklärten Willen des Einzelnen bzw. der Gemeinschaft dazu braucht, dem Einzelnen bzw. einer anderen Gemeinschaft das jeweils Zustehende zu gewähren" (Eisenmann 2006, 209).

Die ausgleichende Gerechtigkeit verknüpft Nussbaum mit dem Fähigkeiten-Ansatz, wonach die Aufgabe des Staates eben auch die Förderung der Fähigkeiten eines jeden Einzelnen sein sollte. Dabei unterscheidet sie zwischen internen (I-), externen (E-) und (G-)rund-Fähigkeiten (Nussbaum 1999, 102 ff):

▪ I-Fähigkeit wird wie folgt definiert: „Ein Mensch hat zum Zeitpunkt t dann und nur dann die I-Fähigkeit, die Tätigkeit A auszuüben, wenn dieser Mensch zum Zeitpunkt t so ausgestattet ist, dass er unter den geeigneten Umständen eine Handlung A wählen kann."
  Die I-Fähigkeit(en) sind für Nussbaum Resultat von Erziehung und insbesondere bedeuten sie die Fähigkeit zum Urteilen, d. h. bei Nussbaum: zum guten Wählen.
▪ E-Fähigkeit bedeutet: „Ein Mensch hat zum Zeitpunkt t dann und nur dann die E-Fähigkeit, die Tätigkeit A auszuüben, wenn der

Mensch zum Zeitpunkt t die E-Fähigkeit zu A hat und keine äußeren Umstände ihn daran hindern, A auszuüben."

E-Fähigkeiten sind damit eher als günstige Umstände aufzufassen, unter denen die I-Fähigkeit entwickelt werden kann.

▨ G-Fähigkeit heißt: „Ein Mensch besitzt die G-Fähigkeit, die Tätigkeit A auszuüben, dann und nur dann, wenn dieser Mensch eine individuelle Konstitution hat, die so beschaffen ist, dass er nach der angemessenen Ausbildung, dem angemessenen Zeitraum und anderen notwendigen instrumentellen Bedingungen die Tätigkeit A ausüben kann."

Diese G-Fähigkeiten stellen somit die natürliche Grundlage dar, auf der nach Nussbaum die I-Fähigkeiten unter Berücksichtigung der E-Fähigkeiten entwickelt werden können. Sprich, wenn jemand die G-Fähigkeit, also die grundsätzliche Entwicklungsfähigkeit zu I-Fähigkeiten nicht besitzt – wie etwa schwerbehinderte Menschen –, wird er aus dieser Ethik ausgeschlossen, was zu großen Problemen führt. So sind viele der von Nussbaum (1999, 200) aufgeführten Grundfähigkeiten nur eingeschränkt für Menschen mit schweren geistigen Behinderungen zu entwickeln.

Dass dies eventuell zu einem Ausschluss und einer Abwertung von Menschen mit Behinderungen führen kann, sollte näher untersucht werden, da Nussbaum (1999, 112) die sogenannten G-Fähigkeiten als „Bedürfnisse nach der Ausübung von Tätigkeiten" versteht. Allerdings verspricht das Nussbaum'sche Konzept schon jetzt eine – vor allem für die Soziale Arbeit – vielversprechende Perspektive in dem Fähigkeitenansatz, der dezidiert eine Pädagogik, d. h. z. B. im Sinne Gieseckes (2003) eine Lernhilfe für Menschen mit geistiger Behinderung, begründen hilft. Mit der Gütertheorie Nussbaums, die eine Wohlfahrt bzw. Sozialarbeit begründet, gelangen wir so zu einer fundierten Gerechtigkeitsgrundlage.

Übungen zu Kap. 2.4

7. Verständnisfrage: Weshalb kann Staub-Bernasconi die Soziale Arbeit als eine Menschenrechtsprofession bezeichnen?
8. Diskussions-/Reflexionsfrage: Warum verspricht der Gerechtigkeitsansatz von Nussbaum für die Soziale Arbeit mit Menschen mit Behinderungen eine größere Relevanz als der von Rawls?

Eisenmann (2006): Werte und Normen der Sozialen Arbeit
Staub-Bernasconi (2007): Soziale Arbeit als Handlungswissenschaft

2.5   Methodisches Handeln und allgemeine Handlungstheorie

Neben ethischen braucht die Soziale Arbeit auch methodische Grundlagen zur Ausübung ihrer professionellen Rolle. Daher werden in diesem Abschnitt allgemeine handlungstheoretische Begründungen skizziert und dafür plädiert, nur methodisches Handeln als professionelles sozialarbeiterisch-sozialpädagogisches Handeln zu bezeichnen.

Soziale Arbeit als berufliches Handeln, im Sinne sozialprofessionellen, erlernten Handelns, besteht seit ca. 120 Jahren in Deutschland im Anschluss an die frühe Tradition der Ausbildung verschiedenster fürsorglicher und pädagogischer Berufe (Kindergärtnerinnen durch Froebel, Heimbetreuern durch J. H. Wichern und der allgemeinen Fürsorgerinnen durch A. Salomon) und kann daher auf eine beachtliche Berufstradition zurückgreifen. Diese wurde allerdings durch den Nationalsozialismus ebenso wie durch die verschiedenen, z. T. gegensätzlichen methodischen Ausrichtungen der Nachkriegszeit in ihrer weiteren Entwicklung hin zu einer Profession erheblich verlangsamt. Ebenso war die disziplinäre, wissenschaftliche Entwicklung durch die unterschiedlichen Ausbildungsniveaus der universitären Sozialpädagogik und der zunächst auf höherem Fachschulniveau, dann seit den 1970er Jahren auf Fachhochschulniveau stattfindenden Ausbildung von Sozialarbeitern / -arbeiterinnen und Sozialpädagogen / -pädagoginnen in ihrer vollen Entfaltung behindert. Erst die seit Mitte der 1990er Jahre erfolgenden Bemühungen um die Etablierung und Entwicklung einer Sozialarbeitswissenschaft haben zu einer immer klareren Konturierung eines Professionalisierungs- und Verwissenschaftlichungsprozesses beigetragen, sodass heute durchaus von der Sozialen Arbeit als einer Wissenschaft und von Sozialarbeitern / -arbeiterinnen und Sozialpädagogen / -pädagoginnen als wissenschaftlich ausgebildeten Praktiker / -innen (Lüders 1989) gesprochen werden kann.

Zudem ist seit den 1990er Jahren der durch neue Steuerungsmodelle, Ökonomisierung und neue Fachlichkeit ausgelöste Druck auf die Soziale Arbeit, ihre Wirkung (Effizienz, Effektivität) und Handlungsweise (Konzepte, Methoden) unter Beweis zu stellen, zwar ebenfalls in Richtung einer Professionalisierung wirksam, jedoch auf seine tatsächlich förderlichen Aspekte weiterhin kritisch zu betrachten. Die jüngst entfachte Diskussion um eine evidenzbasierte Soziale Arbeit sei als aktuelles Beispiel hierfür benannt (Sommerfeld/Hüttemann 2007).

Der von einzelnen Vertretern verfolgten These, Soziale Arbeit sei nicht in der Lage, eine eigenständige Profession zu werden (Schütze 1992, Bommes/Scherr 2000, Baecker 2000), sondern allerhöchstens fähig, professionell zu handeln, sei hier weiter keine Aufmerksamkeit geschenkt (zur Gegenthese siehe Merten 2000).

Grundsätzlich ist der von Heiner (2004a, 15f) eingeführten Unterscheidung strukturbezogener und kompetenzbezogener Modelle zu folgen, da diese die Professionalisierung unabhängig von den klassischen Merkmalen alter Professionen charakterisiert. Klassische Merkmale wie abgegrenzte Kompetenzdomäne, weitgehende Autonomie und autonome Entscheidungsräume sind zwar noch nicht oder nur in Teilen umgesetzt, jedoch sind auch bereits die strukturbezogenen Professionsmerkmale für die Soziale Arbeit zu verzeichnen: akademische Ausbildung, Betreuung mit Aufgaben grundlegender Bedeutung, kodifizierter berufliche Ethos und spezielle Expertise.

Als Teil dieser speziellen Expertise kann das methodische Handeln gelten. Es soll deshalb an dieser Stelle in seinen Grundzügen erläutert werden. Die einzelnen methodischen Konzepte einer professionellen Sozialen Arbeit werden später in Kapitel 4.3 bezogen auf das Handlungsfeld der Behindertenhilfe erläutert. Hier sind lediglich einige methodologische bzw. handlungstheoretische Erörterungen im Nachvollzug der aktuellen Literatur angebracht.

Eine mit einer Meta- bzw. Objekttheorie der Sozialen Arbeit verknüpfte Handlungstheorie stellte Staub-Bernasconi zur Diskussion, indem sie mit weiteren Vertretern der Zürcher Schule (Obrecht, Geiser, Brack) das systemtheoretische Paradigma der Sozialen Arbeit theoretisch begründet und daraus konkrete Handlungspfade ableitet. Dieser bei ihr sogenannter „transformative Dreischritt" (Staub-Bernasconi 2007, 252ff) beinhaltet die Abfolge folgender Handlungsschritte (Kap. 4.2.2).

In ähnlicher Weise versteht Meinold methodisches Handeln wie folgt:

„Methodisches Handeln umfasst alle Tätigkeiten, um die Ereignisse in komplexen sozialen Situationen in einen systematischen Zusammenhang zu bringen. Methodisches Handeln strukturiert den gesamten Prozess der Wahrnehmung von Arbeitsaufträgen, des Nachdenkens über die Notwendigkeit und Legitimation zum Handeln, des Entwerfens und Erprobens von Handlungsplänen und der Auswertung des Geschehens" (Meinhold 1996, 185).

Meinhold beschreibt hier ein allgemeines Methodenkonzept der Sozialen Arbeit, welches sich explizit als Rahmenmodell versteht, dabei weniger konkrete Methoden, als vielmehr Analyse- und Planungs-Raster zur Verfügung stellt, die sie auf den Ebenen „Arbeitskontexte", „Arbeitsprinzipien", „Verfahren und Techniken" ansiedelt. Arbeitskontexte zeichnen sich bei Meinhold dadurch aus, dass sie einerseits Arbeitsaufträge (Mandate), andererseits aber auch Handlungsspielräume anbieten. Die Balance zwischen Zwang und Freiheit im Handeln tariert sich je nach institutionellem wie professionellem Selbstverständnis und Können aus. Arbeitsprinzipien liefern gleichsam den Orientierungsrahmen für das konkrete Handeln im balancierenden Sinne und stellen – einmal formuliert – eine Komplexitätsreduktion im Sinne von „best practice"-Prinzipien dar, zu denen im Routinefall gegriffen werden kann. Vor, während und nach der Handlung sind sie jedoch unbedingt auf Richtigkeit, Angemessenheit und Effizienz zu prüfen. Verfahren und Techniken als kleinste Einheit des methodischen Handelns sind schließlich nicht im Sinne eines endgültigen Werkzeugkoffers zu verstehen, sondern sollten fortwährend flexibel einsetzbar sein.

Von Spiegel (2008; 1996, 218 ff) liefert schließlich im Anschluss an das Modell von Meinhold eine große Sammlung von Arbeitshilfen, die je nach Kontext einsetzbar sind. In ähnlicher Form wie Meinhold definiert Stimmer (2006, 22) methodisches Handeln als „die zirkulär orientierte Planung des Handelns und das konkrete Handeln selbst mit spezifischen Methoden der Situationsanalyse, Intervention und Evaluation" und unterstreicht damit die hohen Anforderungen an die professionelle Soziale Arbeit als flexible, umfassend ausgerüstete und reflexive Tätigkeit.

Heiner (2004a) entwickelte auf der Basis einer empirischen Untersuchung bei Fachkräften aus diversen Praxisfeldern der Sozialen Arbeit ein handlungstheoretisches Modell mit den Merkmalen: Auftrag, Handlungstypus, Tätigkeitsfeld, Aufgabenspektrum und Interventionsformen.

Sie beschreibt den Auftrag der Sozialen Arbeit als „zwischen Individuum und Gesellschaft, System und Lebenswelt zu vermitteln", wobei die intermediäre Funktion der Sozialen Arbeit sich im Handeln innerhalb eines Spannungsgefüges von „gesellschaftlichen Anforderungen und individuellen Bedürfnissen bzw. Fähigkeiten" zeigt und die besondere Kompetenz im „Austarieren von Selbstbestimmung und Fremdbestimmung, Hilfe und Kontrolle, Disziplinierung und Akzeptanz, Hilfegewährung und Hilfeverweigerung" besteht (Heiner 2004a, 155). Als Handlungstypus finden wir bei ihr die „Verschränkung von strategischem und verständigungsorientiertem Handeln" und dieser Handlungstypus findet Anwendung in den verschiedensten Handlungsfeldern.

Interessant ist, dass Heiner (2004a, 157) dabei nicht die typische Doppelmandatierung benennt, sondern eine „trifokale" Perspektive vorschlägt: Soziale Arbeit ist „(1) die fallbezogene Unterstützung der Klienten zur Optimierung ihrer Lebensweise, (2) die fallbezogene Veränderung ihrer Lebensbedingungen und (3) die fallunabhängige und fallübergreifende Optimierung der sozialen Infrastruktur". Sie entwirft damit ein Modell, welches die sozialpolitische Nachrangigkeit des Berufes, also seine Stellung als Zweitsicherung, dadurch kompensiert, dass neben der fallabhängigen auf das Verhalten der Individuen einwirkenden Kraft gleichzeitig ein die Verhältnisse, in denen die Individuen leben, veränderndes Potenzial gesehen wird.

Übungen zu Kap. 2.5

9. Verständnisfrage: Welche Teile gehören zur Definition „methodischen Handelns" nach Meinhold?
10. Diskussions-/Reflexionsfrage: Warum ist das methodische Handeln konstitutiv für die Soziale Arbeit als Profession?

Stimmer (2000): Grundlagen des methodischen Handelns in der Sozialen Arbeit
von Spiegel (2008): Methodisches Handeln in der Sozialen Arbeit

3 Grundlagen der Behindertenhilfe

3.1 Diskurs um Behinderung

Eine gründliche Beschäftigung mit dem Begriff „Behinderung" muss vor der Darstellung weiterer Grundlagen erfolgen, da an ihr wie bei keinem anderen Begriff die Abhängigkeit der Verhaltensweisen und professionellen Interventionen von der jeweiligen Definition gezeigt werden kann. Dazu werden sozialanthropologische Grundlagen, der Diskurs um Behinderung sowie die aktuelle internationale und die sozialrechtliche Definition dargestellt und erörtert.

Bevor über die Behindertenhilfe als Anwendungsbezug einer Sozialen Arbeit gesprochen werden kann, muss man sich zunächst einer begrifflichen Bestimmung von Behinderung zuwenden. Sie gibt Aufschluss darüber, von welchem theoretischen Blickwinkel aus auf das System der Behindertenhilfe und insbesondere auf die von ihm unterstützten Menschen geschaut wird.

Behinderung stellt sich dabei auf der Ebene der Phänomene, die wir als Behinderung bezeichnen, ganz unterschiedlich dar. So bezeichnen wir im Alltag vor allem jene Menschen als behindert, deren Behinderung wir sehen können. Prototypisch für dieses Bild eines behinderten Menschen ist immer noch derjenige, der auf die Benutzung eines Rollstuhls angewiesen ist. Nicht sichtbare Behinderungen gehören jedoch ebenso dazu, weshalb eine wissenschaftliche Definition von Behinderung sich nicht an äußeren oder sichtbaren Merkmalen alleine festmachen lässt (Cloerkes / Neubert 2001).

Auch die Festlegung von Behinderung als Merkmal der Personen selbst greift zu kurz. So zeigte die Aktion Mensch in einer Öffentlichkeitskampagne Ende der 1990er Jahre deutlich, was gleichfalls zu einem Behinderungsverständnis gehört, indem sie auf Plakaten schrieb: „Behindert ist man nicht, behindert wird man." Mit dieser Feststellung sollte darauf hingewiesen werden, dass eine Behinderung nicht nur (oder vielleicht überhaupt nicht) ein Merkmal von Personen, sondern vielmehr den Umständen geschuldet ist, in denen Menschen an der Ausführung bestimmter Tätigkeiten gehindert werden. In diesem Sinne bezeichnet Behinderung eher das Ausmaß der gesellschaftlichen (Nicht-) Teilhabe.

Aus wissenschaftlicher Sicht stellt es sich als noch schwieriger heraus, darüber zu entscheiden, wann jemand behindert ist oder gar behindert wird. In diesem Kapitel sollen deshalb zunächst einige sozialanthropologische Hinweise erfolgen, die notwendig sind, um die Existenzdimension von Behinderung zu verdeutlichen. Behinderung ist, so wird gezeigt, dermaßen präsent, dass sie zwar das Wesen des Menschen mitbestimmt, es jedoch nicht determiniert.

Des Weiteren soll die Entwicklung des Behinderungsbegriffs nachgezeichnet werden, um schließlich im letzten Abschnitt auf die derzeitige Definition von Behinderung durch die Weltgesundheitsorganisation und im sozialrechtlichen Sinne zu sprechen zu kommen.

3.1.1   Sozialanthropologie der Behinderung

Die Anthropologie ist die Wissenschaft von der biologischen, aber auch philosophischen Beschäftigung mit dem Mensch-Sein und dem Mensch-Werden. Anthropologische Erkenntnisse schlagen sich – neben religiös oder ethisch fundierten Ansätzen – dabei immer in Menschenbildern nieder, die damit auch handlungsleitend sind. Aus diesem Grund ist der Blick auf eine „Anthropologie der Behinderung" von großer Bedeutung. Mit Dederich (2006, 547) ist davon auszugehen, dass

„das Bild vom Menschen … Einfluss darauf [hat], wie konkrete Individuen wahrgenommen und in ihrem Lernen, in ihren Fähigkeiten, in ihren Problemen, in ihrem Sozialverhalten usw. beurteilt werden, welche Entwicklungs- und Bildungschancen man ihnen einräumt, wie man den Unterricht, die Förderung, Therapie oder Begleitung sowie die Beziehung zu ihnen gestaltet, welche Rechte man ihnen einräumt oder welche sozialen oder ethischen Pflichten ihnen gegenüber geltend gemacht werden."

Es ist allerdings so, dass sich Menschenbilder und gesellschaftliche Handlungsweisen wechselseitig bedingen, sodass es „das Menschenbild in unseren Köpfen … ist, das die gesellschaftliche Praxis hervorbringt, die ihrerseits wiederum das Menschenbild konstituiert wie modifiziert" (Feuser, zitiert nach Dederich 2006, 548).

In der philosophischen Anthropologie kommt dem Bewusstsein eine besondere Stellung zu, insofern es die menschliche Sonderrolle in der Natur bestimmt. Als Grundlage des Bewusstseins erscheint uns unser Vermögen zu denken. Dies stimmt nur z. T., da ein Bewusstsein von etwas von einem Bewusstsein an sich unterschieden werden muss. Die Vernunftphilosophie sieht den Menschen als „animale rationale" (Aristoteles). Vernunft ist jedoch ebenfalls etwas anderes als Verstand bzw. Verstandesleistung, deren Funktion der Intelligenzmessung zugrunde gelegt und dann bei Menschen mit einer geistigen Behinderung auch als Makel ausgelegt wird.

Anthropologisch wäre es nach Hahn (1999, 19) auch möglich, die „Selbstbestimmung als Wesensmerkmal des Menschseins" zu definieren. Denn neben der Kant'schen Urteilskraft, also einer Verstandesleistung, kann auch das sozial-aktionale Streben nach Selbstbestimmung als ein solches Merkmal des Menschseins bzw. der Vernunft verstanden werden. Weil der Mensch zwar biologisch gesehen im Vergleich zu Tieren ein Mängelwesen ist, auf der anderen Seite dadurch jedoch offen und variabel, kann im Anschluss an den Anthropologen Arnold Gehlen (1974) davon ausgegangen werden, dass er ein starkes Bedürfnis nach Erreichung von Wohlbefinden mittels sozialer Interaktion aber auch eigener Leistung hat.

Wenn man noch die Bedürftigkeit von Menschen konstatiert und sie als ein weiteres Merkmal annimmt, welches Menschen zwar nicht von Tieren unterscheidet, jedoch bei ihnen zu einer gleichermaßen starken Verbundenheit untereinander führt, so erhält man ein vollständigeres Bild vom Menschen, gleich ob mit oder ohne Behinderung. Dabei stehen Selbstständigkeit und Selbstbestimmung bei Menschen mit Behinderungen in einem vermittelten Zusammenhang. Dort, wo sie nicht qua Selbsthilfekraft des Einzelnen zusammenfallen, findet diese Vermittlung aus professioneller Sicht u. a. in der Rolle des Helfers bzw. Assistenten ihre Entsprechung. Wie bei allen Menschen muss dabei Autonomie ermöglicht und gleichzeitig dazu befähigt werden. Für Menschen mit Behinderung heißt dies, dass „andere Menschen da sein müssen, die in der Assistentenrolle Selbstbestimmung trotz Abhängigkeit bei der Bedürfnisbefriedigung ermöglichen" (Hahn 1999, 23).

Zusätzlich sollte man mit Thimm (1997) festhalten, dass sich Selbstbestimmung nicht ohne Fremdbestimmung verstehen lässt, also in conclusio immer nur eine relative Selbstbestimmung ist.

Für die Suche nach der Bestimmung des Wesenstypus „Behinderung" bzw. „Mensch mit Behinderungen" ergeben sich in der Folge einer anthropologischen Theorie daher folgende ethische Fragen (Dede-rich 2006, 546):

- Was für ein Bild vom Menschen, von Geburt, Alter, Krankheit und Tod, von Gesundheit, Krankheit und Behinderung, Leiden, Glück und Lebensqualität machen wir uns?
- Welches Maß an Gesundheit, Krankheit oder Behinderung sowie Leiden wird als normal und erträglich anerkannt?
- Was ist das Antlitz des Menschen, das es verbietet, anderen ihren „Lebenswert" abzusprechen?
- Wenn Bewusstsein bzw. Urteilskraft zur Wesensart des Menschen gehört, wie können wir Behinderung verstehen, wenn diese Urteils-kraft nicht entwickelt wurde?
- Welche solidarischen Hilfen können Menschen erwarten, die als behindert gelten?

Eine zu stark biologisch ausgerichtete Anthropologie neigt dazu, den menschlichen Wert an der körperlichen und geistigen Funktionsfähig-keit und dem möglichst nah an der „Normalität" gelegenen Maß an Abweichungen zu bemessen. Die damit einhergehende Gefahr eines „Zugriffs" auf das menschliche Dasein ist offensichtlich und zeigt sich in einem biotechnologischen Instrumentalismus, der z.B. über präna-tale Diagnostik oder humanbiologische Veränderung des Erbgutes an einer möglichst fehlerfreien „Maschine Mensch" arbeitet.

3.1.2   Entwicklung des Behinderungsbegriffs

Der Begriff Behinderung unterliegt einem ständigen Wandel entlang gesellschaftlicher und wissenschaftlicher Diskurse. Darin lassen sich jeweils auch Paradigmen finden, die die weitere wissenschaftliche Aus-einandersetzung geprägt haben. Zum Teil haben sich diese Paradigmen in ihrer Wirkung abgelöst, z.T. sind sie nach wie vor definitorisch wirk-sam oder werden in einem integrativen Sinne nicht mehr voneinander getrennt (Hensle/Vernooij 2002, 23 f.).

Es lassen sich mit Bleidick (1999, 25 ff) drei solcher Paradigmen voneinander unterscheiden, nämlich zum einen ein medizinisches, zum anderen ein soziologisches (interaktionales) und schließlich ein system-theoretisches. Obwohl Bleidick das kritische Paradigma dem soziolo-gisch-interaktionalen zuordnet, soll es hier als viertes extra ausgewiesen werden, um seine Bedeutung vom interaktionistischen zu verdeutlichen und seine materialistische Seite hervorzuheben.

Das medizinische Paradigma

Das medizinische Paradigma geht mehr oder minder davon aus, dass sich eine von der Norm abweichende körperliche, psychische oder geistige Verfassung finden lässt, die es einem ermöglicht, Grade der Behinderung festzulegen oder auch die Frage diagnostisch zu klären, ob jemand noch als lern- oder schon als geistig behindert zu gelten hat. Ebenso können sich auch im Bereich von Körper- und Sinnesbehinderungen dem medizinischen Paradigma folgend Normabweichungen identifizieren und ggf. auch therapeutische Maßnahmen zu deren Behebung bzw. Korrektur finden lassen. Dabei wird Behinderung ausschließlich als eine individuelle Kategorie, als dem Einzelnen zugehörig, beschrieben und als krankhafter Defekt oder krankhafte Abweichung festgestellt.

Das vorderste Merkmal dieser Abweichung ist bei der geistigen Behinderung die kognitive Einschränkung, die im Intelligenzquotienten abgebildet werden soll. Wie Speck provokant bemerkt, geht dabei der Intelligenzbegriff nur so weit, als dass Intelligenz nichts Weiteres sei als das, was der Intelligenztest messen würde (Speck 2008, 204). Die daraus resultierende und trotz pädagogischer und soziologischer Kritik angeführte Einteilung bzw. Klassifikation sieht gemäß ICD-10 (F7 – geistige Behinderung) vier Schweregrade vor:

- ▦ leichte geistige Behinderung (IQ 50 / 55 – 70),
- ▦ mäßige geistige Behinderung (IQ 35 / 40 – 50 / 55),
- ▦ schwere geistige Behinderung (IQ 15 / 20 – 35 / 40),
- ▦ schwerste geistige Behinderung (IQ < 15 / 20).

Speck (2008, 189 ff) stellt die nach statistischen Normen aufgestellte Definition von Behinderung mit der Feststellung in Frage, dass sie auf einer Normalverteilungskurve beruht, deren einzige Funktion darin besteht, die Wirklichkeit in normal und unnormal zu ordnen. Grundsätzlich ist darüber hinaus der Argumentation von Kulig et al. (2006, 117) recht zu geben, wenn sie den herkömmlichen Intelligenztests die Fähigkeit absprechen, Intelligenz(-minderung) überhaupt zu messen. Diese instrumentelle Kritik ist jedoch nur ein Teil einer möglichen

Argumentation. Der andere geht in die Richtung, dass die Feststellung einer Intelligenzminderung selbst ja zu einer Feststellung wird, die aus soziologischer Sicht zu Problemen führt. Bevor wir diesem Argument innerhalb der Betrachtung des soziologischen Paradigmas nachgehen, noch ein Hinweis auf die erweiterte medizinische Definition von geistiger Behinderung.

So wurden durch die American Association of Mental Retardation dem Intelligenzquotienten die „sozialen Anpassungsleistungen" beiseitegestellt und damit geistige bzw. Lernbehinderung als zusätzlich über die kognitiven Leistungen hinausreichende Einschränkung der Handlungsfähigkeit bezeichnet. Kritik wurde dieser Erweiterung vor allem dadurch zuteil, dass sie zwar versucht, den Intelligenzbegriff zu erweitern, den IQ jedoch ganz im Gegenteil dadurch auf rein kognitive Fähigkeiten reduziert und somit keine wirkliche Weiterentwicklung darstellt. Vielmehr sollte Intelligenz sich gerade durch den „Anwendungsbezug" auf durch das Leben gestellte Anforderungen auszeichnen.

Das soziologische Paradigma

Das soziologische Paradigma wurde wesentlich durch den symbolischen Interaktionismus von G. H. Mead u. a. und darin insbesondere durch die Arbeiten von E. Goffman geprägt, der den Begriff des Stigmas in die Diskussion einführte (Goffman 1992).

Ein gutes Beispiel für die Entstehung eines solchen Labels bzw. Stigmas gibt Bleidick (1999, 20), wenn er die Konstruktion einer Lernbehinderung beschreibt: Es fängt damit an, dass eine Person A, z. B. eine Lehrerin, bei einer Person B, z. B. einem Schüler, etwas beobachtet, was sie vielleicht so bezeichnet: „B. behält Lerninhalte nicht oder schlecht." In einer weiteren Phase setzt sie diese Beobachtung in Relation zu anderen Beobachtungen ihrerseits, wie z. B. dem Tempo der übrigen Klasse, in der B. ein Schüler ist. Aus dem Erstgenannten könnte dann werden: „B. lernt langsam." Schon gewinnt also die Beobachtung den Charakter einer Normabweichung, nämlich z. B. vom durch Lehrplan und die anderen Schüler suggerierten Standard oder auch einer Norm. Folgerichtig wird aus dem langsamen Lernen eine individuelle Schwäche desjenigen, der anders ist. B. wird somit als „lernschwach" bezeichnet und damit in gewisser Weise attribuiert. Letzte Station dieses Prozesses ist dann, das Attribut „lernschwach" in eine Wesenseigenschaft umzuwandeln, z. B. „B. hat eine Lernbehinderung."

Dieser Etikettierungsprozess, der quasi systemimmanent abläuft, ohne eine bewusste Entscheidung der Handelnden, jemanden als lernbehindert zu klassifizieren, führt dann in einem zweiten Schritt zu einer „Behindertenrolle", d. h. der Übernahme von Rollenerwartungen an „Behinderte". Wir können für unser Thema den Begriff „Ausgrenzungskorridor" nutzen, der im o. g. Fall wie folgt aussehen könnte: Jemand erhält ein Label mit der Bezeichnung Lernbehinderung. Dies hat in den allermeisten Fällen in Deutschland zur Folge, dass der- oder diejenige sich mit hoher Wahrscheinlichkeit in einer „Förderschule" wiederfindet. Diese Sonderbeschulung führt häufig nach Ende der Schulpflicht nicht in den allgemeinen Arbeitsmarkt, z. B. über eine Ausbildung, sondern in Werkstätten für behinderte Menschen oder in die Arbeitslosigkeit. Beide Varianten verstärken ein gewisses Risiko, sozialen Rückzug bzw. Ausgrenzung entstehen zu lassen, und dies führt schließlich zu sozialer Isolation (Cloerkes 2007, 160 f). Interessant ist darüber hinaus, dass sich gerade das Etikett „Lernbehinderung" in nachschulischen Lebensphasen verflüchtigt, da es eine schulspezifische Zuschreibung darstellt.

Das systemtheoretisch-konstruktivistische Paradigma

Aus systemtheoretischer Sicht kann die Etikettierung als eine Orientierung der Gesellschaft über Normabweichungen verstanden werden, d. h., die Funktion des Behinderungsbegriffes besteht hier vor allem in der Komplexitätsreduktion, mit der die Bandbreite menschlichen Daseins, Aussehens, Wesens und Handelns auf eine Formel reduziert wird, die Orientierung schafft. Wie Waldschmidt richtigerweise festhält, tritt hier ein nicht unwesentlicher Unterschied zwischen Normalität als einer quantitativen Verteilung von Normabweichungen in der Gesellschaft und Normativität als deren gesellschaftliche Bewertung zutage (Waldschmidt 2003, 83 ff). Auf die Spitze getrieben stellt diese Art von Orientierung häufig genug eine selbsterfüllende Prophezeiung dar, wenn etwa gerade dann viele Fälle von Legasthenie „auftauchten", sobald das Label „Legasthenie" bestand und es hierzu spezielle Förderprogramme gab.

Diese Komplexitätsreduktion, die typisch für moderne Gesellschaften bzw. für deren Funktionalisierung ist, bezieht sich dabei nicht nur auf die diagnostizierten Phänomene der Behinderung selbst, sondern als funktionelle Differenzierung kann sie auch in der Entwicklung der heutigen Berufe, z. B. der Heilpädagogik als ursprünglich zwischen Medizin und Pädagogik entstanden, verdeutlicht werden.

Im sozialstaatlichen Sinne hat diese Orientierung der Gesellschaft an den Begriffen „normal"/„unnormal" durchaus eine brauchbare Funktion, da erst das „Label Behinderung" eine Ordnungszuweisung zu medizinischer, sozialer und beruflicher Rehabilitation (Behinderungsbegriff SGB IX) ermöglicht. Damit erhält die Etikettierung eine Funktion als positive Diskriminierung (wörtlich: Unterscheidung, kategoriale Trennung), d. h., sie wird zum Türöffner für sozialstaatliche Leistungen (Bleidick 1999, 87).

Allerdings bleibt auch hier ein definitorischer Mangel bestehen, wenn etwa im Behinderungsbegriff des SGB IX von einem Maß ausgegangen wird, nämlich dem „für das Lebensalter typischen Zustand", an dessen Abweichung sich das Maß der Behinderung ablesen ließe (Kulig 2005, 37).

Radikalkonstruktivistisch kann die Etikettierungsthese sogar auf die Spitze getrieben werden, wie es uns Feuser (1996, 19) verdeutlicht:

„Geistig Behinderte gibt es nicht! … Es gibt Menschen, die wir aufgrund unserer Wahrnehmung ihrer menschlichen Tätigkeit, im Spiegel der Normen, in dem wir sie sehen, einem Personenkreis zuordnen, den wir als ‚geistig behindert' bezeichnen. Geistige Behinderung kennzeichnet für mich einen phänomenologisch-klassifikatorischen Prozess …".

In ähnlicher Weise versteht Osbahr (2000, 59) die Bezeichnung „Behinderung" mehr als eine Aussage über uns selbst, also „unsere Sache, für die es in der (in unserer) Außenwelt keine Entsprechung gibt, denn eine Behinderung entsteht – wie alle Bezeichnungen – erst durch die von uns getroffenen Beobachtungen und Unterscheidungen".

Den erkenntnistheoretischen Hintergrund anerkennend, ihn jedoch um eine moralische Sichtweise erweiternd, weist Dederich (2001) richtigerweise darauf hin, dass der Konstruktivismus vor allem eine normativ-moralische Funktion aufweist, indem durch die Relativität der Zuschreibungen ein „moralischer Schutz und eine menschliche und gesellschaftliche Anerkennung" erreicht werden sollen. Mit anderen Worten: Wenn die Gesellschaft schon dafür sorgt, dass es solche begrifflichen Wirklichkeiten wie „Behinderte" und „Nichtbehinderte" gibt, dann muss sie auch dafür sorgen, dass beiden gleichermaßen Möglichkeiten und Normalität zuteil werden können. Eine solche Sichtweise führt jedoch zu einer Paradoxie, wenn von einer „Behinderung als

Kategorie" konstruierenden Gesellschaft die moralische Handlung des Schutzes der Kategorie verlangt wird, ohne dass diese Kategorie als wirklich angesehen werden soll. Dies hieße dann nämlich, dass dieser Konstruktion Behinderung eine auf dieser Konstruktion beruhende Moral folgt. Gleichzeitig zeigt der Konstruktivismus seine Schwäche dadurch, dass er keine objektiven Moralvorstellungen über den Umgang mit Menschen (mit Behinderung) ermöglicht, da ja auch diese nur Konstruktionen seien. Und diese Konstruktionen des Umgangs könnten so, aber auch so erfolgen, könnten Schutz, aber auch Gefährdung der Betroffenen bewirken (Dederich 2001, 88 ff).

Hilfreich ist am konstruktivistischen Denken sicherlich die Möglichkeit der Dekonstruktion von Begriffen, um sie einer fundierten Diskussion und damit einer Verständigung über den Diskussionsgegenstand zuzuführen. Die Selbsthilfebewegung hat diese Variante der Dekonstruktion sogar paradox genutzt, indem z. B. in den 1970er Jahren die „Krüppelbewegung" oder in den 1980er Jahren die „Irrenoffensive" gerade mit der aggressiven und provokativen Nutzung der Begriffe „Krüppel" und „Irrer" auf die Etikettierungsthese hingewiesen haben. Das Paradoxe an dieser Übernahme der Begriffe ist und war allerdings, dass Behinderung als soziale Zuschreibung zwar komplett abgewiesen, jedoch gleichzeitig durch die Übernahme der o. g. Begriffe eine Dekonstruktion der Begriffe intendiert war. Diese musste allerdings später wieder revidiert werden, da sie zu einer teilweisen sehr oberflächlichen Rezeption und damit verbundenen Reaktionen führte, die Begriffe im ursprünglich stigmatisierenden Sinne weiter zu verwenden.

Konstruktivistisches Denken führt jedoch auch auf andere Weise an Grenzen: Die Etikettierungstheorie hat u. a. dazu geführt, dass immer wieder versucht wurde, andere Begriffe in der Bezeichnung von Menschen mit Behinderungen zu finden. Mit Lindmeier (2004, 5) gehe ich allerdings davon aus, dass man zeitweise auf die allenfalls politisch korrekte Benennung (Menschen mit Behinderungen) verzichten und besser von behinderten Menschen sprechen sollte, da das Adjektiv ‚behindert' zum Ausdruck bringt, dass Behinderung nicht nur als Persönlichkeitsmerkmal (‚Behindert-Sein'), sondern auch als Vorgang zu verstehen ist, den das soziale Umfeld bewirkt (‚Behindert-Werden').

So kommt Bleidick (1999, 80) bezogen auf die Frage nach einer sonderpädagogischen Diagnostik, und damit nach dem Anfang der Etikettierung, auch zu dem ernüchternden Ergebnis, dass es keinen Ausweg aus dem Dilemma gibt, die „richtigen" Bezeichnungen zu finden, da

u. a. die „bedingungslose Dekategorisierung … an der Macht des Faktischen [scheitert]." Allerdings gilt gleichermaßen, dass Sprache natürlich Auswirkungen auf Handeln hat und in diesem Sinne auch Handeln bzw. Einstellungen determinieren kann. So stellt die Assoziation einer Bedeutung einem gebrauchten Begriff gegenüber eine starke motivationale und handlungsbezogene Verbindung dar, und mit veränderten Begriffen ändern sich diese Bedeutungen.

Das kritische Paradigma

Eine eher ontologisch-normative Sichtweise verdanken wir Jantzen, der den dialektischen Materialismus dazu nutzt, eine ganz andere Behinderungsdefinition zu formulieren. Jantzen (1987, 18) sieht „Behinderung … nicht als naturwüchsiges Phänomen", denn sie

„wird sichtbar und damit als Behinderung erst existent, wenn Merkmale und Merkmalskomplexe eines Individuums aufgrund sozialer Interaktion und Kommunikation in Beziehung gesetzt werden zu gesellschaftlichen Minimalvorstellungen über individuelle und soziale Fähigkeiten, indem festgestellt wird, daß ein Individuum aufgrund seiner Merkmalsausprägungen diesen Vorstellungen nicht entspricht, wird Behinderung offensichtlich, sie existiert als sozialer Gegenstand erst von diesem Augenblick an."

Durch spezifische Mechanismen werden Menschen, die diesen Normen nicht entsprechen, segregiert, selektiert und parzelliert und damit in vieler Form isoliert.

In einer sehr starken Weise sind von Jantzen (1985, 335) in dieser Hinsicht Bestimmungsmerkmale der Situation von Menschen mit Behinderungen formuliert worden:

„(1) Arbeitskräfte minderer Güte unter den Bedingungen des Verkaufs der Arbeitskraft auf dem Markt; (2) reduzierte Geschäftsfähigkeit aus der Notwendigkeit, den Verkauf der Arbeitskraft und ihre Reproduktion unter durchschnittlichen Lebensbedingungen selbst zu organisieren; (3) Ästhetik des Häßlichen unter den Bedingungen einer durch Gebrauchswertversprechen in der Massenwerbung in den Dimensionen jung, schön, attraktiv, leistungsfähig formierten Warenwelt; (4) subjektiv bzw. objektiv reduzierte Ausbeutungsbereitschaft (im ökonomischen Sinne der Mehrwertproduktion verstanden) unter der Perspektive der klassenspezifischen staatlichen Regu-

lation der kapitalistischen Produktion (besonders deutlich im Psychopathie-
begriff in enger Verbindung mit der strafrechtlichen Schuldfähigkeit); (5)
Minderwertigkeit im Sinne weiter existierender ideologischer Momente aus
vorangegangenen klassenteiligen Gesellschaftsformationen; (6) reduzierte
soziale Konsumfähigkeit unter Gesichtspunkten der Konsumtionssphäre
(z. B. Café-Besuch von Spastikern), wobei diese Dimensionen sich vereinen
in dem (7) sozialen Ausschluss. Dieser trifft über die Stufen Ausschluss von
der Lohnarbeit (Hausfrauen), von der Arbeit (Arbeitslosigkeit) und schließlich Ausschluss von Zirkulation und Konsumtion und Einschluss in totale
Institutionen behinderte Menschen in besonderer Weise."

Auf die vor allem aus einer historischen Perspektive deutlich werdende
Signifikanz zwischen Produktionsprozess und Behinderungsverständnis hat uns zudem Dörner (1994) hingewiesen, wenn er die Entwicklung der industriellen Gesellschaft als Maßstab nimmt für den Umgang
mit behinderten Menschen. Die zunehmende Entsolidarisierung durch
den Wandel der Familie, des Haushaltes, des Arbeitsplatzes hat zu
einer Lösung der sozialen Verbindungen zwischen den „allein übrig
gebliebenen Leistungsschwachen und Störenden" (386) und den „leis-
tungsstarken" Mitgliedern der Gesellschaft geführt, die dann im Nationalsozialismus zur Tötung von „minderwertigen", weil für den Produktionsprozess nicht brauchbaren, Personen geführt hat.

3.1.3   Das biopsychosoziale Modell der ICF

Um dem in Kapitel 3.1.2 durch die verschiedenen Paradigmen verdeut-
lichten Spannungsfeld zwischen einerseits individuellen Schädigungen
(medizinisches Paradigma), interaktionistischen Zuschreibungen (sys-
temtheoretisch-konstruktivistisches Paradigma) und gesellschaftlichen
Bedingungen (soziologisches Paradigma) gerecht zu werden, hat die
Weltgesundheitsorganisation seit 1980 versucht, Behinderung als inter-
disziplinär zu verstehendes Phänomen zu beschreiben. Beginnend mit
dem ICIDH-Krankheitsfolgemodell wurden Schädigung (impairment),
Beeinträchtigung (disability) und Behinderung (handicap) zwar das
erste Mal in einen Zusammenhang gebracht, der sowohl die individuellen Schädigungen als auch die damit verbundenen Beeinträchtigungen
des Handelns und schließlich die daraus resultierende gesellschaftliche
Folge der Behinderung berücksichtigt. Mit diesem Modell konnte man
jedoch noch nicht den Umweltbedingungen von Behinderung gerecht

Abb. 3: Übersichtsschema der ICF

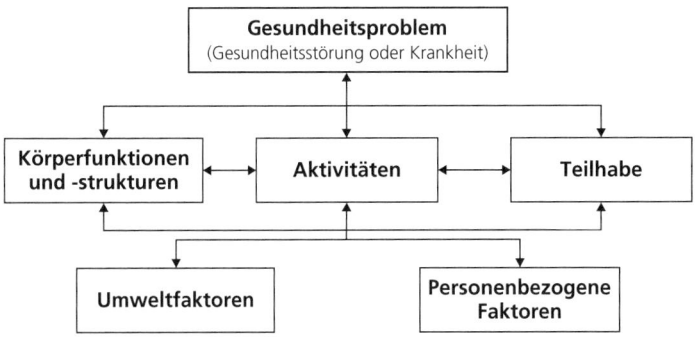

werden, sowohl den materiellen als auch den immateriellen, sodass diesen zuerst 2001 mit der International Classification of Functioning, Disability and Health (ICF) entsprochen wurde. Das medizinische und das soziale Modell können hiermit zusammengeführt und dann noch um psychologische Erkenntnisse ergänzt werden (siehe Abb. 3).

Zentrale Begriffe in der ICF sind „Funktionsfähigkeit", „Gesundheitskomponenten" und „Behinderung", diese werden jedoch auf eine spezifische Weise eingeführt:

„Funktionsfähigkeit ist ein Oberbegriff, der alle Körperfunktionen und Aktivitäten sowie Partizipation [Teilhabe] umfasst; entsprechend dient Behinderung als Oberbegriff für Schädigungen, Beeinträchtigungen der Aktivität und Beeinträchtigung der Partizipation [Teilhabe]" (DIMDI 2005, 9).

Klassifiziert sind im ICF selbst die Komponenten „Gesundheitsstörung", „Körperfunktionen und -strukturen", „Aktivität/Partizipation" und „Umweltfaktoren". Da die ICF jedoch in der Praxis als Klassifikationsinstrument zu groß und zu detailliert ist, wird derzeit an sogenannten Core-Sets für bestimmte Krankheitsbilder bzw. Behinderungen gearbeitet.

Die ICF verfügt über ein differenziertes Verständnis von Behinderung, welches sowohl als körperliche, geistige oder psychische Funktionsstörung als auch im Sinne einer Einschränkung der Aktivität bzw. Teilhabe vorliegen muss.

Es lassen sich grundsätzlich zwei Bestimmungen von Behinderung aus der ICF herauslesen. Zum einen handelt es sich – in der allgemeinen Fassung von Behinderung – um eine negative Wechselwirkung zwischen einer Person mit einem Gesundheitsproblem und ihren Kontextfaktoren auf ihre Funktionsfähigkeit und damit um den klassisch-medizinischen Zugang. Zum anderen kann Behinderung im speziellen Sinne als eine negative Wechselwirkung zwischen einer Person (mit einem Gesundheitsproblem, ICD) und ihren Kontextfaktoren in Bezug auf ihre Teilhabe an einem für sie wichtigen Lebensbereich gesehen werden, womit wir den klassisch sozialen Zugang zu Behinderung benannt hätten.

Behinderung in diesem Sinne ist also nicht linear als Folge einer bestimmten Krankheit oder Schädigung zu verstehen, sondern wird erst – vermittelt über die Kontextfaktoren Umwelt und persönliche Faktoren – zu einer möglichen Behinderung im Sinne einer eingeschränkten Aktivität bzw. Teilhabe. „Die ICF verwendet den Begriff ‚Behinderung', um das mehrdimensionale Phänomen zu bezeichnen, das aus der Interaktion zwischen Menschen und ihrer materiellen und sozialen Umwelt resultiert." (DIMDI 2005, 171)

3.1.4   Die sozialrechtliche Behinderungsdefinition des SGB IX

Das seit 2001 geltende „Neunte Sozialgesetzbuch: Rehabilitation und Teilhabe behinderter Menschen" (SGB IX) definiert Behinderung in § 2 wie folgt:

„(1) Menschen sind behindert, wenn ihre körperliche Funktion, geistige Fähigkeit oder seelische Gesundheit mit hoher Wahrscheinlichkeit länger als sechs Monate von dem für das Lebensalter typischen Zustand abweichen und daher ihre Teilhabe am Leben in der Gemeinschaft beeinträchtigt ist. Sie sind von Behinderung bedroht, wenn die Beeinträchtigung zu erwarten ist.

(2) Menschen sind im Sinne des Teils 2 schwerbehindert, wenn bei ihnen ein Grad der Behinderung von wenigstens 50 vorliegt und sie ihren Wohnsitz, ihren gewöhnlichen Aufenthalt oder ihre Beschäftigung auf einem Arbeitsplatz im Sinne des § 73 rechtmäßig im Geltungsbereich dieses Gesetzbuches haben.

(3) Schwerbehinderten Menschen gleichgestellt werden sollen behinderte Menschen mit einem Grad der Behinderung von weniger als 50, aber wenigstens 30, bei denen die übrigen Voraussetzungen des Absatzes 2 vorliegen, wenn sie infolge ihrer Behinderung ohne die Gleichstellung

einen geeigneten Arbeitsplatz im Sinne des § 73 nicht erlangen oder nicht behalten können (gleichgestellte behinderte Menschen)."

Diese Behinderungsdefinition eröffnet erst die Möglichkeit, bestimmte sozialrechtliche Leistungen in Anspruch zu nehmen, und muss deshalb in der Unterstützung behinderter Menschen als Form von positiver Diskriminierung genutzt werden. Diskriminierung im ursprünglichen Wortsinne bedeutet dabei nicht mehr als Unterscheidung.

Übungen zu Kap. 3.1

11. Verständnisfrage: Wie definiert die ICF Behinderung und welche Bedeutung hat die Teilhabeeinschränkung darin?
12. Diskussions-/Reflexionsfrage: Weshalb kann die ICF als ein Modell verstanden werden, welches ein biopsychosoziales Verständnis von Behinderung umsetzt?

Cloerkes (2003): Wie man behindert wird
Bleidick (1999): Behinderung als pädagogische Aufgabe

3.2   Sozialethische Grundlagen

Vor einer Diskussion der Lebenslage von Menschen mit Behinderungen muss eine nähere Betrachtung des „ethischen Raumes" erfolgen, innerhalb dessen sich die Soziale Arbeit mit behinderten Menschen bewegt. Die folgenden Ausführungen beschreiben deshalb nach der Diskussion des Personenbegriffs vor allem „Selbstbestimmung", das „Normalisierungsprinzip" und „Inklusion" als wesentliche Kategorien.

3.2.1   Der „ethische Raum" – zwischen Empowerment und Paternalismus

Neben den bereits im Kapitel 2.4 angeführten ethischen Grundlagen der Sozialen Arbeit bedarf es für die Arbeit mit behinderten Menschen einer Spezifizierung der ethischen Basis, die ich hier als ethischen Raum bezeichne. Innerhalb dieses Raumes existieren nach wie vor verschiedene Positionen hinsichtlich der ethischen Beurteilung von und des daraus folgenden moralischen Umgangs mit behinderten Menschen in unserer Gesellschaft.

Proto- und flexibelnormalistisches Verständnis

Nicht erst durch die Untaten und Gräuel der NS-Diktatur an behinderten Menschen („Euthanasie", „T4-Aktion") bedrängt die Behindertenhilfe die Frage, wie sie die in „ihren Theorien eingelagerten anthropologischen Prämissen, Menschenbilder und ethischen Implikationen" reflektieren will (Dederich 2006, 544). Jüngst wird diese Frage gesellschaftlich virulent durch die Bio-Ethik-Debatte (Dederich 2003) und die provokanten Aussagen Peter Singers (1994).

Wesentlicher Kern dieses ethischen Diskurses ist die Problematisierung des „Normalen", an dem dann das „Unnormale", also auch die Behinderungen, gemessen wird. Waldschmidt (2003) teilt hilfsweise die „Normalität" ein in „Normativität" und „Normalismus", wobei Normativität aus soziologischer Sicht die Wirkmächtigkeit von gesellschaftlichen Regeln und Übereinkünften über das „Normale" bzw. die Übernahme dieser Normen durch den größten Teil der Bevölkerung beschreibt. „Normalität" bedeutet daher – positiv gewendet – die Suche nach und das Praktizieren von regelhaften Verhaltensweisen, die soziale Akzeptanz erfahren. Damit ist jedoch noch nicht gesagt, ob es sich bei der dahinterliegenden Norm auch um ein quantitativ bedeutsames „Ganzes" im Sinne von Mehrheitlichkeit handelt. Normales, d.h. gesellschaftlich akzeptiertes Verhalten, kann auch als Minderheitenverhalten beginnen – und damit als statistisch gesehen „unnormales", weil nicht verbreitetes Verhalten – und erst durch die Übernahme einer Mehrheit zur Normalität werden. Als Beispiel ließe sich hier der sittliche Kodex des Bürgertums, der im Spätmittelalter etwa als Triebsublimierung (Norbert Elias) erst nur einer kleinen Bürgerschicht normal erschien, heranziehen, der dann später zur Normalität für alle Gesellschaftsschichten wurde.

Dagegen ist der „Normalismus" – als die moderne Variante des Umgangs mit Normalität – gekennzeichnet durch wiederum zwei unterschiedliche Strategien des Umgangs mit dem „Normalen" bzw. vor allem dem „Unnormalen", die auf den Diskurstheoretiker Jürgen Link zurückgehen. Hier erscheint die Norm nicht mehr als ‚Punktnorm‘, sondern nun als ‚Streckennorm‘, „eine mehr oder weniger große Bandbreite, gruppiert um einen Durchschnitt" (Waldschmidt 2003, 87), die dann als normalistische Norm bezeichnet wird. Während sich in der von Link vorgeschlagenen Bezeichnung „Protonormalismus" Strategien auffinden lassen, die „auf der strikten Trennung zwischen dem Normalen und dem Pathologischen auf[bauen, D. R.]" und eine „dauerhafte Ausgrenzung der Abweichenden" (Waldschmidt 2003, 88) intendieren, sind die Prozesse im flexiblen Normalismus dadurch gekennzeichnet, dass diese

„weicher und durchlässiger sind. Sie gehen von dem Ideal einer ‚frei durchgeschüttelten‘ Verteilung der Menschen im sozialen Raum aus, die immer auch wieder veränderbar ist. Sie lassen sich von der Annahme leiten, dass die Individuen zufällig an den Rand geraten sind, dass sie die Grenzbereiche oder den Pol der Anormalität auch wieder verlassen und zurück zur Mitte der Gesellschaft gelangen können" (Waldschmidt 2003, 88).

Der flexible Normalismus hat jedoch ähnlich wie der protonormalistische seine Tücken. Bei Letzterem liegen sie in der Rigidität der Normalitätserwartungen an den Einzelnen, die durch soziale Kontrolle und notfalls auch mit Zwang durchgesetzt werden. Die Gefahr im flexiblen Normalismus besteht darin, dass nach wie vor von einer Rückbindung an das Durchschnittliche ausgegangen wird, sozusagen der Weg zur Mitte als Motivation erscheint. Ein dauerhaftes Leben am Rand erscheint eher unwahrscheinlich. Dadurch entsteht ein Zwang zum Selbstzwang, den Elias bereits für die gesamte Zivilisation als konstituierendes Merkmal herausgearbeitet hat (1997).

Zur Personendebatte

Ein wesentlicher, immer wieder angeführter Aspekt ist die Frage, ob der Personenbegriff der Philosophie einen brauchbaren, einen unbrauchbaren oder sogar einen schädlichen Einfluss auf den praktizierten nichtprofessionellen wie professionellen Umgang mit behinderten Menschen ausübt.

Wesentlichen Anstoß hierzu bot die sogenannte Singer-Debatte, ausgelöst durch die utilitaristisch begründeten philosophischen Ausführungen des australischen Ethikers Peter Singer zum Verhältnis von

Mensch und Tier. Singer forderte eine nicht anthropozentrische Ethik, in der der Wert eines Wesens nicht an seinem Mensch-Sein, sondern an seiner Leidens- und Interessensfähigkeit gemessen werden sollte. Lebendige Wesen sollten – so Singer – grundsätzlich nicht leiden müssen, egal ob es sich um die Tötung von Tieren durch Menschen oder das Leiden von schwerkranken oder behinderten Menschen handelt. Singer selbst leitet seine Ethik aus dem klassischen Utilitarismus von Jeremy Bentham (1748–1832) und John Stuart Mill (1806–1873) ab, deren Hauptthese darin besteht, dass sich moralisches Verhalten dann beweise, wenn es zur Maximierung des Glückes der Meisten beitrage. Diese konsequenzialistische oder präferenz-utilitaristische Ethik widerspricht somit dem von Kant begründeten deontologischen Ansatz, der den Willen bzw. die Beweggründe oder Absichten für moralisches Handeln als Begründung guten Handelns begreift. Für Bentham und Mill und auch für Singer stehen dagegen nicht die Absichten, sondern die Folgen einer Handlung im Vordergrund. Gleichzeitig geht Singer von dem Prinzip der „Interessenabwägung" aus, d. h. „wesentlich am Prinzip der gleichen Erwägung von Interessen … [ist, D. R.], daß wir unseren moralischen Überlegungen gleiches Gewicht geben hinsichtlich der ähnlichen Interessen all derer, die von unseren betroffen sind" (Singer 1994, 32).

Daraus folgt für Singer, dass sich hinsichtlich der Leidensfähigkeit zwischen Menschen und Tieren Ähnlichkeiten ergeben, über die nicht hinweggegangen werden kann. Bezüglich des Wertes von Leben geht Singer allerdings davon aus, dass hier die Interessensgleichheit nicht als Bewertungsmaßstab dienen kann. Als Brücke dient ihm hier der Personenbegriff, der Personalität als etwas definiert, was sich durch Selbstbewusstsein, Urteilskraft und Verantwortungsbewusstsein auszeichnet: Selbstbewusstsein im Sinne von Sich-selbst-bewusst-Sein, also der Fähigkeit zum Erkennen meines Selbst; Urteilskraft meint die rationale Einschätzung von Wahlmöglichkeiten; Verantwortungsbewusstsein meint die Fähigkeit zur Einschätzung der eigenen Handlungsfolgen.

Brumlik (2004) greift dies insofern auf, als er als Grundstein einer advokatorischen Ethik den Personenbegriff auffächert. Der Schutz des Schwächeren durch die Stärkeren als vertragstheoretische Komponente des menschlichen Helfens soll sowohl vom Schwächeren als Recht als auch vom Stärkeren als Pflicht angesehen werden können (Brumlik 2004, 246). Nach Brumlik gibt es daher Noch-Nicht-Personen, die der Erziehung und Bildung zu Personen bedürfen, Nicht-Mehr-Personen (z. B. Wachkoma-Patienten), die der Pflege bedürfen, und Niemals-Personen (z. B. schwer geistig behinderte Menschen), denen hauptsächlich durch Integrationsbemühungen eine Teilhabe am Leben in der Gemeinschaft ermöglicht werden sollte. Trotz der durchaus guten ethischen Ableitungen, die Brumlik trifft, bleibt doch eine große Gefahr in der Personendebatte bestehen, wenn Brumlik etwa sagt,

„… daß die Klasse aller Menschen und die Klasse aller Personen keineswegs deckungsgleich sind, daß es also eine beträchtliche Anzahl von Menschen (etwa Babies, mental retardierte Erwachsene und psychisch Kranke) gibt, die sich weder selbst als biografisch einzigartig oder als mental einheitlich wahrnehmen können, noch dazu in der Lage sind, sich zu ihren Handlungen verantwortlich zu verhalten" (Brumlik 2004, 98).

Diese Idee widerspricht der in der Sonderpädagogik weit verbreiteten Annahme, dass auch schwer geistig behinderte Menschen bildungsfähig sind. Auch psychisch kranke Menschen würden dieser Definition Brumliks vehement widersprechen, ihre Gleichsetzung mit Babys und schwer geistig behinderten Menschen entspricht zudem nicht dem professionellen Wissensstand über die Psychologie psychischer Erkrankungen.

Allerdings leitet Brumlik für die „Noch-Nicht-Personen" eine ethische Grundhaltung der Erziehung und Bildung ab, welche sich als Anspruch der „Noch-Nicht-Personen" an die Personen insofern herausbildet, als Personalität im oben beschriebenen Sinne Normalität bedeutet:

„Eine solche Begründung des Anspruchs auf Personalität trägt dem Umstand Rechnung, daß sich unter gegebenen Umständen Menschen bei Strafe von Nachteilen als Personen verhalten sollen, und leitet daraus auf der Basis eines Gerechtigkeitspostulates die Forderung ab, daß sie hierzu auch in die Lage versetzt werden sollten" (Brumlik 2004, 99).

Für den Personenkreis der „Nicht-Mehr-Personen" bezieht sich Brumlik auf seine Aussagen zu den „Noch-Nicht-Personen", die gleichsam wie die ersten zur Personalität fähig sind. Diese Eigenschaft wird jedoch den von ihm benannten „Niemals-Personen" kategorisch abgesprochen. Zunächst besteht eine Schwäche der Brumlik'schen Ethik darin, dass sie ungenügende Fachkenntnisse hinsichtlich der Behinderungsbilder aufweist. So werden Menschen mit schwerer zerebraler Störung, Menschen mit einem Downsyndrom und schwere Fälle von Hydrozephalie, offenem Rücken oder angeborenen Darmverschlüssen in einem Zusammenhang als „Niemals-Personen" bezeichnet (Brumlik 2004, 198).

Des Weiteren gelangt Brumlik nur über eine sehr schwache Konnotation, die er im biologischen Potenzial zur Freiheit sieht, zu einer Anerkennung bzw. zum Schutz von „Niemals-Personen", wie etwa schwer geistig behinderten Menschen.

„Beides trifft im Fall menschlicher Niemals-Personen nicht zu: Sie werden weder einen freien Willen und ein Selbstbewusstsein ausbilden noch verfügen sie über beides. Mit einer wie auch immer aus der Freiheitsfähigkeit abgeleiteten Würde läßt sich hier nicht weiterargumentieren. Der einzige nicht-utilitaristische und nicht-theologische Grund für die Würde auch solcher Menschen, die niemals Personen im definierten Sinne sein werden, besteht in dem Hinweis, daß – nach allem, was wir bisher wissen – eine bestimmte physisch-biologische Konstitution die notwendige Bedingung jener Freiheit ist, die wir in Personen achten, weswegen wir auch diese biologische Konstitution in besonderer Weise auch dann zu achten haben, wenn die volle Entwicklung zur Person aus welchen Gründen auch immer nicht erfolgt" (Brumlik 2004, 196).

Gleichzeitig verspürt man ein Unwohlsein, wenn man die letzten Sätze seines Aufsatzes liest:

„Und so werden wir auf absehbare Zeit in einer schizophrenen Situation leben müssen, die sich dadurch auszeichnet, daß rationale Ethiken wie Utilitarismus und Diskursethik unseren Intuitionen nicht genügen und jene Theorien, die diese Intuitionen angemessen entfalten, ihres Rigorismus wegen nicht mehr lebbar sind" (Brumlik 2004, 201).

Was bedeutet es, in diesem Zusammenhang von Intuitionen zu sprechen? Handelt es sich um intuitive Zustimmung zur Tötung von „Nicht-Personen" aufgrund ihres vermeintlichen Leidens? Was heißt es, diese Intuitionen nicht mehr leben zu können? Sind diese Intuitionen nur deshalb nicht lebbar, weil die nationalsozialistische Vergangenheit sie diskreditiert hat oder weil sie tatsächlich als inhuman gelten? An dieser Stelle lässt uns die Betrachtung Brumliks ratlos zurück und die letzte Begründung, zu der er greift, wird nicht weiter expliziert: Er orientiert sich dabei am Philosophen Johann Gottlieb Fichte (1762–1814), der schrieb: „Dies alles … ist es, was jeden, der menschliches Angesicht trägt, nötigt, die menschliche Gestalt überall, sie sei bloß angedeutet … oder sie stehe schon auf der gewissen Stufe der Vollendung anzuerkennen und zu respektieren. Menschengestalt ist dem Menschen heilig" (zitiert nach Brumlik 2004, 197).

Der Reduktion der ethischen Debatte um behinderte Menschen halten verschiedene Autoren weitere Argumente entgegen. Bleidick (2003, 22) argumentiert unter Berufung auf den Philosophen Hume (1711–1776), dass ein naturalistischer Fehlschluss vom Sein auf das Sollen insofern unpassend und letztlich auch gefährlich sei, da im individuellen Fall der ethischen Entscheidung eben auch noch – und ganz wesentlich – die normative, moralische Entscheidung hinzukäme. Es ließe sich also aus der Natur des Menschen als Idealtypus, der sicherlich ohne weiteres mit den Attributen „Selbstbewusstsein", „Zukunftsfähigkeit", „Verantwortungsbewusstsein" usw. zu beschreiben wäre, nicht ohne weiteres auf die Attribuierung konkreter Menschen als „Niemals- oder Nicht-Personen" schließen.

Weiterhin hält Mattner (2000, 155 f) dem sogenannten „naturalistischen Fehlschluss" entgegen, dass das letzte Entscheidungskriterium immer die Menschlichkeit, hier anthropologisch als „Bedürftigkeit" und „Abhängigkeit" verstanden, sein sollte. Der Mensch sei ein sorgendes Wesen, und daher im Sinne der Verantwortungsethik von Hans Jonas (1984, 91) zur „ontologische[n, D. R.] Verantwortung für die Idee des Menschen" gezwungen.

Im Sinne der Ethik Emanuel Lévinas spricht Mattner dann von einer sorgenden Grundhaltung des Menschen, die den genannten Gefahren begegnet:

„Gemeint ist hier eine empathisch gespürte und leiblich ‚verstandene' Resonanz als Verantwortung für den Anderen; ein Mit-Sein, mit dem der anteilnehmende, sorgende Mit-Mensch vom bedürftigen Anderen gewissermaßen vor jeglicher rationalen Reflexion ‚berührt' wird" (Mattner 2000, 156).

Übungen zu Kap. 3.2.1

13. Verständnisfrage: Wie definiert die Philosophie seit Kant den Begriff „Person" bzw. „Nicht-Person"?
14. Diskussions-/Reflexionsfrage: Diskutieren Sie die Gefahren in der Nutzung des Personenbegriffes für Menschen mit schweren geistigen Behinderungen.

Brumlik (2004): Advokatorische Ethik
Dederich (2003): Bioethik und Behinderung

3.2.2   Selbstbestimmung

Mit Waldschmidt (zitiert nach Kulig/Theunissen 2006, 238) können
wir zunächst der etymologischen Bedeutung von „Selbst-Bestimmung"
nachgehen und festhalten, dass sich mit dem Begriff „Selbst" eine
moderne Vorstellung vom Individuum etabliert hat, die sich erst seit der
Aufklärung im Sprachgebrauch finden lässt. Psychologisch gesehen
wird das Selbst – in Abgrenzung zum psychoanalytischen Ich – eher als
die reflexive Ebene der Rückbezüglichkeit, also der Selbst-Wahrneh-
mung, identifiziert. Der Delphi'sche Orakelspruch: „Erkenne Dich
selbst" führt uns also zu der individualistischen Lesart von „Selbst".
Gleichzeitig wird in der Individualpsychologie das Selbst als letztmög-
liche Instanz im Individuationsprozess oder auch der individuellen Reifung angesehen. Ein stabiles Selbstbild hilft in dieser Theorie dem Individuum, sich gegenüber den Anforderungen der inneren und äußeren
Welt zu behaupten und einen flexiblen Umgang mit diesen Anforderungen zu ermöglichen. Im Sinne dieser doppelten Deutung des
Begriffes „Selbst" steht auch die Diskussion um eine Selbstbestimmung
behinderter Menschen vor zwei Dimensionen: Zum einen die Fähigkeit, sich auf sich selbst zu beziehen, also eine gewisse Kritik- und
Urteilsfähigkeit, wie sie seit Kant zum ontologischen Wesen des Menschen gehört und die Menschen mit geistigen Behinderungen oft abgesprochen wird (Kulig/Theunissen 2006, 239). Zum anderen die
Behauptungskomponente des Selbst, die es den Menschen ermöglicht,
sich gegenüber Anforderungen der Umwelt zu behaupten. Waldschmidt
(ebd.) bringt dann mit dem Wortteil „Bestimmung" das Phänomen der
Macht in Verbindung, da über etwas bestimmen zu können zugleich
bedeutet, über etwas Macht ausüben zu können.
   Selbstbestimmung, also die Möglichkeit über Aspekte des eigenen
Lebens selbst verfügen zu können, ist für viele Menschen eine Selbstverständlichkeit, aber für ebenso viele – und dazu gehören auch die
behinderten Menschen – keineswegs. Dass ich selbst entscheiden kann,
wer meinen Körper berühren darf, wie und wo ich meinen Tag verbrin-
gen möchte, welchen Tätigkeiten (Arbeit, Freizeit) ich nachgehen
möchte, mit wem ich Kontakt haben möchte usw., stellt vor allem in der

westlichen Demokratie einen Grundanspruch des Bürgers an die Gesellschaft bzw. den Staat dar. Mit der Emanzipation der bürgerlichen Welt vom Feudalismus gelangten Freiheit und Selbstbestimmung an die Tagesordnung und wurden spätestens seit der Erklärung der Menschenrechte zur rechtlichen Selbstverständlichkeit. Mit dem Begriff der Selbstbestimmung eng verknüpft sind „Autonomie" und „Emanzipation". Emanzipation bedeutet zunächst Befreiung aus einem Zustand der Abhängigkeit, den Prozess der Verselbstständigung und damit die Erlangung einer relativen Autonomie. Autonomie wiederum bedeutet die Fähigkeit, sich selbst gegebenen und gleichzeitig allgemeinen Gesetzen unterwerfen zu können, und somit nicht nur die Freiheit von anderen. Sich in Freiheit selbst (auto) in das allgemein Gesetzliche (nomos) einzubinden, heißt zudem auch die Verantwortung für sich selbst zu übernehmen. Als autonomes, mithin autopoietisches (sich selbst erschaffendes, selbst erhaltendes und selbst erneuerndes) Wesen verfügt der Mensch über sich selbst, wie es insbesondere auch von einer systemtheoretisch-konstruktivistischen Theorie der Behinderung angenommen wird (Osbahr 2000). Dieses „Selbsterschaffende" wiederum kann nur relativ zu einer gegebenen Gesellschaft mit bereits vorhandenen Strukturen, die autonomiefördernd oder autonomiehindernd sind, gedacht werden. Selbstbestimmung findet spätestens seit den 1970er Jahren auch in Deutschland eine weitestgehend große Beachtung in Bezug auf ethische Reflexionen über den Umgang mit behinderten Menschen. Wenn Soziale Arbeit als „Hilfe zur Lebensführung" verstanden wird, kommen Selbstbestimmung, Autonomie und Emanzipation der behinderten Menschen sowohl grundsätzlich als auch im konkreten Einzelfall eine zentrale Bedeutung zu. Menschen mit Behinderungen sind noch viel stärker als andere abhängig von anderen Menschen, die sie hinsichtlich ihrer alltäglichen Lebensführung unterstützen, aber auch durch soziale Kontrolle in ihren Möglichkeiten begrenzen.

Der einerseits von professioneller Seite durch Empowerment beförderte Prozess der Wieder-Aneignung von nicht stigmatisierenden Rollenmustern und der im Sinne Wolfensberger stattfindenden Valorisation, d. h. Aufwertung sozialer Rollen, sowie der damit verbundenen partizipativen Bemühungen sowie letztendlich der Befähigung im Sinne von Enablement steht der von den Betroffenenverbänden auf der anderen Seite geförderte Diskussionsprozess um einen „Independent-Living"-Ansatz (Miles-Paul 1992) gegenüber.

Dieser fordert von der Behindertenhilfe u. a. die Einführung des Assistenzprinzips und damit einhergehend eine Ent-Medizinialisierung und Ent-Pädagogisierung, die wiederum durch eine wissenschaftliche Diskussion um Selbsthilfe und Empowerment aufgegriffen wurde.

„Experten in eigener Sache" (Steiner 1999 et al. zitiert nach Cloerkes 2007, 85) zu sein, bedeutet daher für Menschen mit Behinderung, dass sie Gehör finden wollen und entscheiden wollen über die sie betreffenden alltäglichen Entscheidungen (Assistenzmodell), in der Planung und Durchführung von sozialen, medizinischen und pädagogischen Hilfen beteiligt werden wollen (Partizipation) und schließlich in ihren Fähigkeiten anerkannt und gefördert werden wollen (Empowerment). Bislang ist in Deutschland die Selbstbestimmung vor allem in folgenden Bereichen diskutiert und z. T. umgesetzt worden:

a) Im Bereich der technischen Hilfe sprechen wir von einer vor allem im Bereich von Gebäuden, öffentlichen Einrichtungen und des Verkehrsnetzes (und dort v. a. des ÖPNV) vorzufindenden oder noch einzurichtenden Barrierefreiheit. So sollten mindestens die meisten Gebäude öffentlicher Verwaltung über einen rollstuhlgerechten Eingang verfügen (Lift, Rampe usw.) und Busse und Bahnen des ÖPNV über flache Einstiege sowie Stellplätze für Rollstühle.

b) Im Bereich der kommunikativen Hilfen können wir vor allem in der Informationstechnologie von, wenn auch geringen, Fortschritten etwa im Bereich von Internet-Seiten mit Sprachausgabe oder der Möglichkeit zur Schriftvergrößerung für Menschen mit einer Sinnesbehinderung sprechen.

c) Im Bereich der sozialen Hilfen setzt sich, zumindest im Bereich der körperlichen Behinderungen, immer stärker das Assistenz-Modell durch und auch für geistig und seelisch behinderte Menschen das Recht auf selbstbestimmtes Wohnen, unabhängig von der Betreuungsform.

d) Im Bereich des Rechts durch das eingeführte Diskriminierungsverbot des Artikels 3 Absatz 2 Grundgesetz sowie durch die Gleichstellungsgesetzgebung in Bund (Gesetz zur Gleichstellung behinderter Menschen 2001) und Ländern, so z. B. das Hamburger Gesetz zur Gleichstellung behinderter Menschen (2005). Zudem gilt das Wunsch- und Wahlrecht des Sozialgesetzbuches (etwa § 9 Sozialgesetzbuch IX).

Die Notwendigkeit, den ethischen Anspruch der Selbstbestimmung in eine für behinderte Menschen erfahrbare Realität umzusetzen, steht außer Frage. Dafür sind noch viele Anstrengungen zu unternehmen.

Wie jedoch bereits oben angedeutet, kann Selbstbestimmung – bei Menschen mit oder ohne Behinderung – nur mit der anderen anthropologischen Grundlage des Menschen, nämlich seiner Abhängigkeit oder etwas entschärfter: seiner Sozialität gedacht werden. Damit es nicht zu einer „Ego-Kategorie" (Theunissen 2006a, 30) generiert, bedarf es, sie in der Interaktion mit anderen bzw. der Umwelt sozial zu verankern (Thimm 1997, 222). Dieser sozialökologische Gedanke einer Person-in-Umwelt-Beziehung als Grundlage der Sozialen Arbeit ist uns weiter oben schon begegnet: Selbstbestimmung als Merkmal von Personen muss von der Umwelt abgesichert und anerkannt werden. Gleichzeitig fordert die Umwelt von einer Person auch die Begrenzung von Individualität durch bestimmte soziale Grenzen, wie etwa im Bereich des abweichenden Verhaltens.

Um der Gefahr einer Individualisierungs-Falle zu entgehen, indem das Postulat „Selbstbestimmt ist immer besser" total gelten soll, bedarf es einer sozio-kulturellen Ergänzung:

„Was uns in dem Zusammenhang Sorge bereitet, sind Erscheinungen, die heute nicht nur in westlichen Industrienationen sondern auch in anderen Gesellschaften beobachtbar sind: Ein grenzenloser Individualismus und Egoismus, der antisoziale Züge trägt, die Aushöhlung des Gemeinsinns und der Solidargemeinschaft, eine zunehmende Entfremdung des Menschen vom Menschen …, ein Verlust an sozialen Verbindlichkeiten, eine Negation des anderen sowie eine selbstherrliche Verfügungsmacht über andere Menschen. … An dessen Stelle hat eine sozialanthropologische Orientierung zu treten, die den ‚autonomen Menschen' nicht als Gegenstück zum ‚sozialen Menschen' definiert, sondern den Selbstbestimmungsgedanken auf dem Hintergrund der unauflöslichen Du-Bezogenheit des Individuums zu begründen versucht" (Theunissen/Plaute 2002, 24).

Folgerichtig kann eine inklusive Kultur des Miteinanderlebens von Menschen mit und ohne Behinderung nur dann gelingen, wenn es ein fein eingespieltes und aufeinander abgestimmtes soziales Regelwerk gibt, das hierfür Orientierung bietet. Dieses Miteinander – im Sinne einer Inklusion – ist in der heutigen Gesellschaft noch zu wenig entwickelt, als dass sich ein normales Miteinanderleben schon etablieren könnte.

Behindertenpädagogische Implikationen ergeben sich deshalb vor allem in der Erkenntnis, dass sich Selbstbestimmung bei Menschen mit Behinderungen nur dann ergeben und entwickeln kann, wenn eine „haltgebende, vertrauensvolle, sicherheitsstiftende und verlässliche Lebenswelt" (Theunissen 2002, 25) vorhanden ist, die den Nährboden für eine gesunde Autonomie darstellt. Es gilt also nicht, Menschen mit Behinderungen ihr Menschenrecht auf Selbstbestimmung im Zuge der Ego-Debatte abzustreiten, sondern vielmehr es in einen ganzen Zusammenhang mit der Selbstbestimmungskultur einer Gesellschaft zu bringen. Mit Dörner (2007) können wir davon ausgehen, dass neben dem öffentlichen Raum, der Möglichkeiten und Grenzen der Selbstbestimmung produziert, und dem privaten Raum, der uns eine weitgehende Selbstbestimmung ermöglicht, ein dritter Sozialraum zu eröffnen ist, der Bürgern mit und ohne Behinderung erst die Möglichkeit zur Begegnung eröffnet. Wenn Menschen mit Behinderung in einer akzeptierenden sozialen Umwelt als selbstverständliche Nachbarn, Arbeitskollegen usw. leben und die Menschen ohne Behinderung sich entsprechend gerüstet fühlen, diesem zu begegnen, könnte die Selbstbestimmung umgesetzt werden. Schädler (2002, 159 f) definiert hierfür aufseiten der Betroffenen folgende Kompetenzen:

- Auswahl- und Entscheidungskompetenzen zur richtigen Auswahl der persönlich wichtigen und notwendigen Hilfen,
- Selbststeuerungsfähigkeit zur situationsangemessenen Reaktion auf Belastungen und Bewältigungsaufgaben,
- Selbstvertretungskompetenzen im Sinne des Einsatzes für die eigene Wahl und Zukunftsperspektive,
- problemlösendes Verhalten im konkreten Alltag wie auch bei der Entscheidung von lebensplanerischen Schritten,
- Selbstwirksamkeitsüberzeugung zur Stärkung der eigenen Motivation, das Leben zumindest teilweise selbst gestalten zu können und Probleme aktiv bewältigen zu können.

Dass diese Fähigkeiten im Einzelfall noch erworben werden müssen, z. B. durch Erwachsenenbildungsangebote oder soziales Training, ist selbstverständlich.

Übungen zu Kap. 3.2.2

15. Verständnisfrage: Wie kann „Selbstbestimmung" von den Wortteilen „Selbst" und „Bestimmung" her definiert werden?
16. Diskussions-/Reflexionsfrage: In welcher Beziehung stehen Selbstbestimmung und Selbstständigkeit zueinander? Muss Letzteres für Ersteres immer vorliegen?

Bundesvereinigung Lebenshilfe (1996): Selbstbestimmung: Kongressbeiträge
Theunissen / Plaute (2002): Handbuch Empowerment und Heilpädagogik

3.2.3   Normalisierungsprinzip

Mit dem Normalisierungsprinzip zog, nachdem sich in der Nachkriegszeit in Deutschland zunächst der Integrationsgedanke verbreitete (kritisch: Hinz 2006, 251 ff), ein neues Verständnis des Umgangs mit und
der gesellschaftlichen Möglichkeiten von behinderten Menschen in die
Diskussion ein. Es entstand in den 1950er Jahren in Skandinavien und
wurde erst in den 1970er Jahren in Deutschland, vor allem durch Thimm
(2005), bekannt.

Von dem dänischen Verwaltungsjuristen Niels Erik Bank-Mikkelsen als Teil der 1959 stattfindenden Verwaltungsreform im Bereich
der Sozialfürsorge angeregt und auch in die Gesetzeslage integriert,
wurde das Normalisierungsprinzip erst durch den schwedischen Psychologen Bengt Nirje als grundsätzliches Prinzip der Behindertenhilfe
bekannt. Bank-Mikkelsen verstand es noch recht allgemein als ein
Prinzip, welches den geistig behinderten Menschen dazu verhelfen
sollte, „ein Leben so normal wie möglich führen" (Thimm 2005, 8) zu
können.

Erst die weiteren Ausführungen und Konkretisierungen durch Nirje,
der übrigens maßgeblich daran beteiligt war, das Prinzip auch in der
schwedischen Gesetzgebung zu installieren, konnten dazu beitragen, es
verallgemeinerbar und damit exportierbar zu machen. Es fand danach
sehr schnell Anklang in vielen Teilen Westeuropas und Amerikas (zur
weiteren Rezeptionsgeschichte siehe Thimm 2005). Nach Nirje besteht
es aus den folgenden acht Bereichen:

„1. Normaler Tagesrhythmus: Schlafen, Aufstehen, Anziehen, Mahl-
    zeiten, Wechsel von Arbeit und Freizeit – der gesamte Tagesrhyth-
    mus ist dem altersgleicher Nichtbehinderter anzupassen.
2. Trennung von Arbeit, Freizeit und Wohnen: Klare Trennung dieser
   Bereiche, wie das bei den meisten Menschen der Fall ist. Das bedeutet auch: Ortswechsel und Wechsel der Kontaktpersonen. Es bedeutet ferner, täglich Phasen von Arbeit zu haben und nicht nur einmal
   wöchentlich eine Stunde Beschäftigungstherapie. Bei Heimaufent-
   halt: Verlagerung von Aktivitäten nach draußen.

3. Normaler Jahresrhythmus: Ferien, Verreisen, Besuche, Familienfeiern; auch bei Behinderten haben solche im Jahresverlauf wiederkehrende Ereignisse stattzufinden.

4. Normaler Lebensablauf: Angebote und Behandlung sollten klar auf das jeweilige Lebensalter bezogen sein (auch der geistig Behinderte ist Kind, Jugendlicher, junger Erwachsener usw.!).

5. Respektierung von Bedürfnissen: Behinderte sollten soweit wie möglich in die Bedürfnisermittlung einbezogen werden. Wünsche, Entscheidungen und Willensäußerungen behinderter Menschen sind nicht nur zur Kenntnis zu nehmen, sondern auch zu berücksichtigen.

6. Angemessene Kontakte zwischen den Geschlechtern: Geistig Behinderte sind Jungen und Mädchen, Männer und Frauen mit Bedürfnissen nach (anders-)geschlechtlichen Kontakten. Diese sind ihnen zu ermöglichen.

7. Normaler wirtschaftlicher Standard: Dieser ist im Rahmen der sozialen Gesetzgebung sicherzustellen.

8. Standards von Einrichtungen: Im Hinblick auf Größe, Lage, Ausstattung usw. sind in Einrichtungen für geistig Behinderte solche Maßstäbe anzuwenden, wie man sie für uns „Normale" für angemessen hält" (Thimm 2005, 21 f).

Die imperative Form dieser Formulierung zeigt die moralische Stärke, mit der nicht die Normalität der Verhältnisse propagiert werden soll, wie zwischenzeitig kritische Stimmen vermuteten, sondern die Verhältnisse so gestaltet werden sollen, dass auch behinderte Menschen ein Leben, so normal wie es anderen Menschen in ihrem Kulturkreis und ihres Alters möglich ist, leben können.

„Das Normalisierungsprinzip bedeutet, dass man richtig handelt, wenn man für alle Menschen mit geistigen oder anderen Beeinträchtigungen oder Behinderungen Lebensmuster und alltägliche Lebensbedingungen schafft, welche den gewohnten Verhältnissen und Lebensumständen ihrer Gemeinschaft oder ihrer Kultur entsprechen oder ihnen so nahe wie möglich kommen" (Nirje 1994, 14).

Eine Weiterentwicklung erfuhr das Normalisierungsprinzip durch das Modell der „Valorisation" des Amerikaners Wolf Wolfensberger. Wolfensberger erklärte den Weg hin zur Normalisierung der Lebenssituation behinderter Menschen vor allem durch seine Idee der „sozialen Aufwertung". Zum Teil schlägt Wolfensberger sogar vor, den Begriff der „Normalisierung" durch „Aufwertung" (Valorisation) zu ersetzen, um dem gesellschaftlichen Mechanismus, der seines Erachtens nötig ist, gerecht zu werden. Auch dies wiederum nicht im Sinne einseitiger, blinder Anpassung behinderter Menschen an eine bestehende Gesellschaft, sondern so, dass „der weitest mögliche Einsatz kulturell positiv bewerteter Mittel mit dem Ziel [erfolgt; D. R.], Menschen eine positiv bewertete Rolle zu ermöglichen, sie zu entwickeln, zu verbessern und/oder zu erhalten" (Wolfensberger 2005, 172).

Entscheidend scheint dabei, dass sich die Valorisationstheorie auch tatsächlich in der von Wolfensberger intendierten Richtung realisieren lässt. Danach ist, so Thimm (2005, 25), „Identität … nur zu erreichen, indem biografische Einmaligkeit (persönliche Identität) und So-Sein-Wie-Andere (soziale Identität) immer wieder ausbalanciert werden".

Übungen zu Kap. 3.2.3

17. Verständnisfrage: Welche Ebenen werden im Normalisierungs-prinzip wie berücksichtigt?
18. Diskussions-/Reflexionsfrage: Diskutieren Sie die Bedeutung der von Wolfensberger vorgeschlagenen Erweiterung des Nor-malisierungsprinzips um die „Valorisation"!

Beck/Düe/Wieland (1996): Normalisierung
Thimm (2005): Das Normalisierungsprinzip

3.2.4 Inklusion versus Integration

Seit Ende der 1990er Jahre wird neben die „Integration", die als Paradigma die Bemühungen von Verbänden und Politik in den letzten Jahrzehnten bestimmte, das Modell der „Inklusion" gesetzt. Integration als zunächst bildungspolitisches Programm wurde durch die Empfehlungen des Deutschen Bildungsrates 1973 auf die Agenda gesetzt und stellte ausdrücklich „der bisher vorherrschenden schulischen Isolation Behinderter ihre schulische Integration" entgegen (Deutscher Bildungsrat 1973, 16). Der eher reformerische Kurs des Bildungsrates sprach sich allerdings gegen eine Integration um jeden Preis aus. Vielmehr ging es um eine weitmögliche gemeinsame Unterrichtung, wo dies möglich und machbar sei. Der Bildungsrat ging in seiner Kritik am Sonderschulwesen allerdings sehr weit und bezog auch die gesellschaftliche Situation Behinderter mit ein: „Die Integration Behinderter in die Gesellschaft [ist] eine der vordringlichen Aufgaben jedes demokratischen Staates" (16). Allerdings argumentiert Eberwein (1997, 55), dass „die Auffassung, soziale Integration durch schulische Separation bewirken zu können, … empirisch widerlegt [wurde]. Eingliederung kann nicht durch Ausgliederung erreicht werden."

Inklusion setzt, mehr als es die Integration vermochte, auf die strukturellen Veränderungen in einer Gesellschaft, die dann auch Menschen mit Behinderungen ein Leben in derselben und nicht am Rande ermöglichen sollen. Integration setzt dabei – nicht nur semantisch – immer eine Randstellung bzw. einen vorherigen Ausschluss voraus: „Integration in allgemeinster systemtheoretischer Formulierung ist ein Prozeß, in dem neue Elemente in ein System so aufgenommen werden, dass sie sich danach von den alten Elementen nicht mehr unterscheiden als diese untereinander" (Endruweit/Trommsdorf 1989, zitiert nach Cloerkes 2007, 210).

Die Bemühungen hierum zielen also auf die Wiederherstellung von sozialer Integration, auf die Anpassung der Integrierenden an die Maßstäbe der bereits Integrierten. Inklusion dagegen ist mit „Nicht-Aussonderung" oder „unmittelbarer Zugehörigkeit" zu übersetzen (Theunissen 2006a, 13). Inklusion, so Cloerkes (2007, 212), geht weiter als die Integrationsbemühungen:

„Da Menschenrechte aber immer auch mißachtet werden, ist mit Integration die Eingliederung behinderter Menschen in das soziale System Nichtbehinderter gemeint, aus dem nie alle behinderten Menschen vollständig ausgegliedert waren und sind und verweist damit auf den systematischen Antagonismus von Aussonderung und Integration, während Inklusion es erst gar nicht zur Ausgrenzung kommen lässt."

Inklusion als Weiterentwicklung des Integrationsmodells richtet die Aufmerksamkeit auf die Gestaltung der gesellschaftlichen Bedingungen zu einem besseren Leben von Menschen mit Behinderungen in der Gemeinde, wie sie u. a. im Community-Care/Community-Living gesehen werden. Wesentliches Merkmal ist hierbei, den behinderten Menschen vor allem als Bürger eines Gemeinwesens zu sehen, mit all den für nicht behinderte Bürger geltenden Rechten, aber auch Pflichten.

Dies schließt sein Einbezogensein als vollwertiges Mitglied der Gesellschaft mit ein und beendet damit den (Wieder-)Eingliederungsgedanken. Damit setzt Inklusion den Ansatz des Normalisierungsprinzips fort und erweitert diesen.

Sander (2002, zitiert nach Kulig 2006, 50 f) beschreibt die Entwicklung des Inklusions- bzw. Integrationsgedankens in folgenden Phasen:

- „Exklusion: Bestimmte Personengruppen sind völlig vom Bildungs- und Erziehungssystem ausgeschlossen. Man denke an sog. ‚schulbildungsunfähige‘ geistig schwerbehinderte Personen.
- Einteilung der Kinder anhand bestimmter diagnostischer Kriterien in dafür spezialisierte Schulformen und andere pädagogische Einrichtungen.
- Integration: Unter Erhalt der Dominanz des ‚Normalen‘ werden einzelne marginalisierte Personen bzw. Personengruppen in Regelinstitutionen und -abläufe integriert.
- Inklusion: Alle werden als heterogene, aber trotzdem einheitliche Personengruppe betrachtet. Die Idee des ‚Normalen‘ und damit die Möglichkeit, bestimmte Personen als ‚unnormal‘ an den Rand zu drängen, wird aufgegeben. Marginalisierung und Aussonderung sind ausgeschlossen.
- Allgemeine Pädagogik: Heterogenität und Vielfalt sind nichts Außergewöhnliches mehr. Der Begriff der Inklusion wird überflüssig und das Konzept der Inklusion geht in einer allgemeinen Pädagogik auf."

Mit der letzten Phase geht er sogar weit über den aktuellen Stand der theoretischen Diskussion und der praktischen Modelle hinaus und proklamiert eine Re-Fusion der pädagogischen, sonderdisziplinären Ansätze zu einer Allgemeinen Pädagogik, wie sie u. a. auch von Benner (2001) theoretisch begründet wird.

Allerdings muss man mit Kulig davon ausgehen, dass der Inklusionsbegriff, wie er in der heil- und sonderpädagogischen Literatur derzeit verwendet wird, theoretische Probleme aufwirft. So muss man sich fragen, ob der Inklusionsanspruch nicht vielmehr ein normativer bzw. ethischer ist, indem „angenommen wird, dass Inklusion, verstanden als eine vollständige Eingebundenheit, die einzig pädagogisch angemessene Lösung ist (im Sinne theoretischer Wahrheit und praktischer Richtigkeit) und deshalb in der Gesellschaft etabliert werden muss" (Kulig 2006, 51).

Interessanterweise wird „Inklusion" nur selten mit der funktionalen Systemtheorie von Niklas Luhmann verbunden, der Inklusion und

Exklusion als zwei wesentliche Mechanismen in der modernen, funktional differenzierten Gesellschaft ansieht.

Die Systemtheorie von Luhmann geht u. a. davon aus, dass sich die moderne Gesellschaft funktional differenziert hat, d. h., im Zuge der Arbeitsteilung haben sich Teilsysteme gebildet, die von der Umwelt relativ stark abgeschlossene eigene Regeln, Sprachen und Strukturen gebildet haben (Autopoiesis) und nur über bestimmte Verbindungen mit anderen Teilsystemen verbunden (strukturelle Koppelung) sind. Durch binäre Codes grenzen sie sich von der Umwelt ab und zeigen, wofür sie funktional zuständig sind. So nutzt beispielsweise das Medizinsystem den Code Gesundheit / Krankheit und das Wirtschaftssystem den Code Zahlen / Nichtzahlen.

Weiterhin geht Luhmann davon aus, dass sich durch die Begriffe der Inklusion und Exklusion die Modi feststellen lassen, nach denen sich die Gesellschaft strukturiert bzw. sich Teilsysteme für Menschen öffnen oder schließen.

Luhmann beschreibt allerdings mit der „Exklusionsindividualität" einen Freiheitsgrad, dessen Wirkung gerade darin besteht, dass Menschen nicht mehr qua Tradition, Stand, Geschlecht u. a. Merkmalen automatisch in bestimmte gesellschaftliche Teilsysteme inkludiert werden, sondern sich erst durch Sozialisation und Wahl in bestimmte Teilsysteme inkludieren lassen oder inkludiert werden. Zudem sind Menschen – in der Luhmann'schen Systemtheorie – auch immer nur Teil bestimmter Teilsysteme, entweder zeitlich oder funktional begrenzt oder dauerhaft ausgegrenzt.

„Die Idealisierung des Postulats der Vollinklusion aller Menschen in die Gesellschaft täuscht über gravierende Probleme hinweg. Mit der funktionalen Differenzierung des Gesellschaftssystems ist die Regelung des Verhältnisses von Inklusion und Exklusion auf die Funktionssysteme übergegangen, und es gibt keine Zentralinstanz mehr (so gern sich die Politik auch in dieser Funktion sieht), die die Teilsysteme in dieser Hinsicht beaufsichtigt" (Luhmann 1997, 630).

Eine solche Zentralinstanz wäre allerdings in normativ wirksamen und gesellschaftlich durchgesetzten Ansprüchen von Menschen mit Behinderungen, z. B. auf Gleichstellung durch das Gleichstellungsgesetz, gegeben. Obwohl dieses Gesetz alle Lebensbereiche mit der Gleichstellung konfrontiert, bleibt der Luhmann'sche Ansatz wahr, dass niemand – egal ob behindert oder nicht – in alle Teilsysteme (und damit in die gesamte Gesellschaft) integriert ist. Allerdings sollte – als Verbindungsstelle zwischen der normativen Forderung nach Inklusion und der systemtheoretisch begründeten Exklusion – das Bemühen der Gesellschaft doch dahin gehen, die Inklusion in die für das Individuum oder die soziale Gruppe bedeutsamen, ressourcen- oder identitätsschaffenden Teilsysteme zu ermöglichen. Ein diese Diskussion aufnehmender oder auch lösender Ansatz könnte im Modell der Teilhabe bzw. Teilnahme liegen. Sachs-Pfeiffer (1989) weist auf den Unterschied zwischen Teilhabe und Teilnahme hin. Beide bezeichnen Partizipationsprozesse, jedes jedoch in einer etwas anderen Weise. Eine Unterteilung in „top-down" (Teilnahme) und „bottum-up" (Teilhabe) stellt klar, dass sie einerseits als von professionell-institutioneller Seite verordnet und andererseits als von selbst organisierten Projekten ausgehend verstanden werden müssen. Empowerment ist meines Erachtens auf beiden Ebenen anzusiedeln. Allerdings ergeben sich hierbei zwei Probleme: Bottum-up-Strategien sind nur indirekt zu begleiten, da sie eigentlich ohne professionelle Unterstützung auskommen wollen und sollen. Top-down-Konzepte zur Selbsthilfe können zwar von Professionellen angeregt werden, unterliegen dann aber dem Paradox einer expertenseitig initiierten Selbsthilfe. Teilzuhaben an bedeutsamen Prozessen, Organisationen, Institutionen und Lebensbereichen bedeutet eben den aktiven Einbezug von Menschen und stellt somit eine eigenständige Leistung der Teilsysteme dar. Teilnahme dagegen – als komplementärer Begriff – kann nur von Menschen selbst eingegangen werden, wenn sie die Teilhabe-Chancen nutzen können, um teilzunehmen. Wenn Teilhabegewährung also als Top-down-Strategie auf Teilnahmeinteressen als Bottum-up-Prozess stößt, könnte eine Inklusion gelingen.

Ob und inwieweit sich also erstens eine natürliche Inklusion von Menschen (mit Behinderungen) erreichen lässt oder ob diese Inklusion zweitens quasi stellvertretend durch soziale Institutionen oder drittens nur in diesen sozialen Institutionen stattfindet, muss noch theoretisch fundiert werden, ehe man den Begriff der Inklusion unreflektiert übernimmt.

Übungen zu Kap. 3.2.4

19. Verständnisfrage: Wie unterscheidet sich das Inklusionsmodell vom Integrationsmodell?
20. Diskussions-/Reflexionsfrage: Ist die theoretische Begründung von Inklusion für die Behindertenhilfe tatsächlich als neues Paradigma attraktiv?

Theunissen / Schirbort (2006): Inklusion von Menschen mit geistigen Behinderungen

Cloerkes (2007): Soziologie der Behinderten

3.2.5 Care-Ethik und Gerechtigkeit

Die Idee der Care-Ethik ist mit der frühen Berufsgeschichte der Sozialen Arbeit und ihrer Idee einer „geistigen Mütterlichkeit" eng verbunden. „Geistige Mütterlichkeit", das war ein Motto der bürgerlichen Frauenbewegung Anfang des 20. Jahrhunderts und es stand für die Auffassung, dass der männlich geprägten Armen- und Wohlfahrtspflege mit ihrem starken Kontrollcharakter eine weiblich ausgerichtete Fürsorge gegenübergestellt werden sollte. Dahinter stand die Annahme einer „besonderen, sozial verpflichtenden, weiblichen Fähigkeit zu helfen" (Brückner 2004, 12), die – kombiniert mit zu erwerbendem Wissen über soziale Not und soziale Verwaltung – zum Grundstein für den Beruf der Fürsorgerin werden sollte.

Aus heutiger Sicht kommt ein weiterer Aspekt der Sorge hinzu, nämlich das beim „Um-Sorgten" aufkommende Gefühl des Aufgehobenseins und der Bedürfnisbefriedigung, welches dem derzeit gültigen und gesellschaftlich hoch geschätzten Prinzip der allseitigen Autonomie und Unabhängigkeit entgegensteht.

Brückner (2004, 9) sieht deshalb die Aktualität des Prinzips nicht darin, dass es zu einer „heilen Welt" führen könne, impliziert es doch die Gefahr des Scheiterns und die Gefahr der Kolonialisierung des anderen als Hilfsbedürftigen durch moralische Ansprüche sowie die „fürsorgliche Belagerung" (Heinrich Böll). Vielmehr könne es als Korrektiv zum neoliberalen Mainstream durchaus dann seinen Einfluss entfalten, wenn es nicht zu naiv aufgefasst und um die Idee der Gerechtigkeit ergänzt wird. Wenn der Care-Gedanke gerade davon geprägt ist, den einzelnen Menschen zu sehen und eine „kontextsensible Verantwortungsmoral" zu entwickeln, benötigt, wie Großmaß (2006, 322) ausführt, Gerechtigkeit eine Haltung, die von den Besonderheiten des Einzelfalls absieht und die ungefähr gleiche Handlungsfähigkeit aller Beteiligten voraussetzt.

Es stellt sich allerdings die Frage, ob nicht Gerechtigkeit selbst umsorgend sein kann, wenn man beispielsweise eine die gute Lebensführung der Menschen erzeugende, distributive Sozialpolitik als solche versteht. Dieser Gedanke mutet zunächst befremdlich an, wird doch klassischerweise als Agentin der Sorge die pädagogische, pflegerische Tätigkeit angesehen und nicht eine sozialpolitische.

Als Ausweg aus dieser Problematik bietet sich die Selbstsorge oder kluge Sorge an: Schmid (1998) ist der Auffassung, dass sich eine gute Lebensführung darin ausdrückt, dass sich Selbstsorge nicht als ängstliche Sorge, sondern als kluge, d. h. reflektierte, bewusste Sorge, konzipieren lässt. Als Sorge für andere würde sie die Möglichkeit bedeuten, dem funktionalistischen Egozentrismus zu entkommen:

„So wie die Selbstsorge erst dann zu ihrem vollen Begriff kommt, wenn sie die Sorge für Andere mit umfasst, setzt die Sorge für Andere das Selbst voraus, das in der Lage ist, seine Wahl zu treffen, sich selbst zu verpflichten und in diesem Sinne seine Selbstsorge wahrzunehmen" (Schmid 1998, 267).

Sorge tragen hieße dann eben auch, sich um die Emanzipation der anderen zu sorgen, d. h., dafür zu sorgen, dass sie zunehmend freier und selbstbestimmter leben können. Für Nussbaum (2003, 183) liegt darin die zentrale gesellschaftliche Herausforderung:

„… jede reale Gesellschaft ist eine Fürsorge-spendende und eine Fürsorgeempfangende Gesellschaft und muss daher Wege finden, um mit diesen Fakten klarzukommen, Wege, die vereinbar sind mit der Selbstachtung der Fürsorgeempfänger und die den Fürsorgespender nicht ausbeuten."

3.3   Lebenslage von Menschen mit Behinderungen und institutionelle Unterstützungsformen

Neben einer begrifflichen Annäherung soll im Folgenden der Schwerpunkt auf die „objektive" Darstellung der Lebensbedingungen von behinderten Menschen gelegt werden. Hierzu werden die sozialwissenschaftlichen Zugänge der „Lebenslage" sowie der „Lebensqualität" gewählt und daran verschiedene Informationen über behinderte Menschen gegeben.

Der soziologische Terminus „Lebenslage" liefert ein Konzept, mit dem heute v. a. im Rahmen der Sozialberichterstattung bzw. der Sozialindikatorenforschung die Lebensverhältnisse von Menschen aufbauend auf einer mehrdimensionalen Sichtweise beschrieben werden können. Im

Modell der Lebenslage verbinden sich vertikale Kategorien (Einkommen, Bildungsstand, Wohnen u. a.) mit sogenannten horizontalen Kategorien wie Alter, Geschlecht, Motivation, Bewältigungsvermögen. Für die Soziale Arbeit hat u. a. Wendt (1988) das sozialwissenschaftliche Konzept der Lebenslage derart übertragen, dass aus dem zunächst empirischen Anspruch einer Beschreibung von Lebensbedingungen ein Instrument zur Planung und Strukturierung von sozialarbeiterischen Entscheidungen werden konnte.

„Die Lage, in der ein Mitbürger die Hilfe eines Sozialdienstes in Anspruch nimmt, ist von der sozialen Charakteristik der Situation her und aus dem individuellen Erleben in ihr zu fassen, von beiden Seiten gleichzeitig vom Betroffenen und denen, die raten und beistehen, zu bestimmen" (Wendt 1988, 79).

Sie wird damit zu einer verbindenden Vorstellung von Strukturen und Prozessen, wenn sich zu der Erfassung räumlich-materieller und sozioökonomischer Gegebenheiten auch psychosoziale Bewältigungsprozesse und gemeinschaftliche Aktionen der Betroffenen gesellen.

Dabei wird behauptet, dass für die soziale Lage von Individuen verschiedene Dimensionen eine Rolle spielen. Anhand des Lebenslagenansatzes lassen sich unterschiedliche Lebensverhältnisse in mehrdimensionaler Perspektive beschreiben. Nicht nur materielle Lebensverhältnisse, sondern auch weitere Einflussfaktoren wie Bildung, Beschäftigung bzw. Arbeitslosigkeit, Krankheit, Wohnsituation, soziale Netzwerke und anderes beeinflussen die Lebenslage.

Das Konzept der Lebenslage ist eng verknüpft mit dem Modell der Lebensqualität. Im Lebensqualitätsmodell von Glatzer/Zapf (1984, 23) wird der Anspruch wie folgt formuliert:

„Unter Lebensqualität verstehen wir für unsere Zwecke zunächst einmal gute Lebensbedingungen, die mit einem positiven subjektiven Wohlbefinden zusammengehen. In einer allgemeinen Definition ist die Lebensqualität von Individuen und Gruppen bestimmt durch die Konstellation … der einzelnen Lebensbedingungen und der Komponenten des subjektiven Wohlbefindens."

Im Sinne der Qualitätsdiskussion in der Behindertenhilfe hat vor allem Beck (1998) das Lebensqualitätsmodell als Ziel im Rahmen der Sicherung der Normalisierungs- und Integrationsbemühungen charakterisiert. Die Lebensqualität behinderter Menschen sollte sich wesentlich verbessern, wenn die sozialen Dienste und Institutionen die Ansprüche des Normalisierungsprinzips umsetzten. Eine Variante dieser Forderung wurde im Rahmen des Qualitätsmanagementsystems „LEWO II – Lebensqualität in Wohnstätten für erwachsenen Menschen mit geistiger Behinderung" (Schwarte/Oberste-Ufer 2001) realisiert. Dieses Instrument dient zur Überprüfung von Einrichtungen, inwieweit dort die Lebensqualitätsstandards des Normalisierungs-, des Integrations- sowie des Selbstbestimmungsprinzips verwirklicht wurden. Weiterhin belegen Studien (Seifert 1997, 2002; Beck 2002) die hohe Relevanz des Lebensqualitätskonzeptes.

Für die weitere Darstellung wird allerdings vordringlich der Lebenslage von behinderten Menschen nachgegangen. Dabei sollen die folgenden Darstellungen nicht alleine die institutionellen Hilfsangebote umfassen, jedoch werden sie mit einbezogen werden müssen, da vieles von der Lebenslage behinderter Menschen durch ihr institutionelles Leben bestimmt wird. Professionelle Soziale Arbeit mit behinderten Menschen findet in institutionellen oder organisatorischen Zusammenhängen statt, die zum großen Teil sozialstaatlich definiert sind. Entsprechende Hilfen in den Bereichen „Wohnen", „Bildung", „Arbeit", „Freizeit", „Familie" und bei Problemen, die „Beratung" und „Therapie" benötigen, werden im Folgenden dargestellt und erläutert, um die „Orte" sozialprofessioneller Unterstützung vorzustellen.

Weitergehende Darstellungen, z.B. zu Altersfragen oder auch Geschlechterfragen, können hier nur kurz skizziert werden. Bezüglich der Daten zur Situation von Frauen und Männern mit Behinderung liegt eine umfangreiche Analyse von Michel/Häußler-Sczepan aus dem Gender Datenreport des Bundesministeriums für Familie, Senioren, Frauen und Jugend (2005) vor. Daraus geht u.a. hervor, dass Männer ein höheres Risiko tragen, durch Unfall oder Krankheit behindert zu werden. Dafür erhalten Frauen mit Behinderungen seltener Zugang zu Maßnahmen des Nachteilsausgleichs. Für das Alter gilt, dass je älter die Menschen werden, desto mehr Behinderungen treten auf. Sind nur 4,6 % aller behinderten Menschen in Deutschland schon bei Geburt behindert, so besteht der Rest aus erworbenen Behinderungen, darin vor allem durch Krankheiten verursachte und durch sonstige Ursachen bedingte (siehe Tab. 1).

Epidemiologische Daten über die Häufigkeit geistiger Behinderung sind in weiten Teilen unvollständig oder nur auf ein Land bezogen (Fornefeld 2004, 63). Für Deutschland wird ein Anteil von ca. 0,5 % an der

Tab. 1: Schwerbehinderte Menschen am 31.12.2005 nach Ursache der schwersten Behinderung und Geschlecht (www.destatis.de, Schwerbehinderte Menschen 2005, 718)

Ursache der schwersten Behinderung	insgesamt		männlich		weiblich	
	Anzahl	%	Anzahl	%	Anzahl	%
insgesamt	6.765.355	100	3.527.983	100	3.237.372	100
angeborene Behinderung	307.980	4,6	169.267	4,8	138.713	4,3
allgemeine Krankheit	5.617.993	83,0	2.849.879	80,8	2.768.114	85,5
Arbeitsunfall, Berufskrankheit	78.142	1,2	67.621	1,9	10.521	0,3
Verkehrsunfall	41.718	0,6	30.108	0,9	11.610	0,3
häuslicher Unfall	8.289	0,1	5.249	0,1	3.040	0,1
sonstiger oder nicht näher bezeichneter Unfall	28.287	0,4	19.900	0,5	8.387	0,3
anerkannte Kriegs-, Wehrdienst- oder Zivildienstbeschädigung	96.373	1,4	90.433	2,6	5.940	0,2
sonstige, mehrere oder ungenügend bezeichnete Ursachen	586.573	8,7	295.526	8,4	291.047	9,0

Gesamtbevölkerung (absolut: ca. 400 000 Kinder, Jugendliche und Erwachsene) angenommen (Thimm 2003). Zur weiteren Situation von Kindern und Jugendlichen mit Behinderung siehe Beck (2002).

3.3.1 Wohnen

Im traditionellen wie reformerischen Sinne ist Wohnen einer der zentralen Kontexte, in denen auch soziale Hilfen ihren Platz haben. Im Folgenden werden nach grundlegenden Erörterungen zur Bedeutung des „Wohnens" die klassischen Wohnformen vorgestellt und in ihrer Bedeutung diskutiert. Dabei wird deutlich werden, wie hoch die Vielfalt an unterschiedlichen Wohnformen derzeit ist und wie dringlich der Bedarf nach einer weiteren Diversifizierung.

Eine Wohnung zu haben, ist ein Grundbedürfnis von Menschen. Thesing (1998) stellt dazu anthropologische Überlegungen an, die ich im Folgenden aufnehmen möchte. Er stellt dabei den Begriff des Raumes in den Mittelpunkt, der zweierlei bedeuten kann: Zunächst einmal bezeichnet Raum „das Umgreifende, in dem alles seinen Platz, seinen Ort, seine Stelle hat" (29). Räume sind meist schon da, bevor Menschen in ihnen wohnen, sodass ihnen nur die Raumaneignung bleibt, d. h. die bewusste oder unbewusste Einflussnahme auf Gestaltung, Aufteilung und Einrichtung des Wohnraums. Raum bedeutet so für den Menschen eine Aufforderung, Aktivität, Tätigsein, kein passives Erfahren oder gar Erdulden des Raumes. Setzt man Menschen also in nicht veränderbare Räume, so verhindert man die menschliche Entfaltungskraft und entzieht ihnen die Möglichkeit, sich mit dem Raum zu verbinden, ihm eine für den Einzelnen relevante Gestalt abzugewinnen.

Zum Zweiten stellt Wohnraum die Möglichkeiten zur Entfaltung weiterer menschlicher Aktivitäten dar, wie z. B. Erholung, soziale Nahkontakte, Freizeit, Essen, Schlafen. In Anlehnung an Thesing (1998, 35 ff) können weitere Grundbedürfnisse in den Zusammenhang mit Wohnen gebracht werden:

- Die Wohnung bietet darüber hinaus Geborgenheit, Schutz und Sicherheit und eine gewisse Form von Privatheit, die in einer bürgerlichen Gesellschaft mit demokratischen Formen sogar vor staatlichem Handeln geschützt ist (vgl. Artikel 13 Grundgesetz: Unverletzlichkeit der Wohnung).

▪ Die Wohnung schafft die Erfahrung von Beständigkeit und Vertraut-
heit, indem Menschen den Wohnraum nach ihren Vorstellungen mit
Dingen ausstatten, die ihnen guttun und in denen sie sich wohlfühlen.
▪ Damit eng verbunden ist die Eigenschaft der Wohnung als Raum für
Selbstverwirklichung und Selbstverfügung: Innerhalb der – nicht
immer selbst zu verändernden – baulichen Grundstrukturen kann
eine Wohnung nach eigenem Geschmack gestaltet werden.
▪ In erweiterter Form bietet der Wohnraum daher auch die Möglichkeit zur Selbstdarstellung, indem Geschmäcker gezeigt, Hobbys
gepflegt und andere symbolische Handlungen vollzogen werden
können, um dem anderen zu zeigen, wer man ist.

Die oben beschriebenen Grundlagen des Wohnens gelten natürlich auch
für Menschen mit einer Behinderung. Grundsätzlich bedarf die Gestaltung des Wohnens von Menschen mit Behinderung noch erheblicher
Verbesserungsbedarfe, um dem Prozess der De-Institutionalisierung
einen Prozess der Inklusion, mithin ein Leben innerhalb der Gemeinde,
folgen zu lassen. Denn räumliche Integration alleine schafft noch keine
soziale Integration.

Institutionelle Unterstützung

In diesem Kapitel folge ich bezüglich der Darstellung verschiedener
Wohnformen der im letzten Heimbericht der Bundesregierung (http://
www.bmfsfj.de/Publikationen/heimbericht/Service/impressum.html)
genutzten Gliederung in Wohnstätten, Wohnheime, kleine Formen des
Gruppenwohnens (Wohngruppe und ambulant betreute Wohngemeinschaft) und füge dieser die Kategorie „ambulant betreutes Einzelwohnen" hinzu. Ergänzend sei angemerkt, dass die Bundesarbeitsgemeinschaft der überörtlichen Sozialhilfeträger (BAGüS) eine Einteilung in
gruppengegliedertes (Wohnheime, Wohnstätten, Wohnhäuser), Gruppenwohnungen (Wohngruppe, Wohngemeinschaft) und Einzel- bzw.
Paarwohnen bzw. Eltern-Kind-Wohnen (beides i.d.R. als ambulant
betreutes Einzelwohnen) vorschlägt.
    Noch immer stellt für die meisten der Betroffenen ein Leben in Hei-
men oder heimähnlichen Strukturen die Wirklichkeit dar. So sind nach
Strubel (2004, 156f) 70% aller Menschen mit geistiger und mehrfacher
Behinderung in Institutionen mit mehr als 40 Plätzen untergebracht,
davon alleine 30% in Einrichtungen mit mehr als 200 Plätzen.

Noch 1996 stellten Bormann et al. eine durchschnittliche Platzzahl von 102 Plätzen pro Heim/Anstalt und eine durchschnittliche Größe von 38,8 Plätzen für Wohnstätten fest (Bormann et al. 1996, 105 ff).

Beck (2003, 866) gibt an, dass alleine 50 % der 40-jährigen und noch 33 % der 50-jährigen geistig behinderten Menschen bei ihren Eltern wohnen. Bei Rohrmann (2004, 137) findet man, dass die Zahl der Heimplätze „für Behinderte in Deutschland … zwischen 1991 und 2001 um 55 % von 103 519 auf 160 346" gestiegen ist.

Nach einer Erhebung des Lebenshilfe-Bundesverbandes beträgt die Zahl derjenigen behinderten Menschen, die in ihrer Familie lebten, 300 000, davon waren ca. 160 000 minderjährige Kinder bzw. Jugendliche. Dagegen leben 16 000 Menschen in gemeindeintegrativen Wohneinrichtungen und immerhin noch 58 000 in Großeinrichtungen mit und 20 000 Menschen in Psychiatrien und Großeinrichtungen ohne pädagogische Ausrichtung (Schädler 2002).

Zur Größe der Einrichtungen enthält der Bericht der Bundesregierung über die Lage der Behinderten und die Entwicklung der Rehabilitation (2004) Aussagen, wonach etwa drei Viertel der Einrichtungen zu den kleineren Einrichtungen mit weniger als 50 Bewohnerinnen und Bewohnern gehören. Knapp 20 % der Einrichtungen haben 50 bis 150 Plätze und 5 % mehr als 150 Plätze; darunter gibt es einige sehr große Einrichtungen mit mehr als 500 Bewohnerinnen und Bewohnern. Neuere, repräsentative Daten liegen derzeit nicht vor; allerdings kann davon ausgegangen werden, dass der größte Teil der behinderten Menschen in Einrichtungen mit mehr als 24 Plätzen lebt. Dem Heimbericht der Bundesregierung (2006) zufolge liegen allerdings Anzeichen vor, dass inzwischen ein stetiger Trend zu kleineren Wohneinrichtungen eingesetzt hat. Die sozialpolitischen Weichenstellungen in Richtung ambulanter statt stationärer Angebote schlagen sich z. B. in ambulant betreuten Wohngemeinschaften bzw. überhaupt Angeboten des Betreuten Wohnens nieder.

Wenngleich auch in der Bundesrepublik seit den 1970er Jahren eine rasante Entwicklung bezüglich der Wohn- und Betreuungsformen in Gang geraten ist, können wir nach wie vor grob die sozialinstitutionelle von der normalen Wohnform des selbstständigen, unbetreuten Wohnens abgrenzen (Thesing 1998, 61 ff). Dazwischen gibt es seit ca. zehn Jahren diverse Formen des selbstständigen, aber betreuten Wohnens sowie Sonderformen, die jedoch quantitativ keine bedeutende Rolle spielen. Als Beispiel wären alternative Lebensgemeinschaften wie die von Jean Vanier zuerst 1964 in Frankreich gegründete und jetzt weltweit vertretene Gemeinschaft „L'arche" zu nennen.

Wohnheim / Wohnstätte

Wie oben dargestellt wurde, stellt für die meisten Menschen mit einer geistigen Behinderung das Leben in institutionalisierten, mehr oder weniger großen Wohnformen nach wie vor die Normalität dar. Dazu gehören an erster Stelle Wohnheime bzw. Wohnstätten. Diese sind nach den Langzeitbereichen der psychiatrischen Landeskrankenhäuser die älteste institutionalisierte Wohnform für Menschen mit geistiger Behinderung.

Nach einer Definition der BAGüS werden in Wohnheimen Menschen gepflegt und mit einer regelmäßigen Betreuung bedacht, die in Einzelfällen auch eine Beaufsichtigung miteinschließt. Die BAGüS (2006a, 25) kommt zu dem Schluss, dass derzeit noch erheblich mehr Menschen in Wohnheimen leben, „als dies fachlich notwendig ist, da die ambulanten Betreuungsangebote aus den unterschiedlichsten Gründen nicht angeboten oder entsprechend nachgefragt werden." Wie an den durchgeführten De-Institutionalisierungsprojekten, z. B. in Gütersloh, gezeigt werden konnte, besteht in den allermeisten Fällen die Chance, sogenannte Langzeitbereiche von Kliniken und Anstalten in Wohnheime bzw. Wohnstätten umzuwandeln.

Dabei zeigt die Analyse von Heimplätzen noch nicht die wirkliche Realität der Wohnsituation behinderter Menschen, da alle stationären Wohnformen unter dem Begriff des Heimplatzes subsumiert werden, und somit unter das Heimgesetz (HeimG) fallen. Dieses regelt in der aktuellen Fassung unter § 1 Abs. 1:

„… Heime im Sinne dieses Gesetzes sind Einrichtungen, die dem Zweck dienen, ältere Menschen oder pflegebedürftige oder behinderte Volljährige aufzunehmen, ihnen Wohnraum zu überlassen sowie Betreuung und Verpflegung zur Verfügung zu stellen oder vorzuhalten, und die in ihrem Bestand von Wechsel und Zahl der Bewohnerinnen und Bewohner unabhängig sind und entgeltlich betrieben werden."

Lediglich bei einem entkoppelten Angebot, in dem Mietvertrag und Betreuungsvereinbarung – zwar vom gleichen Anbieter – getrennt abgeschlossen werden, gilt das Heimgesetz mit seinen Auflagen nicht mehr (§ 1 Abs. 2 HeimG). So sind Wohnheime als Komplexeinrichtungen zu bezeichnen, die neben tagesstrukturierenden Angeboten, zu denen auch Tagesförder- oder Beschäftigungsstätten und Werkstätten gehören können, auch Unterkunft, Verpflegung, Betreuung und Pflege anbieten. Daneben existieren auch reine Pflegeheime, die sich auf die Pflege

mehr als auf die Rehabilitation konzentrieren und schwere Pflegefälle
z. B. mit schweren körperlichen Missbildungen betreuen, sowie Wohnheime in Internatsform, die behinderte Kinder und Jugendliche zur
Schul- und Berufsausbildung aufnehmen. Solche Internate unterliegen
ebenfalls nicht dem Heimgesetz, sondern der Aufsicht nach dem SGB
VIII.

   Die Wohngruppen bzw. Wohngemeinschaften sind Konzepte, die
aus der Psychiatrie-Enquete entstanden und u. a. vom Deutschen Verein
für öffentliche und private Fürsorge aufgegriffen wurden, der bereits
1975 für die Gruppe der psychisch kranken Menschen formulierte:

„Durch die Bezeichnung Wohngemeinschaft für psychisch Kranke/seelisch
Behinderte wird klargelegt, daß sich das vorliegende Konzept ausschließlich auf diesen Personenkreis bezieht. Die Herausnahme geistig Behinderter
aus psychiatrischen Einrichtungen zugunsten einer gesonderten Förderung
und Versorgung ist fortzuführen" (zitiert in Thesing 1998, 81).

Allerdings wurden bereits in den 1970er Jahren, wie Thesing (1998)
dokumentiert, die ersten Wohngemeinschaften aufgebaut. Als Wohngemeinschaften werden diejenigen Einrichtungstypen verstanden, in
denen das Zusammenleben von mehreren Personen stattfindet, die

„keine Familie sind, sondern sich aufgrund übereinstimmenden Willens der
Mitglieder zu dieser Form des Zusammenlebens in Selbstverantwortung für
die Regelung der eigenen Angelegenheiten zusammengeschlossen haben.
Sie regeln eine Mithilfe fremder Personen bei den Angelegenheiten des
täglichen Lebens eigenverantwortlich" (Thesing 1998, 86).

Diese fast zynische Beschreibung, die eher der Wirklichkeit studen-
tischer Wohngemeinschaften denn der Realität behinderter Menschen
entspricht, ist doch weitestgehend für eine gegenüber den großen Wohnheimen alternative Form des Wohnens gebräuchlich gewesen. Wohngruppen werden als kleine Einheiten bezeichnet, die von dem Leistungs-
erbringer der Eingliederungshilfe organisiert und deshalb in ihrer
Zusammensetzung viel weniger dem Freiwilligkeitsprinzip unterliegen.

„Es leben Personen zusammen, die durch Verantwortung und Pflichten zur
Selbstversorgung überfordert wären und deshalb nicht selbstständig leben
können. Sie wirken jedoch nach ihren individuellen Fähigkeiten und Kräften bei der Selbstversorgung und dem Leben der Gruppe mit. Es ist eine je

nach Bedarf der Bewohner gestaffelte Betreuung rund um die Uhr möglich" (zitiert nach Thesing 1998, 87).

Vereinzelt werden Wohngemeinschaften bzw. Wohngruppen auch als „Außenwohngruppen" bezeichnet, um zum Ausdruck zu bringen, dass einerseits weitere Kompetenzen im Bereich der selbstständigen Lebensführung bestehen und andererseits die Wohngruppen dadurch noch selbstständiger von der Haupteinrichtung sind. „Die Bewohner benötigen das umfassende Förderangebot zwar auch regelmäßig und nicht nur gelegentlich, jedoch nur in Teilbereichen" (Thesing 1998, 87).

Viele Einrichtungen sind dazu übergegangen, ihr Konzept vollständig auf die Wohngruppen-Gliederung umzustellen, d.h., dass es ein Haupthaus nur noch mit Verwaltung und anderen zentralen Angeboten (z.B. auch Werkstätten oder Ähnlichem) gibt und ansonsten die Wohnangebote in Wohngruppen stattfinden. Wohngruppen als Form gruppengegliederter Heime unterscheiden sich von ambulant betreuten Wohngruppen bzw. Wohngemeinschaften in der Hauptsache dadurch, dass in Letzteren Menschen mit Behinderung unabhängig von Betreuungsvereinbarungen zwar gemeinsam in einer Wohnung leben, jedoch einen anderen Vermieter als die Betreuungseinrichtung haben können. Dies muss allerdings nicht der Fall sein, es können auch Betreuungs- und Mietleistung zusammenfallen. In Hamburg beträgt das Verhältnis zwischen Wohngruppen und ambulant betreuten Wohngemeinschaften derzeit 1:3, d.h., es leben dreimal so viele Menschen in stationären Einrichtungen, meist mit Wohngruppenkonzept, wie in ambulant betreuten Wohngruppen. Entscheidender Unterschied ist i.d.R. die geringere Präsenz der Betreuer, z.B. während der Nacht.

Rösner/Peiffer (2006) stellen aber zu Recht fest, dass das einfache Umetikettieren „stationärer Wohngruppen in ambulante Wohngemeinschaften" nicht akzeptabel ist, da damit auch konkrete Veränderungen, z.B. Reduktion der Mitarbeiterzahl bzw. deren Anwesenheit und die zunehmende Selbststeuerung des Alltages durch die Nutzer, erfolgen müssten. Eine Möglichkeit, die Vorteile von stationärer Vollpflege mit den Vorteilen ambulanter Betreuung zu kombinieren, bildet die sogenannte Hausgemeinschaft, die in Hamburg von „Leben mit Behinderung Hamburg GmbH" konzipiert wurde. Dort leben 20 bis 25 Menschen mit Behinderungen in einem Wohnhaus zusammen, wobei diejenigen mit stärkerem Hilfebedarf in Wohngemeinschaften mit bis zu fünf Personen leben und diejenigen mit geringerem Hilfebedarf in Einzelwohnungen. Bei einer konstanten, aber unterschiedlichen Regelbe-

treuung, die in den Wohngemeinschaften intensiver als in den Einzelwohnungen ist, können Bewohner/-innen mit geringerem Hilfebedarf
in bestimmten Fällen auch die Leistungen der Wohngemeinschaften in
Anspruch nehmen. Zudem können sie sicher sein, dass sich immer Mit-
arbeiter/-innen im Haus aufhalten, da die Wohngemeinschaften eine
24-Stunden-Betreuung erhalten (Rösner/Peiffer 2006).

Zusammenfassend kann festgestellt werden, dass die Bezeichnung
Wohngemeinschaft nach obiger Definition für nur wenige Formen des
Gruppenwohnens gelten kann, vielmehr trifft die Bezeichnung „Wohngruppe" eher den normativen Gehalt dieser Wohneinrichtungen, in den
eben keine freiwillige Gemeinschaft vorherrscht.

Allen Formen des Gruppenwohnens gemein soll allerdings die verstärkte Hinwendung zum Leben in der Gemeinde sein. Das Leben in
kleinen Gruppen und damit auch in Wohnungen bzw. kleinen Häusern
selbst stellt dabei die zwar regionale und physische, jedoch noch lange
nicht die soziale Integration sicher.

Ambulant betreutes Einzelwohnen

Vom eben Benannten zu unterscheiden sind die reinen Formen ambulant betreuten Einzelwohnens, die sich dadurch auszeichnen, dass hier
der Nutzer in einer eigenen Wohnung entweder alleine oder mit einem
Partner bzw. einer eigenen Familie lebt.

„Ambulant betreutes Wohnen unterscheidet sich von der stationären Versorgung dadurch, dass nun nicht mehr die ‚Rund-um-Versorgung' durch
einen Träger im Vordergrund steht, sondern – vereinfacht dargestellt – das
Wohnen mit den notwendigen individuellen Hilfen. Institutionell vorgege-
bene Strukturen (z.B. gemeinschaftliche Essenseinnahme, feste Essens-
zeiten, Tage der offenen Tür) entfallen. Behinderte Menschen sollen mehr
Aspekte des Alltagslebens selbst bestimmen und eigenverantwortlich
regeln" (BAGüS 2006a, 13f).

Gegenüber den stationären Wohnformen ist das ambulant betreute
Wohnen nicht nur aus Selbstbestimmungs-Gesichtspunkten, sondern
wohl auch aus ökonomischer Sicht im Vorteil. So errechnete die
BAGüS, dass die mittleren Fallausgaben im Betreuten Wohnen sich
2004 auf 7500 Euro gegenüber 35000 Euro für stationär unterge-
brachte behinderte Menschen beliefen. So ist also auch unter diesem
Aspekt der Ausbau von ambulanten Betreuungsformen wünschens-

wert, zumal im Zuge der Ambulantisierungsbestrebungen rein quantitativ eine Zunahme der ambulanten Betreuung erfolgen muss. Ambulante Betreuung bzw. Wohnformen haben zudem aus sozialethischer Sicht das Ziel,

- behinderten Menschen ein weitestgehend autonomes und selbstbestimmtes Leben im eigenen Wohnraum zu ermöglichen,
- die dafür notwendigen Hilfen bereitzustellen, wobei wirklich nur die für den individuellen Fall benötigten Hilfen in Frage kommen und keine Pauschalleistungen wie in der stationären Versorgung,
- die Wahrscheinlichkeit einer Teilhabe am Leben in der Gemeinschaft damit erhöht wird,
- durch die Selbstständigkeit auch die Selbsthilfefähigkeiten der Betroffenen erhöht werden sollen und
- sekundäre Behinderungsfolgen (erlernte Hilflosigkeit, Hospitalismus) verringert bzw. verhindert werden können.

Die Dauer der ambulanten Betreuung sollte grundsätzlich unbegrenzt sein, wenn der Entwicklungs- und Lernprozess als pädagogischer definiert wird. Immer wieder gibt es dann Ziele, die der Teilhabe bzw. der Verselbstständigung dienen und deshalb in einem pädagogisch gestalteten Prozess aufgenommen werden. Daneben und davon abgegrenzt existieren in allen Lebensbereichen und jederzeit Ziele, die sich behinderte und nicht behinderte Menschen stecken, für deren Realisierung sie Hilfe und Unterstützung benötigen. Diese kann durch informelle Hilfen erfolgen, z. B. durch Freunde, Familie, Nachbarn, oder auch durch formalisierte Hilfen, wie z. B. die verschiedenen Formen der Assistenz, die sich jedoch von pädagogischen Hilfen insofern abgrenzen, als sie lediglich unterstützend, nach Maßgabe der Klienten agieren und keine eigenen methodisch abgesicherten Handlungen betreffen.

Übungen zu Kap. 3.3.1

21. Verständnisfrage: Welche Wohnformen lassen sich nach der BAGüS in der Behindertenhilfe unterscheiden?
22. Diskussions-/Reflexionsfrage: Stellen Sie sich vor, Sie müssten für eine behinderte junge Frau, die von zuhause ausziehen möchte, einen Wohnplatz suchen. Welche Kriterien müssen Sie beachten, um die geeignete Form zu finden?

Thesing (1998): Betreute Wohngruppen und Wohngemeinschaften für Menschen mit geistiger Behinderung
BAGüS (2006): Wohnformen und Teilhabeleistungen für behinderte Menschen

3.3.2 Bildung

Der Bildungsgang eines Menschen ist in Industrie- und Wissensgesellschaften eine zentrale soziale Ressource und entscheidet häufig über spätere Möglichkeiten und Begrenzungen hinsichtlich der Aufnahme von Arbeit und Beruf. Die Bildungsmöglichkeiten und -wege Menschen mit Behinderungen werden im Folgenden erläutert und hinsichtlich ihrer integrativen Wirkungen beleuchtet.

Wie Tabelle 2 zeigt, sind Menschen mit Behinderungen nach wie vor – und zwar unabhängig davon, ob es sich um eine geistige Behinderung handelt oder nicht – von normalen schulischen Möglichkeiten weitgehend ausgeschlossen.

Sie erhalten, unabhängig von ihrem Geschlecht, überproportional häufig gegenüber Nichtbehinderten nur einen Hauptschulabschluss (61,2 % gegenüber 43,6 %) und gelangen mit nur 8,4 % seltener gegenüber 17,5 % bei Nichtbehinderten zu einer allgemeinen oder fachgebundenen Hochschulreife.

Wie Cloerkes (2003, 19 f) eindrücklich nachweisen konnte, unterliegen die Regelbeschulungsquoten einem föderalen Einfluss, der dazu führt, dass behinderte Kinder als sonderpädagogisch geförderte Schüler z. B. im Schuljahr 2000/2001 in Sachsen-Anhalt nur zu 1,0 % im Vergleich zu Rheinland-Pfalz mit 42 % in Regelschulen integrativ beschult werden. Sollte diese Datenlage stimmen, d. h., haben die Bundesländer wirklich die genaue Zahl der sonderpädagogisch geförderten Schüler in ihren Regelschulen angegeben, so ergibt sich hier für ein Kind mit sonderpädagogischem Förderbedarf eine 40-fache Chance, auf einer Regelschule beschult zu werden, wenn es in Rheinland-Pfalz lebt anstatt in Sachsen-Anhalt.

Tab. 2: Schulabschlüsse behinderter und nicht behinderter Frauen und Männer (Pfaff u. a. 2004, 1187)

Schulabschluss	insgesamt			Männer			Frauen		
	Behinderte		Nichtbehinderte	Behinderte		Nichtbehinderte	Behinderte		Nichtbehinderte
	1000	%	%	1000	%	%	1000	%	%
ohne allg. Schulabschluss	397	4,8	2,7	211	4,8	2,4	185	4,9	2,8
Haupt-/Volksschulabschluss	5033	61,2	43,6	2706	61,1	42,4	2327	61,2	44,7
Realschul- oder gleichwertiger Abschluss	1466	17,6	28,1	694	15,7	26,2	752	19,8	29,8
Fachhochschulreife	259	3,1	5,0	177	4,0	6,4	83	2,2	3,7
allgemeine o. fachgebundene Hochschulreife (Abitur)	691	8,4	17,5	424	9,5	19,5	267	7,0	15,7
ohne Angabe	492	4,9	3,2	215	4,9	3,1	187	4,9	3,3
insgesamt	8228	100	100	4427	100	100	3801	100	100

Institutionelle Unterstützung

Beginnend mit der Geburt stellt sich für Eltern die Frage nach dem Bildungsweg ihrer Kinder. Schon sehr früh wird eventuell nach Krippenplätzen geschaut, spätestens mit drei Jahren nach einem Kindergartenplatz, mit Schuleintritt nach einer Schule usw.

Dieser Weg führt Kinder sukzessive in Institutionen, die sie auf ihrem Bildungsweg begleiten. Zugleich bleiben die Eltern wichtige Bezugspersonen, die sowohl im emotionalen als auch im kognitiven und sozialen Bereich Modelllernen ermöglichen, in Krisen unterstützen, das Bindungsbedürfnis der Kinder erfüllen und somit eine lange Zeit im Hintergrund zur Verfügung stehen.

Bildungsfragen sind Lebensfragen, die zunächst die Eltern für die Kinder, dann in zunehmendem Maße zusammen mit ihnen entscheiden. Umso schwieriger wird es sein, auf diese Bildungsfragen Antworten zu finden, wenn das Kind eine Behinderung im körperlichen, sozialen bzw. kognitiven Bereich hat, und umso stärker drängt sich die Frage nach dem Bildungs- und Integrationsvermögen des bestehenden Erziehungs- und Bildungssystems auf, denn:

- Behinderte und nicht behinderte Kinder werden in der Regel nicht gemeinsam gefördert.
- Integrative Ansätze in Krippen, Kindergärten und Horten nehmen zwar zu, sind jedoch immer noch unterdurchschnittlich häufig.
- Nach dem Kindergarten ist es meist schon schwierig, eine Regelbeschulung für behinderte Kinder zu erreichen.
- Ein völliger Bruch ergibt sich in der Regel, wenn es zwar zu einer Regelbeschulung in der Grundschule gekommen, diese jedoch auf weiterführenden Schulen nicht möglich ist.

Noch bevor die eigentlichen Bildungsinstitutionen, beginnend mit dem Kindergarten, besucht werden, greift bei Kindern mit Entwicklungsverzögerungen zumeist die Frühförderung. Auf sie soll in Kapitel 3.3.8 näher eingegangen werden.

Kindertagesstätte

Zwei Formen von Elementarerziehung in Institutionen sind für geistig, körperlich oder lernbehinderte Kinder zu verzeichnen. Das ist zum einen der auf Förderung (Sprachbildung, Bewegungslernen, Lernen der Selbstversorgung, soziales Lernen, kognitives Lernen) abzielende heilpädagogische Kindergarten, den eine besondere Ausstattung an Fachkräften und kleinere Gruppen auszeichnet (Speck 2005, 216f). Zum anderen weitet sich seit ca. Ende der 1980er Jahre die integrative frühe Erziehung von behinderten und nicht behinderten Kindern in Regelkindergärten aus. Frühauf konnte 1999 feststellen, dass bundesweit 41 % der Kinder mit Behinderungen einen Integrationsplatz in der Kindertagesstätte hatten. Riedel führt sogar unter Berufung auf eine Jugendamtsbefragung von von Santen et al. einen Prozentsatz von 78 % in Ostdeutschland an, in „Westdeutschland dagegen verteilen sich die behinderten Kinder, die eine Einrichtung besuchen, im Schnitt etwa gleich über die drei unterschiedlichen Betreuungsformen" (2005, 171).

Neben Integrationsgruppen, die regelhaft behinderte Kinder aufnehmen (können), gibt es vermehrt die Tendenz, einzelne Kinder in Regelkindergärten aufzunehmen, was eindeutig den Vorteil der unmittelbaren Wohnortnähe hat. Nachteilig kann sich allerdings auswirken, dass die Mitarbeiter/-innen nicht qualifiziert genug sind. Die Arbeit der Erzieher/-innen sollte deshalb von Fachberatern/Fachberaterinnen und heilpädagogisch geschulten Fachkräften unterstützt werden.

Zu den Rahmenbedingungen für integrative Gruppen gehört, dass es sich günstigstenfalls um eine altersgemischte Gruppe von 15 bis 18 Kindern mit jeweils drei bis fünf möglichst unterschiedlich behinderten Kindern handelt. Wie gesagt ist durch das rein statistische Vorkommen von Behinderungen im Kindesalter damit jedoch die Integrationswirkung, also das gemeinsame Lernen, häufig nur während der gemeinsam im Kindergarten bzw. der Kindertagesstätte verbrachten Zeit gewährleistet. In allen anderen Zeiträumen bzw. Lebensfeldern ergibt sich dadurch, dass die behinderten Kinder vielleicht aus dem größeren Einzugsbereich des Kindergartens kommen, das Problem, dass dann nachmittags keine unorganisierte und freie Begegnung der Kinder, z. B. auf der Straße oder auf Spielplätzen, möglich ist (Kron 2002, 180).

Dagegen sind die Rahmenbedingungen für eine Einzelintegration in Regelkindergärten günstiger, wenn nur ein oder zwei Kinder in eine Gruppe aufgenommen werden. Dies setzt allerdings auch voraus, dass ein flächendeckendes Angebot dieser Art vorhanden ist und dass sich die Qualifikation der Erzieher/-innen dementsprechend gestaltet. Mühl (2006, 283) stellt als weiteres Qualitätsmerkmal die individuelle Bildungsplanung heraus, um die Bedürfnisse und Interessen des Kindes gezielt berücksichtigen zu können. Allerdings ist die Zufriedenheit der

Eltern und Fachkräfte in dieser Form sehr gut und auch die soziale Integration dürfte besser gelingen (Kron 2002, 181 f).

Schule

Weitaus schwieriger als im Kindergarten erweist sich die Integration von behinderten Kindern in die Schule, wobei die Grundschule sich noch einmal positiv von den weiterführenden Schulen abhebt. Wahrscheinlich zentral für diese Diskrepanz ist der unterschiedliche Anspruch der als „Tages- und Betreuungseinrichtungen" verstandenen Kindergärten und den als Bildungsorten verstandenen Schulen mit ihrem „curricular gefassten Leistungssoll" (Speck 2008, 447) und ihrer gänzlich anderen Sozialisationsintention. Geht es in den Kindergärten noch um ein ganzheitliches Lernen in sozialer, kognitiver und emotionaler Hinsicht, so reduziert sich Schule, was die vom pädagogischen System intendierte Zielrichtung betrifft, mehr oder weniger vollständig auf kognitives Lernen.

Grundschule – Primarstufe

Dies noch nicht so stark in der Grundschule wie auf den weiterführenden Schulen, weshalb auch in der Grundschule ein Mehr an Integrationsbemühungen zu verzeichnen ist. Allerdings ist Heyer (2002, 192) mit der Feststellung recht zu geben, dass die

„für alle gemeinsame Grundschule, wie sie von der deutschen Nationalversammlung nach der Revolution von 1918 am 11. August 1919 im Rahmen der neuen Reichsverfassung beschlossen … wurde, … bis heute in ihren Konsequenzen nicht voll verwirklicht wurde."

Sie diene nach Heyer auch heute noch als „Vorschule der Vorbereitung der Kinder auf die weiterführenden Schulen des in Deutschland immer noch gegliederten Schulsystems", und sogar „der Auslese für das ‚höhere' Schulwesen" (192).

Auch nach Aufgabe des Begriffes einer „Bildungsunfähigkeit" seitens behinderter, vor allem geistig behinderter Kinder, wird die Schwelle der koedukativen Beschulung meist deshalb nicht überschritten, weil im Regelfall immer noch die Leistungsaspekte über dem kooperativen und sozialen Lernen von leistungsdifferenten Kindern stehen. Mit anderen Worten: Zunächst zählt das Lernziel, dann der Lernprozess (Speck 2005, 222).

Allerdings sind die Anforderungen an Lehrer und Schüler auch als so hoch anzusehen, dass eine Regelbeschulung aller behinderten Kinder eine große Herausforderung darstellt und es nicht verwunderlich ist, wenn man bislang nicht über Schulversuche hinausgelangt ist und nur ca. 3 % der Kinder mit geistiger Behinderung an einem gemeinsamen Unterricht in Grundschulen teilnehmen (Speck 2005, 225) und nur ca. 5 % der Kinder und Jugendlichen mit sonderpädagogischem Förderbedarf gemeinsam mit nicht behinderten Schülern / Schülerinnen in allgemeinen Schulen unterrichtet werden (Hergarten / Heyer 1999).

Zu den pädagogischen Grundlagen einer integrativen Beschulung kann man mit Heyer (2002, 193 ff) zählen:

- eine integrative Grundhaltung aller Beteiligten, d. h. einen Kooperationssinn, der auf der Überzeugung für eine Koedukation von behinderten und nicht behinderten Kindern fußt,
- eine Individualisierung des Unterrichts, d. h. so wie schon im Kindergarten sollen auch in der Grundschule individualisierte Lernpläne, die Wissensvermittlung steuern,
- eine differenzierte Förderung und Betreuung von Kindern mit Beeinträchtigungen und mit speziellen Lernproblemen, die Defizite, Stärken und kindliche Bedürfnisse gleichermaßen beachtet und damit Normalität schafft,
- die Gemeinsamkeit in der Vielfalt, d. h. das Aushalten von Diversifizierung seitens der Kinder ob mit oder ohne Behinderungen,
- Nähe zwischen schulischer und außerschulischer Lebenswelt, z. B. gefördert durch die wohnortnahe Beschulung von behinderten Kindern, sodass auch nachmittags und am Wochenende spontane Begegnungen stattfinden können,
- lernanregende und Beeinträchtigungen berücksichtigende Gestaltung von Schulraum und Schulgelände mit sowohl barrierefreien als auch die Bildsamkeit von behinderten und nicht behinderten Kindern anregenden Merkmalen,
- die Toleranz von Fehlern und ihre Umdeutung als Lernchance, d. h. die Ansicht, dass Fehler erlaubt seien und man aus ihnen lernen könne,
- die zunehmende Eigenverantwortung des Lernenden, d. h. die Wahrnehmung von Stärken und Entwicklungsschritten hin zu einer Verselbstständigung,
- eine differenzierte Bewertung von Leistungen und Lernständen und
- eine Kooperationskultur im Unterricht und im sonstigen Schulleben.

Förderschulen / Förderzentren und Schulen für geistig behinderte Kinder – Sekundarstufe I

Die Sonder- oder Förderschule stellt nach der Grundschule häufig den Regelfall dar. Vorstellbar wären allerdings auch Sonderklassen an Regelschulen, so wie es z. B. in den USA oder Japan praktiziert wird. Diese könnten als Zwischenform die Vorteile einer integrativen Beschulung mit den Nachteilen derselben verbinden. So wäre zwar eine gemeinsame soziale Integration garantiert, ein getrenntes Lernen im Wissensbereich jedoch ebenso möglich wie ein kooperatives, koedukatives Lernen in Kursen, Projekten usw.

Die früher als „Sonderschulen" bezeichneten Schulen werden heute als Förderschulen bzw. Förderzentren mit spezifischen Förderschwerpunkten verstanden: Diese umfassen die Bereiche Sehen, Hören, Sprache, körperliche und motorische Entwicklung, geistige Entwicklung, Lernen und emotionale und soziale Entwicklung (Opp 2005b, 108).

Angesichts der empirischen Wirklichkeit solcher Schulen bleiben jedoch Zweifel, ob sich die Umbenennung auch in einer tatsächlichen stärkeren Förderung und vor allem in einer Normalisierung und sozialen Integration niederschlägt. Bloemers (zitiert nach Opp 2005c, 108) fragt deshalb zu Recht, ob

„sich hinter dem Namen ‚Förderschule' und ‚Förderzentrum' nicht doch … dieselben Merkmale zweckrationaler Ausgliederung nach Schulleistungskriterien und der Einteilung von Menschen in Gruppen mit fremdbestimmten Festlegungen nach Rangordnungen und kodifizierten Regelungen verbergen, wie hinter dem bisherigen Sonderschulbegriff".

Jedenfalls richtet sich mindestens die Schule mit dem Förderschwerpunkt „Geistige Entwicklung" an geistig oder mehrfachbehinderte Kinder. Gerade für Letztere besteht immer noch ein Ausschlusskriterium in Form der sogenannten Schulunfähigkeit, die die frühere Bildungsunfähigkeit ablöste, jedoch in der Konsequenz nach wie vor dazu führt, dass ein Teil der geistig behinderten Kinder keine Schule besucht und entweder in ihren Familien oder in familienersetzenden Institutionen (Heimen) verbleibt.

Schulen für Lernbehinderte werden in der Regel mit Klassen von eins bis neun bzw. zehn angeboten, wobei die meisten Kinder erst während ihrer Grundschulzeit eine „Empfehlung" für die Schule für Lernbehinderte erhalten. Die Klassengröße beträgt im Durchschnitt 11,9

Kinder und die Relation Schüler–Lehrkraft beträgt 8,7 zu 1 (Schröder 2000, 179).

Nach Angaben des Statistischen Bundesamtes wurden im Schuljahr 2006/2007 insgesamt 408 085 Kinder in Förderschulen beschult. Das Bundesministerium für Gesundheit und soziale Sicherung (2004) gibt sogar eine Zahl von insgesamt 495 244 Kindern an. Tabelle 3 gibt Aufschluss darüber, wie die Verteilung ist.

Man sieht also, dass immer noch ca. siebenmal mehr Kinder mit sonderpädagogischem Förderbedarf in „Sonderschulen" als in allgemeinen Schulen unterrichtet werden. Über alle weiteren Erörterungen hinweg ist festzustellen, dass

- es eine Zunahme an emotionalen und sozialen Störungen gibt, die zu einer Sonder-Beschulung führen,
- es einen zunehmend hohen und überproportionalen Anteil von ausländischen Kindern an den Förderschulen gibt (14,4 % ausländische Schüler an diesen Schulen bei einem Anteil ausländischer Kinder an der Gesamtschülerschaft von nur 9,4 %),

Tab. 3: Verteilung behinderter Schüler in Förderschulen (Bundesministerium für Gesundheit und soziale Sicherung 2004)

Förder-schwerpunkt	in allen Schulen	in allgemeinen Schulen	in Sonder-schulen
Lernen	262.389	31.251	231.138
Sehen	6.613	1.852	4.761
Hören	14.518	3.419	11.099
Sprache	44.891	9.646	35.245
körperliche und motorische Entwicklung	26.483	4.297	22.186
geistige Entwicklung	70.451	1.981	68.470
emotionale und soziale Entwicklung	41.012	11.762	29.250
übergreifend/ohne Zuordnung	19.295	1.430	17.865
Kranke	9.592	166	9.426
gesamt	495.244	65.804	429.440

▪ der Anteil der Kinder mit Lernschwierigkeiten einem sozialen Bias unterliegt, nämlich dem sozioökonomischen Status der Eltern und

▪ dass seit jeher der Anteil der Jungen an den Förderschulen mit 60 % über dem Geschlechterverhältnis von Jungen und Mädchen liegt (Schröder 2000, 103 f).

Diese Effekte sind allesamt nur zu einem sehr geringen Anteil auf individuelle Lernrückstände zurückzuführen, dafür verstärkt auf die Selektionseffekte der Grundschulen und in Bezug auf die ausländischen Kinder auf die fehlende soziale Integration.

Schule für Geistigbehinderte

Kinder, die prognostisch gesehen, mit hoher Wahrscheinlichkeit aufgrund ihrer kognitiven Beeinträchtigung den Bildungsgang der Schulen mit Förderschwerpunkten nicht erfolgreich absolvieren können, werden auf Schulen für Geistigbehinderte unterrichtet. Die Aufnahme in die Schule für Geistigbehinderte orientiert sich an Tests und Beobachtungen der bisherigen Schulleistung, Motorik und Intelligenz sowie Sozialentwicklung. Bezüglich der Intelligenz wird der Grenzwert bei 55 bis 65 angesehen. Die Einstufung erfolgt mittels Intelligenztests (z. B. Testbatterie für Geistigbehinderte oder HAWIK) und zusätzlich in unklaren Fällen durch Verhaltensbeobachtung.

Für Speck (1999, 236) besteht eine Problematik darin, dass zunehmend Kinder, die vielleicht vor einigen Jahren auf die Schule für Lernbehinderte kamen, aufgrund einer stärkeren Orientierung dieser Schulen an den Regelschulen und damit einer Anhebung des Leistungsniveaus nun auf der Schule für Geistigbehinderte landen. Anders interpretiert Fornefeld (2004, 104) die Entwicklung, wenn sie schreibt, dass der „Anteil der leistungsstärkeren Schüler, die sogenannten Grenzfälle zur Lernbehinderung, die heute in Schulen für Lernbehinderte (Förderschulen) verbleiben oder in die Regelschule integriert werden" abgenommen hat, „während sich die Zahl der Kinder und Jugendlichen mit schweren Lern- und Verhaltensbeeinträchtigungen bis hin zur Schwerstbehinderung stark vergrößerte."

Unabhängig von dieser quantitativen Einschätzung kann festgehalten werden, dass die Schule für geistig behinderte Kinder und Jugendliche die „besonderste" der Sonderschulen ist, sich also noch viel weniger am allgemeinen Schulsystem orientiert, als es die Schulen mit Förderschwerpunkten tun. Abbildung 4 gibt Aufschluss über diesen Bildungsgang und seine besondere Struktur.

Abb. 4: Bildungsgang an Förderschulen (modifiziert nach Fornefeld 1999, 106)

		Lebensalter 25 Jahre max.
Werkstufe (Berufsschule)	i. d. R. 3 Jahre	↑
Oberstufe	i. d. R. 3 Jahre	
Mittelstufe	i. d. R. 2 Jahre	
Unterstufe	i. d. R. 2 Jahre	
Vorstufe	i. d. R. 1 Jahr	6 Jahre mind.

Der Aufbau des Bildungsweges folgt also einer elfjährigen Schulpflicht, an dessen Ende die Vorbereitung auf ein Arbeitsleben vorgesehen ist. Einen weiteren Überblick über die einzelnen Stufen gibt Fornefeld (1999, 106 f.). Die Schulen sind i. d. R. – auf Bestreben der Eltern zu ihrer eigenen Entlastung und aufgrund des häufig großen Einzugsbereiches – als Ganztagsschulen konzipiert. Sie verfolgen weit mehr als nur kognitive Lernziele, wie etwa Lesen, Schreiben, Rechnen oder begriffliches Denken, sondern sind laut den Empfehlungen der Kultusministerkonferenz von 1998 auch ausgerichtet auf:

- Förderung der Motorik, der Wahrnehmung, der Kommunikation, der Emotionalität und des Sozialverhaltens,
- Förderung der alters- und geschlechtsspezifischen Entwicklung, der Ich-Identität und der Selbstfindung,
- Entwicklung von Selbstständigkeit und Selbstbestimmung.

Zusätzlich hierzu erhalten Kinder und Jugendliche mit schwersten Behinderungen auch eine Förderung durch Angebote zur basalen Stimulation.

Integrative Beschulung

Maikowski (2002, 203) gibt drei Formen der Integration an: Einzelintegration, Integration mehrerer Schüler mit gleichartiger Behinderung und Integrationsklasse. In Letzteren wurden im Schuljahr 1999/2000 in der Bundesrepublik Deutschland etwa 1 500 Schüler mit Behinderungen integrativ beschult.

Tab. 4: Anzahl der integrativ beschulten Schülerinnen und Schüler in unterschiedlichen Schulformen im Jahr 2000 (KMK 2003)

Schulform	Anzahl der integrativ beschulten Schülerinnen und Schüler	Prozentualer Anteil
Grundschule	42.300	60,4 %
Hauptschule	10.300	15,7 %
integrierte Gesamtschule	4.800	7,3 %
Orientierungsstufe	3.300	5,0 %

Die KMK gibt eine höhere Anzahl der integrativ beschulten Kinder in den unterschiedlichen Schulformen an, allerdings ohne die verschiedenen Integrationsformen zu unterscheiden (siehe Tab. 4)

Nimmt man davon nur die Kinder, die in der Sekundarstufe I integrativ beschult werden, so sind dies nach den Berechnungen der KMK 18 400 Kinder. Zusätzlich zur Zahl der integrativ beschulten Kinder konnte in den letzten Jahren ein kontinuierlicher Zuwachs bei den Schülerzahlen an Sonder- bzw. Förderschulen verzeichnet werden. So stiegen die Schülerzahlen von 1994 bis 2002 um 12,3 % an (Opp 2005c, 110).

Inhaltlich ergeben sich nach Maikowski (2002, 204) diverse Probleme für Schülerinnen und Schüler sowie ihre Eltern im Übergang von den Grundschulen in die weiterführenden Schulen, die sich u. a. in der fehlenden Kontinuität in den Peergroups, aber auch bei den Lehrkräften zeigen. Diese für alle Schülerinnen und Schüler nach der Grundschule schwierige Lebensphase erfährt durch die kognitiven und psychosozialen Schwierigkeiten von behinderten Kindern eine zusätzliche Problematik.

Die nächsthöhere formale Bildungsstufe besteht in der Sekundarstufe II, sie wird jedoch aus unterschiedlichen Gründen nur für eine noch kleinere Zahl von Schülern erreichbar sein. Zu diesen Gründen zählen vor allem die für eine Integration schlechteren Rahmenbedingungen für körperlich behinderte Schüler und die für kognitiv beeinträchtigte Schüler sicherlich nicht zu erreichende intellektuelle Leistungsfähigkeit, die dort gefordert wird.

Ausbildung

Von großer Bedeutung für den restlichen Lebenslauf von behinderten Menschen ist die Aufnahme einer Erwerbstätigkeit nach Abschluss der

Schule, die den Integrationsprozess weiterführt. Vor Aufnahme einer Arbeit stehen Menschen mit Behinderung zahlreiche Förder- und Bildungsmaßnahmen zur Verfügung, deren Vielfalt sich seit den 1990er Jahren erheblich gesteigert hat.

Sie alle sollen dazu beitragen, die Quote derjenigen zu erhöhen, die trotz Behinderung eine Beschäftigung auf dem allgemeinen Arbeitsmarkt finden sollen. Ginnold (2004, 297) merkt hierzu allerdings kritisch an, dass Gesellschaft und Politik derzeit eher bereit sind, „in berufliche Desintegration weitaus mehr zu investieren als in die berufliche Integration von Menschen mit Behinderung". So wurden alleine 2004 knapp 10,3 % aller Auszubildenden in außerbetrieblichen, staatlich geförderten Ausbildungswerkstätten und anderen speziellen Programmen auf das Arbeitsleben vorbereitet.

Jüngste Entwicklungen und Projekte in diesem Sektor nutzen den Gedanken und das Konzept der Unterstützten Beschäftigung, welches, ursprünglich in den USA entwickelt, seit ca. 1990 auch in der Bundesrepublik Deutschland seine Anwendung findet (Doose 2007). Die verschiedenen Dienstleistungen dieses Sektors lassen sich wie folgt gliedern (Doose 2002, 246 ff):

- ■ Berufsberatung: Diese findet in der Regel durch die Agentur für Arbeit statt und wird durch Rehateams aus Berufsberatern und Schwerbehindertenvermittlung realisiert.
- ■ Berufsvorbereitung: Hier stehen verschiedene Hilfen zur Verfügung: Angefangen von der schulischen Berufsvorbereitung, z. B. durch die Werkstufen an den Förderschulen für geistig Behinderte, über Berufsvorbereitungs- und Berufsgrundbildungsjahre über Berufsbildungsbereiche in Werkstätten für behinderte Menschen bis hin zu berufsvorbereitenden Bildungsmaßnahmen in Förderlehrgängen in Ausbildungswerkstätten / Betrieben. Im Berufsgrundbildungsjahr können vor allem Jugendliche mit einem Schulabschluss eine berufsfeldübergreifende Grundbildung erwerben. Dagegen stellt das Berufsvorbereitungsjahr für diejenigen ohne Schulabschluss eine schulische Maßnahme dar. Aus diesem Grund kann das Berufsvorbereitungsjahr auch mit einem Hauptschulabschluss abgeschlossen werden.
- ■ Berufsausbildung: Die eigentliche Berufsausbildung findet entweder in den Betrieben selbst statt (Duales System aus Berufsleben und Berufsschule) oder in Berufsbildungswerken bzw. bestimmten Schulen. Das Bundesministerium für Arbeit und Sozialordnung stellt

hierzu 2001 fest, dass „für behinderte Jugendliche, bei denen Art und Schwere der Behinderung trotz der genannten Hilfen keine Ausbildung in einem anerkannten Ausbildungsberuf zulassen, es besondere … Ausbildungsgänge [gibt]" (zitiert nach Puhr 2005, 126). Diese besonderen Ausbildungsgänge werden vor allem durch die Berufsbildungswerke angeboten. In diesem Bereich bietet der sozialpädagogische Fachdienst zusätzliche Hilfen zur Persönlichkeitsbildung, zur sozialen Integration, zur Eingliederung in das Berufsleben und zur Rehabilitation im Allgemeinen an.

Neben den regelhaften Berufsbildungs- und Förderungsangeboten haben sich in den letzten Jahren immer wieder Erfolge in Projekten der Beschäftigungsintegration gezeigt, so z. B. beim „Training on the Job" (Elbe-Werkstätten Hamburg) oder den EU-geförderten Projekte EQUAL oder HORIZON. Durch die Hamburger Arbeitsassistenz wird seit 1995 das „ambulante Arbeitstraining" mit dem Ziel durchgeführt, Menschen mit Behinderungen so im Übergang in das Erwerbsleben zu fördern, dass sie danach eine höhere Chance auf direkten Einstieg in sozialversicherungspflichtige Beschäftigungsverhältnisse haben. Von den bislang rund 150 unterstützten Personen haben 70 % einen solchen Arbeitsplatz erhalten, mithin eine Quote, die Werkstätten für Behinderte nicht einmal ansatzweise erreichen. Kritisch zu hinterfragen bleibt allerdings, welche Behinderungsgrade bei den Betroffenen bestehen bzw. wie stark die berufsspezifischen Einschränkungen zu bewerten sind.

Zusammenfassend kann gesagt werden, dass sich die Berufsbildung für Menschen mit Behinderung je nach Behinderung zwar noch unterschiedlich, aber insgesamt doch nach wie vor als nur ausreichend in Bezug auf das Integrationsziel herausstellt. Die wesentlichen Gründe hierfür liegen im deutschen Schulsystem. Weiterhin wird die Berufsbildung dadurch negativ beeinflusst, dass die Vielfalt von Ausbildungsberufen, die Menschen mit Behinderungen zugänglich gemacht werden, gering ist und zusätzlich die strukturellen Rahmenbedingungen, z. B. auf dem allgemeinen Arbeitsmarkt, sie in eine Konkurrenzsituation mit anderen schlecht qualifizierten, aber nicht behinderten Arbeitssuchenden bringen.

Zusätzlich stellt der Übergang von der Schule in den Beruf auch eine risikobehaftete Lebensphase dar, die auch individuell-biografisch bewältigt werden muss (hierzu kritisch Ginnold 2004).

Übungen zu Kap. 3.3.2

23. Verständnisfrage: Bis zu welcher Bildungsstufe gelingt bislang die integrative Beschulung von nicht behinderten und behinderten Kindern?
24. Diskussions-/Reflexionsfrage: Was müsste geschehen, damit noch mehr behinderte Menschen über eine Berufsausbildung in den allgemeinen Arbeitsmarkt wechseln könnten?

Eberwein/Knauer (2002): Integrationspädagogik
Schröder (2000): Lernbehindertenpädagogik

3.3.3 Arbeiten

Der Übergang von der Schule in die Arbeitswelt ist ein kritischer Lebensübergang, der mit Selbstständigkeit und sozialer Integration verbunden sein sollte. Inwieweit dies für Menschen mit Behinderungen zutrifft, soll im Folgenden beleuchtet werden. Es werden zentrale Funktionen von Arbeiten ebenso dargestellt wie die mittlerweile vorhandenen Arbeitsmöglichkeiten und diese hinsichtlich ihrer Integrationskraft bewertet.

Jeder Mensch will notwendig sein – so beschreibt Klaus Dörner in Kurzform die anthropologische Grundlage menschlicher Tätigkeit. In einer materialistischen Perspektive versteht man Arbeit als Aneignung der Welt durch menschliches Handeln. Dies kann sich in der Produktion von Gütern, Kunst, Gestaltung von Lebensräumen usw., aber auch in sozialen Prozessen ausdrücken. Hannah Ahrendt (1996) prägte dafür den Begriff der „vita activa":

„Mit dem Wort Vita activa sollen … drei menschliche Grundtätigkeiten zusammengefasst werden: Arbeiten, Herstellen und Handeln. Sie sind Grundtätigkeiten, weil jede von ihnen einer der Grundbedingungen entspricht, unter denen dem Geschlecht der Menschen das Leben auf der Erde gegeben ist" (16).

Arbeit als eine Grundbedingung des menschlichen Lebens unterscheidet sich für Ahrendt deshalb auch vom Herstellen insofern, als Arbeit niemals endet. Sie dreht „sich in unendlicher Wiederholung in dem immer wiederkehrenden Kreise, den der biologische Lebensprozeß ihm vorschreibt und dessen ‚Mühe und Plage' erst mit dem Tod des jeweiligen Organismus ein Ende findet" (117).

Neben dieser Annahme begründet sich der Wert der Arbeit für das menschliche Leben auch darin, dass er spezifische psychologische und soziologische Funktionen erfüllt. Psychologisch stellt die Arbeit eine Möglichkeit dar, sich zu verwirklichen, die eigene Persönlichkeit zu entwickeln, Zufriedenheit über Getanes zu empfinden und Selbstwertsteigerung durch Anerkennung durch andere zu erreichen. Gleichzeitig wird die soziologische Bedeutung von Arbeit durch ihren integrierenden Charakter verwirklicht. Zumindest in der Arbeitsgesellschaft, wie sie seit der Industrialisierung bis in das 20. Jahrhundert hinein bestand, war Arbeit entlang einer Normalbiografie für viele Menschen im Sinne von Erwerbstätigkeit (Arbeit gegen Bezahlung) eine wesentliche Stütze ihrer sozialen Integration. Wie uns die Geschichte der Psychiatrie bzw. des Umgangs mit behinderten Menschen zeigt, hing auch deren Integration in die Gesellschaft von ihrer Integration in den Arbeitsprozess ab. Dörner (1994) konnte nachweisen, dass sich die Produktivität einer Gesellschaft bzw. das in ihr jeweils vorherrschende Produktions- und Sozialsystem deutlich auf die Frage nach der sozialen Integration derjenigen auswirkte, die zunehmend nicht mehr „benötigt" wurden oder sogar „störten". Wo die vormoderne Hausgemeinschaft noch die Selbstverständlichkeit der Sorge für die schwächeren Familienmitglieder kannte, so entwickelt sich deren Rolle in den feudalen und später marktgesellschaftlich organisierten Zusammenhängen immer mehr zu der von Außenseitern.

Erst mit der Reformpsychiatrie in Deutschland, England, Italien, die 1970 begann, entstanden neue, gemeindenahe Möglichkeiten für Menschen mit Behinderungen, einer Arbeit bzw. Beschäftigung nachzugehen, wie z. B. die Werkstätten für behinderte Menschen (WfbM), u. a. mit Werkstattplätzen und später auch „Außenarbeitsplätzen" in regulären Betrieben und schließlich sogenannten Integrationsprojekten sowie Arbeitsplätzen auf dem allgemeinen Arbeitsmarkt.

Wenn man über die Beschäftigungssituation von Menschen mit Behinderung spricht, dann muss man auch deren Arbeitslosigkeit mit in den Blick nehmen. Allein von den 6,7 Millionen anerkannt schwerbehinderten Menschen in Deutschland waren 2002 rund 840 000 Menschen auf dem allgemeinen Arbeitsmarkt beschäftigt, rund 180000 schwerbehinderte Personen waren arbeitslos und etwa 227000 Menschen wurden in anerkannten Werkstätten für behinderte Menschen beschäftigt (Bundesministerium für Gesundheit und Soziale Sicherung 2004, 89).

Die Zahl der wegen Erwerbsunfähigkeit berenteten Personen kann nur annäherungsweise über die Zahl der Renten wegen Erwerbsminderung ermittelt werden. Sie lag nach Auskunft der Deutschen Rentenversicherung 2006 bei 1 593 104. Etwa 5,6 Millionen sind daher noch nicht oder nicht mehr im Arbeitsleben stehende schwerbehinderte Menschen.

Institutionelle Unterstützung

Im Anschluss an die Situation bezüglich der ersten Schwelle von der Schule in die Ausbildung stellt sich auch die zweite Schwelle, von der Ausbildung in den Beruf, für behinderte Menschen als problematisch dar.

Aus diversen behinderungsspezifischen, aber auch gesellschaftlichen bzw. strukturellen Gründen benötigen sie daher Hilfe bei der Integration in das Arbeitsleben. Diese Integration schließt das Vorbereiten, das Finden und das Sichern einer Arbeitsstelle mit ein.

Integrative Hilfen

Für die Sicherung von Ausbildungs- und Arbeitsplätzen schwerbehinderter Menschen sind seit dem Inkrafttreten des SGB IX die Integrationsämter (früher Hauptfürsorgestellen) zuständig. Sie sorgen für die technische Anpassung des Arbeitsplatzes, begleitende Hilfen, Arbeitsassistenz und überwachen den gesetzlich verankerten Kündigungsschutz nach § 102 SGB IX sowie die Ausgleichsabgabe, die Betriebe mit mindestens 20 Beschäftigten leisten müssen, wenn sie die gesetzlich vorgeschriebene Beschäftigungsquote von 5 % behinderten Arbeitnehmern nicht erfüllen können.

Die Integration wird weiterhin durch eine Rehaberatung der Agentur für Arbeit gewährleistet und durch Integrationsfachdienste unterstützt, die mittlerweile in allen Bezirken der Bundesagentur für Arbeit tätig sind. Integrationsfachdienste sind nach § 109 SGB IX besondere Dienste, die schwerbehinderte Menschen beraten, unterstützen und auf spezielle Arbeitsplätze vermitteln sollen. Dazu gehören auch eine Einschätzung der Fähigkeiten und Interessen des Betroffenen sowie die Akquise von geeigneten Ausbildungs- und Arbeitsplätzen in Betrieben. Über die Aufgabe der Einmündung in den Beruf hinaus können die Integrationsfachdienste im Sinne der Nachbetreuung und Krisenintervention bei bereits bestehenden Arbeitsverhältnissen aktiv werden, um eine Kündigung zu verhindern oder Probleme, z. B. durch psychosoziale Betreuung, zu bearbeiten.

Unter dem Begriff der Unterstützten Beschäftigung sind zudem seit ca. Ende der 1980er Jahre diejenigen Versuche zu verzeichnen, die eine individuelle, auf die Fähigkeiten und Bedürfnisse des Arbeitssuchenden abgestimmte Unterstützung ermöglichen wollen. Doose (2007, 119) nennt folgende Phasen der Unterstützten Beschäftigung:

- Erstinformation und Beauftragung,
- individuelle Berufsplanung; Erstellung eines beruflichen Profils,
- individuelle Arbeitsplatzakquisition oder Arbeitsplatzentwicklung,
- Vorbereitung des Arbeitsverhältnisses, Arbeitsplatzanalyse und Arbeitsplatzanpassung,
- Job Coaching: Unterstützung der Einarbeitung, der betrieblichen Integration und ggf. der Qualifizierung am Arbeitsplatz,
- nachgehende Integrationsbegleitung, ggf. Krisenintervention und Arbeitsassistenz.

Unabhängig von diesen Diensten können behinderte Arbeitnehmer selbst seit dem 1.10.2000 eine Arbeitsassistenz beantragen, die ihnen bei ansonsten bestehender Arbeitsfähigkeit eine Unterstützung bieten soll. Die Bundesarbeitsgemeinschaft der Integrationsämter (BIH) beschreibt die Aufgabe in einem Merkblatt wie folgt:

„Die Arbeitsassistenz unterstützt/assistiert schwerbehinderte Menschen nach deren Anweisung bei der von ihnen zu erbringenden Arbeitsleistung durch Erledigung von Hilfstätigkeiten. Die schwerbehinderten Menschen müssen also selbst über die am Arbeitsplatz geforderten fachlichen Qualifikationen verfügen, die Arbeitsassistenz übernimmt nicht die Hauptinhalte der von den schwerbehinderten Menschen zu erbringenden Arbeitsleistung. Die Arbeitsassistenz kommt in Betracht, wenn eine nicht nur gelegentliche, regelmäßige Unterstützung von schwerbehinderten Menschen bei der Arbeitsausführung notwendig ist" (BIH 2003).

Folgt man dem Bericht des Bundesministeriums für Arbeit und Soziale Sicherheit (2004), so sind in unterschiedlichen Zeiträumen in Baden-

Württemberg, Bremen, Hessen, Mecklenburg-Vorpommern, Niedersachsen, Nordrhein-Westfalen, Rheinland-Pfalz, Saarland, Sachsen, Sachsen-Anhalt, Schleswig-Holstein und Thüringen verschiedene Arbeitsmarktprogramme für schwerbehinderte Menschen installiert worden, die alle gemeinsam das Ziel verfolgen, die Arbeitslosigkeit dieses Personenkreises zu reduzieren.

Von 2000 bis 2002 legte auch die Bundesregierung ein solches Programm auf, welches nach offiziellen Angaben einen Rückgang der Arbeitslosigkeit bei schwerbehinderten Menschen um 45 000 Personen erreichen konnte (http://www.vdk.de/de554).

Werkstätten für behinderte Menschen als besondere Hilfe

Als im Gegensatz zu den integrativen Hilfen eher als besonders zu benennende Institutionen der beruflichen Hilfe, jedoch in ihrem quantitativen Anteil zu berücksichtigenden Einrichtung, müssen die Werkstätten für behinderte Menschen (WfbM) erwähnt werden. Diese Besonderheit hängt u. a. mit der im Gegensatz zu anderen Maßnahmen nur geringen Vermittlungsquote in den allgemeinen Arbeitsmarkt von nur ca. 0,5 % bis 1 % aller Beschäftigten zusammen. Die BAGüS sowie die BIH haben sich mit dieser Problematik in einem Positionspapier Anfang 2007 ausführlich beschäftigt und kommen u. a. zu dem Ergebnis, das folgende Punkte die Integration in den allgemeinen Arbeitsmarkt entscheidend hemmen:

- Werkstätten garantieren einen sicheren Arbeitsplatz, unabhängig von Konjunkturen oder aktueller Leistungsfähigkeit des behinderten Menschen (anders als der allgemeine Arbeitsmarkt mit seiner Wettbewerbs- und Leistungsstruktur).
- Menschen mit Behinderungen müssten auf dem allgemeinen Arbeitsmarkt ihre Fahrtwege selbst organisieren, statt sich vom Fahrdienst der Werkstätten abholen zu lassen.
- Jeder Werkstattbeschäftigte erhält nach 20 Jahren durchgängiger Arbeit in der WfbM eine Rente wegen voller Erwerbsminderung.
- Es erfolgt keine Anrechnung des Werkstatteinkommens auf die Rente bzw. eine Rentenkürzung.
- Erfolgt ein Wechsel auf den allgemeinen Arbeitsmarkt, ist Erwerbsfähigkeit gegeben mit der Folge, dass die Rente aus der Werkstatttätigkeit entfällt.
- Auf dem allgemeinen Arbeitsmarkt wären Beiträge zur Sozialversicherung vom Bruttolohn selbst zu bezahlen.

Tab. 5: Belegte Plätze in WfbMs von 1994–2006 (Quelle: BMAS)

Jahr	Belegte Plätze in anerkannten WfbM	Zuwachs absolut	Zuwachs in v. H.
1994	152.501		
1995	159.561	7.060	4,6
1996	166.356	6.795	4,3
1997	172.049	5.693	3,4
1998	180.686	8.637	5,0
1999	188.275	7.589	4,2
2000	194.722	6.447	3,4
2001	201.679	6.957	3,6
2002	226.703	25.024	12,4
2003	235.756	9.053	4,0
2004	245.798	10.042	4,3
2005	256.556	10.758	4,4
2006	268.046	11.490	4,5

▓ Eine Übergangsfinanzierung aus den Mitteln der Sozialhilfe ist in der nötigen Höhe nicht möglich und im Leistungsrecht bislang auch nicht vorgesehen.

Zusätzlich ist zu berücksichtigen, dass, obwohl sich die Werkstätten hinsichtlich ihrer Produkt- und Dienstleistungspalette in den letzten Jahrzehnten erheblich diversifiziert haben und damit auch attraktiver geworden sind, sie immer noch nicht die tatsächliche Vielfalt an Beschäftigungsmöglichkeiten vorhalten können.

In Deutschland gibt es ca. 700 Werkstätten für behinderte Menschen, wobei die Zahl derjenigen, die dort arbeiten, stetig um ca. 4 % jährlich zunimmt. 2006 beschäftigten sie 268 046 behinderte Menschen (siehe Tab. 5), davon 78,98 % mit einer geistigen, 17,44 % mit einer psychischen und 3,58 % mit einer Körperbehinderung (http://www.bagwfbm.de/page/25).

Die Bundesarbeitsgemeinschaft Werkstätten für behinderte Menschen (BAG WfbM) geht in ihrer Prognose davon aus, dass zum 31.12.2010 in den Werkstätten 243 060 Plätze direkt benötigt werden. Zusätzlich würden ca. 6 000 Außenarbeitsplätze bzw. Plätze in Integrationsprojekten benötigt (Con_sens 2003). Doose (2007, 110) berichtet, dass diese Möglichkeit bislang nur wenig genutzt wird, so waren 2001 nur 3 072 solcher „Außenarbeitsplätze" (1,4 % aller Werkstattarbeitsplätze) zu verzeichnen. Der Vorteil liegt für manche Betroffene darin, dass sie in anderen Firmen tätig sind, jedoch den arbeitsrechtlichen Status eines WfbM-Angehörigen behalten. Fälschlicherweise werden diese Arbeitsplätze als Außenarbeitsplätze bezeichnet, suggeriert diese Bezeichnung doch, dass sich die Werkstatt im Inneren der Gesellschaft befinde und die Arbeitsplätze in normalen Firmen im Außen. Es spricht aus Integrationsaspekten vieles dafür, diese Bezeichnung fallen zu lassen.

Die pädagogisch-therapeutischen Angebote in der WfbM reichen von der Begleitung durch einen sozialen, psychologischen bzw. z. T. auch ärztlichen Dienst, die Angebote angeschlossener Tagesförderstätten bis hin zu speziellen Angeboten (Snoezelen, Gymnastik, Ergotherapie) und der Beratung von an einer Arbeit in der Werkstatt interessierten behinderten Menschen sowie deren Angehörigen und vermittelnden Fachdiensten.

Werkstätten für behinderte Menschen verfügen immer über einen Berufsbildungsbereich, der den Einstieg der Betroffenen in das Arbeitsleben durch den Qualifikationserwerb von grundlegenden Arbeitsfähigkeiten fördern soll. Mit der zweijährigen, obligatorischen Qualifizierung mit Grundfähigkeiten im Berufsbildungsbereich verbunden ist der sogenannte Eingangsbereich der Werkstatt für behinderte Menschen, der neben der Qualifizierung auch zum Ziel hat, einen Eingliederungsplan zu erstellen. Die Leistungen werden entweder vom zuständigen beruflichen Rehabilitationsträger oder von der Bundesagentur für Arbeit übernommen. Die Beschäftigten selbst erhalten im ersten Jahr monatlich 57 Euro und im zweiten Jahr monatlich 67 Euro.

Im sonstigen Arbeitsbereich der WfbM erhalten Beschäftigte ein Arbeitsentgelt von zurzeit (Stand 2008) durchschnittlich ca. 160 Euro, wobei die Spannbreite nach Angaben der BAG WfbM zwischen 67 Euro und über 600 Euro liegt. Die Werkstätten sind angehalten, ca. 70 % ihres erwirtschafteten Arbeitsergebnisses als Arbeitsentgelte an die behinderten Beschäftigten auszuzahlen. Zusätzlich beeinflusst die Leistungsfähigkeit des Beschäftigten die Zahlung, da neben einem Grundbetrag leistungsangemessene Steigerungsbeträge gezahlt werden können. Mit dem SGB IX ist schließlich ein Arbeitsförderungsgeld eingeführt worden. Beschäftigte, deren Arbeitsentgelt 325 Euro monatlich nicht übersteigt, erhalten seit 2001 zusätzlich ein Arbeitsförderungsgeld in Höhe von bis zu 26 Euro monatlich. Bei einem Arbeitsentgelt bis zu 299 Euro wird das Arbeitsförderungsgeld in voller Höhe gezahlt, sonst in der Höhe der Differenz.

Die Werkstätten werden mittlerweile von einer 2-Säulen-Finanzierung getragen, bestehend aus den Produktionseinnahmen und der Finanzierung durch die überörtlichen Sozialhilfeträger.

Übungen zu Kap. 3.3.3

25. Verständnisfrage: Welche „Aufnahmebedingungen" herrschen in Werkstätten für behinderte Menschen vor?
26. Diskussions-/Reflexionsfrage: Welches Spannungsverhältnis ergibt sich aus dem Produktionsdruck in Werkstätten und dem Förderbedarf der behinderten Mitarbeiter/-innen? Diskutieren Sie die Auswirkungen des Wettbewerbes und der Marktorientierung einiger WfbMs hinsichtlich dieses Spannungsverhältnisses.

Doose (2007): Unterstützte Beschäftigung

3.3.4   Freizeit

Freizeit ist neben der Arbeit ein sehr wichtiger Lebensbereich, der sich gerade in seiner gegenüber der Arbeitswelt unterschiedlichen Art und Weise, wie Menschen hiervon profitieren, besonders kennzeichnen lässt. Im Folgenden werden Potenziale und Probleme der Freizeitnutzung und -gestaltung von Menschen mit Behinderungen aus professioneller Sicht beschrieben und institutionelle Unterstützungsformen dargestellt.

Die „freie Zeit", die ein Mensch für sich in Anspruch nehmen kann, hängt von der durch Arbeit, familiäre Pflichten, sozialem Engagement usw. gebundenen Zeit ab. Sie unterliegt stärker als die in den Kapiteln 3.3.1 bis 3.3.3 genannten Bereiche der individuellen Möglichkeit zur selbstbestimmten und selbst gestalteten Praxis menschlichen Handelns.

Freizeit als – im marxistischen Sinne – Teil der Reproduktion der Arbeitskraft wirkt sich förderlich auf das Wohlbefinden von Menschen aus. Dies kann sie jedoch nur, wenn sie im Kontrast zur gebundenen und strukturierten Zeit ihre Kraft darin entfaltet, dem Körper, der Seele und dem Geist Muße zu ermöglichen. Eine Freizeit, wie sie die Konsum- und Erlebnisgesellschaft den Menschen zumutet, kann dagegen genau die gegenteiligen Effekte hervorbringen.

Freizeit ist in moderner Zeit jedoch mehr als nur freie Zeit, die man für sich zur Verfügung hat. Oft ist sie an Orte der Freizeit gebunden, an Sport- und Spielstätten, an Vereine, Clubs und Konsumstätten (Kino, Kneipe, Restaurant).

Markowetz (2007) beschreibt die historische Entwicklung des Begriffes, der zwar eng an die Industriegesellschaft gebunden, jedoch schon von Kant und Rousseau in seiner Bedeutung erkannt wurde. Für Marx bestand das Charakteristikum von Freizeit in der „disponiblen Zeit", deren emanzipatorischen Wert für die Herausbildung von menschlicher Freiheit er früh erkannte. Auch die Pädagogik kennt die Bedeutung von freier Zeit (Pausen) zwischen Zeiten intensiven Lernens. Freiheit und Freizeit scheinen also nicht nur etymologisch eng beieinanderzuliegen.

Für Menschen mit Behinderungen gewinnt dieser Aspekt stärker als für andere Bevölkerungsgruppen eine große Bedeutung dadurch, dass die Freiheit Selbstbestimmung in vielen Bereichen, so auch bezüglich der Freizeit, nicht immer als gegeben angesehen werden kann. Abgesehen davon, dass dabei übersehen wird, dass auch viele nicht behinderte Menschen in ihrer Freizeitwahl nicht selbstbestimmt handeln, sondern sich durch Konsumangebote „locken lassen", stellt doch die Lage von Menschen mit Behinderung eine spezifische Situation dar. Unabhängig von der tatsächlichen Erlangung von Freiheitsgraden in der Freizeitgestaltung lässt sich jedoch mit Opaschowski (1990, 86) sagen, dass ein positiver Freizeitbegriff, der sich von der Verbindung mit Arbeit und der Funktion von Freizeit als Reproduktionsagentur löst, für behinderte wie nicht behinderte Menschen eine Option auf eine freie Zeit, die durch freie Wahlmöglichkeiten, bewusste Eigenentscheidungen und soziales Handeln charakterisiert ist, darstellt. Allerdings werden eben gerade der bewussten Eigenentscheidung und den freien Wahlmöglichkeiten von Menschen mit Behinderungen durch die soziale Struktur der Freizeitmöglichkeiten sowie der Zugänglichkeit (materiell wie immateriell) einige Schranken auferlegt.

In Erweiterung des 3-Zeiten-Modells von Opaschowski hat Theunissen (1997) ein 5-Zeiten-Modell entwickelt, das „Arbeitszeit, Verpflichtungszeit, Bildungszeit, freie Dispositionszeit, Ruhe- und Schlafenszeit" ebenso miteinbezieht wie die für Menschen mit einem Pflegebedarf bedeutende „Versorgungszeit".

Allerdings dürfte heute Konsens darüber bestehen, dass sich die Freizeitbedürfnisse von Menschen mit Behinderungen nicht von denen ohne Behinderung unterscheiden. Wir können Markowetz (2007, 315) allerdings zustimmen, wenn er feststellt, dass Menschen mit Behinderungen eher ihre individuellen Freizeitbedürfnisse als die sozialen befriedigen können. Dies hängt fundamental mit ihrer sozialen Situation zusammen, die Freizeit häufig zu einer eher einzeln und alleine zu bewerkstelligenden Aufgabe (Fernsehen, Spielen, Lesen usw.) macht. Theunissen et al. (2000) haben in einer Studie folgende Merkmale der Freizeitsituation von Menschen mit Behinderungen in der Lebenshilfe festgestellt (N = 735):

- Freizeit- und Bildungsangebote finden häufig zielgruppen-, aber nicht altersspezifisch statt, d. h. z. B. dass junge wie alte Menschen zusammen basteln.
- Freizeit- und Bildungsangebote finden häufig innerhalb der institutionellen Grenzen statt und sind nicht integrativ ausgerichtet, was z. B. hieße, die Sportgruppe in einem Sportverein statt in der trägereigenen Turnhalle stattfinden zu lassen.
- Die Angebote werden überwiegend positiv bewertet, jedoch wünschen sich über die Hälfte der Befragten gemeinsame Freizeitmöglichkeiten mit Nichtbehinderten.

Gerade die Auswahl an Freizeitmöglichkeiten ist durch die professionelle Auswahl präjudiziert, d. h., das Freizeiterleben wird mehr durch die Freizeitkonzepte der Werk- und Wohnstätten und durch individuelle Präferenzen der Mitarbeiter / -innen bestimmt als durch die subjektiven Bedarfe der Nutzer / -innen. Hier dürfte die Freizeitassistenz als Möglichkeit der inklusiven Freizeitgestaltung an Bedeutung gewinnen, will man dem Freiheitscharakter von Freizeit auch bei Menschen mit Behinderungen mehr Rechnung tragen.

Institutionelle Unterstützung

Neben dem Wohnbereich und der Arbeit bzw. Beschäftigung spielt natürlich auch für Menschen mit Behinderung die Freizeit, die freie Zeit und die damit verbundene soziale Einbindung in befriedigende soziale Beziehungen eine bedeutende Rolle.

Dieser Bereich ist jedoch nach wie vor in theoretischen Erörterungen wie in praktischen Projekten nur wenig repräsentiert. So stellen Mar-

kowetz/Cloerkes (2000) im Vorwort ihres Buches über „Freizeit im
Leben behinderter Menschen" fest, dass

> „die Integration behinderter Menschen im Freizeitbereich nicht in dem
> Maße stattgefunden hat, wie es von den Betroffenen selbst, ihren Eltern,
> Angehörigen und Selbsthilfezusammenschlüssen eingefordert, gesell-
> schaftlich erwünscht und von Fachleuten für möglich gehalten wird. Unter
> bildungs-, sozial- und gesellschaftspolitischen wie integrationspädago-
> gischen Gesichtspunkten betrachtet, rangiert das Anliegen der sozialen
> Rehabilitation im Lebensbereich Freizeit weit hinter dem der schulischen
> und der beruflichen Rehabilitation".

Woran mag dies liegen? Freizeit im Sinne von freier Zeit wird in unserer
heutigen Gesellschaft vor allem in Zusammenhang gebracht mit Arbeit.
Danach unterscheiden sich Arbeit und Freizeit darin, dass Erstere sehr
stark fremdbestimmend auf den Einzelnen einwirkt und Freizeit als das
Gegenteil davon vor allem Freiheitsgrade verwirklichen hilft. Man kann
über seine Zeit frei verfügen. Zusätzlich wird der Gegensatz von Anspan-
nung während der Arbeit und Entspannung im Bereich der Freizeit häufig als Abgrenzung zwischen ihnen herangezogen. Neben einer konsum-
theoretischen Perspektive interessiert uns hier vor allem der soziale
Aspekt von Freizeit, der sich in den vier Freizeitbedürfnissen „Kommunikation", „Integration", „Partizipation" und „Enkulturation" ausdrückt.
Diese Bedürfnisarten wurden von Opaschowski (1990) zusammen mit
vier weiteren, eher individuellen Bedürfnissen nach „Rekreation",
„Kompensation", „Edukation" und „Kontemplation" beschrieben.

Die von Markowetz (2000, 17) auch als personengebundene Freizeit
bezeichnete freie Zeit erstreckt sich dabei vor allem auf kommunika-
tive, gruppenbezogene oder auch soziale Freizeitnutzung, für deren
Realisierung Menschen mit Behinderungen auch professionelle Unterstützung benötigen. Auch wenn sich das Ausmaß dieser Hilfen im Vergleich zu den sonstigen Lebensbereichen vielleicht eher gering darstellt,
so sind doch die qualitativen Aspekte der Unterstützung von ebenso
großer Bedeutung wie im Bereich Arbeit oder Wohnen.

Zudem hängt Freizeit, was die individuellen Aspekte betrifft, zentral
mit dem Wohnen zusammen, da viele der oben genannten individuellen
Freizeitbedürfnisse von Menschen mit Behinderungen eng an das
Wohnumfeld gebunden sind.

Dass hier die soziale Seite der Freizeit vermehrt interessieren soll,
hängt mit dem spezifischen Blickwinkel der Sozialen Arbeit auf diesen

Lebensbereich zusammen. Freizeit wirkt – wie alle anderen Lebensbereiche auch –, wenn sie auf ihre sozialen Effekte und Bedingungen hin untersucht wird, vor allem dann integrativ, wenn die Bedürfnisse mit den Fähigkeiten zur selbstständigen Nutzung und den kompensatorischen Hilfen (Begleitung, Assistenz usw.) in einem für die Selbstbestimmung und Wahlfreiheit der behinderten Menschen günstigen Verhältnis stehen.

Für kleine Kinder (bis zum Schulalter) mit und ohne Behinderung stellt sich Freizeit zunächst als wohnungsnahe Freizeit dar. Im sozial-ökologischen Sinne werden die Zonen der Freizeitaktivität dann mit fortschreitendem Lebensalter auf weitere Nachbarschaft, entfernter wohnende Freunde/Gleichaltrige, Freizeit- und Konsumstätten in der Gemeinde und später auch darüber hinaus erweitert.

Für Kinder mit Behinderung ergeben sich bei dieser Ausweitung der Freizeitzonen je nach Behinderung entweder bewegungs- und mobilitäts- bzw. kommunikationsbezogene Einschränkungen, die es ihnen und ihren Eltern schwieriger machen, an außerhäuslichen Aktivitäten teilzunehmen. Aus diesem Grund spielen vor allem die Sonderschulen, die als Ganztagsschulen organisiert sind, für die außerhäusliche Freizeit eine große Rolle.

„Der Besuch von Sonderschulen ist einerseits mit dem Verlust an freier Zeit (Dispositionszeit) verbunden, andererseits sind Sonderschulen gut mit Spiel-, Lern- und Arbeitsmaterialien ausgestattet und verfügen über eine Vielzahl an ‚Fachräumen', Spielplätzen, Sportstätten, Schwimm- und Bewegungsbädern, Disco-, Snoezelen- und Werkräumen usw.." (Markowetz 2000, 23).

Durch dieses Freizeitangebot werden natürlich Entlastungseffekte aufseiten der Eltern und Entspannungs-, Kreativitäts- und Aktivitätseffekte aufseiten der behinderten Kinder ausgelöst. Allerdings bleibt das Risiko, dass sich die Freizeitangebote nicht auf völlig freiwilligem Niveau bewegen, sondern sich durch die Angebotsorganisation der Schulen, durch Interessen der Lehrkräfte u. a. institutionelle Einflüsse ergeben.

Daher übernehmen Familienentlastende Dienste (FeD), Selbsthilfeverbände und andere Organisationen eine wichtige Funktion, wenn sie außerfamiliäre und außerschulische Zusatzangebote unterbreiten. Doch auch diesen Freizeitangeboten haftet der Mangel an Vielfalt der angebotenen Freizeitaktivitäten an, da auch sie – mit Ausnahme einer individuellen Betreuung durch den FeD – eher dem organisatorisch-institutionellen Rahmen entsprechen als den frei gewählten Interessen der behinderten Menschen. So sind geplante Ferienfreizeiten in ihrer Örtlichkeit meist festgelegt und behinderte Menschen können sich diesen Freizeiten nur anschließen. Allerdings berichtet Cloerkes (2000) davon, dass sich durch integrative Ferienmaßnahmen von behinderten und nicht behinderten Menschen positive Erfahrungen mit Spaß an der Sache und einem zwanglosen Umgang untereinander zeigen.

Die für die Freizeit von Nichtbehinderten sonst vorhandene Diversifikation von Angeboten und Nutzerinteressen sollte deshalb auch für die Freizeit von behinderten Menschen gelten.

Der von Institutionen der Behindertenhilfe angebotene Freizeitsektor ist dabei ebenso angesprochen wie der Urlaubs- und Reisesektor, der neben Gruppenreisen ein Individualspektrum enthalten sollte, um dem „normalen" Reiseverhalten von bestimmten Menschen entsprechen zu können. Einer integrativen Reisegestaltung stehen bis heute bestimmte Verhaltensunsicherheiten kommerzieller Reiseanbieter entgegen, die u. a. im Zusammentreffen von behinderten und nicht behinderten Reisenden bestehen. Bis auf spezialisierte Reiseanbieter, die häufig der Behindertenhilfe und ihren Organisationen nahestehen, hat sich bis heute der allgemeine Reisemarkt noch nicht der Zielgruppe der behinderten Menschen geöffnet (Wilken 2000).

In stationären Wohneinrichtungen der Behindertenhilfe stellt sich das Bild einer „vorgeformten" Freizeithilfe häufig stärker dar, mit all den damit verbundenen Vor- und Nachteilen (Markowetz 2000, 31). Neben der sicherlich wichtigen Erfahrung, Freizeit auch in Gruppen von Mitbewohnern/Mitbewohnerinnen usw. zu erfahren, stellt doch gerade die individuelle Freizeitnutzung für die professionelle Unterstützung von behinderten Menschen eine große Herausforderung dar. Theunissen (1997, 92) fordert deshalb auch eine „tagesstrukturierte Freizeitarbeit", in der

„der Pädagoge (Bezugsassistenz; Vertrauensperson) die Freizeitgestaltung des Einzelnen begleitet, indem er z. B. mit dem Betroffenen spazieren geht, kulturelle Veranstaltungen besucht, Sport treibt, spielt u. a. m., so daß eine gemeinsam inniglich erlebte Du-Erfahrung stattfinden kann."

Zusätzlich zu den bislang erörterten Freizeitsektoren kommt auch der Erwachsenenbildung eine zentrale Rolle zu, da nicht nur für Nichtbehinderte in der heutigen Medien- und Wissensgesellschaft Freizeit auch Bildung bedeutet (Lesen, Theaterbesuche usw.) (Lindmeier 2000).

Übungen zu Kap. 3.3.4

27. Verständnisfrage: Welche Funktionen hat Freizeit für Menschen im Allgemeinen?
28. Diskussions-/Reflexionsfrage: Welche Funktionen hat Freizeit für Menschen mit einer Behinderung und welche dieser Funktionen sind in der bestehenden Gesellschaft von ihnen schwerer zu realisieren?

Markowetz/Cloerkes (2000): Freizeit im Leben behinderter Menschen

3.3.5 Familie

Familien mit behinderten Kindern übernehmen zusätzlich zu den normalen Sozialisationsaufgaben eventuell weitere Aufgaben im Bereich der Pflege. Sie befinden sich damit noch stärker als andere Familien in Situationen, die in bestimmten Fällen durch professionelle Fachkräfte unterstützt werden müssen. Die Funktion der Familie soll durch Beratung, Unterstützung und Entlastung der Familie gestärkt werden.

Noch immer lebt mit 300 000 Personen ein Großteil der behinderten Menschen in ihren Herkunftsfamilien. Ausgenommen von dieser Zahl sind alle, vor allem durch Unfälle und Krankheiten behinderten erwachsenen Personen. Thimm (2002, 11) gibt eine Schätzung an, dass in knapp 3 % aller Mehrpersonenhaushalte ein behindertes minderjähriges Kind lebt, wobei schwer-, mehrfach- oder geistig behinderte Kinder einen überproportionalen Anteil daran haben dürften.

Neben dieser überwiegenden Form, dass Menschen mit Behinderung bei ihren Eltern, Großeltern oder anderen nahen Verwandten leben, besteht eine weitaus geringere Gruppe von behinderten Menschen, die selbst Kinder haben und in einer Partnerschaft mit einem (nicht-)behinderten Menschen leben. Für Erste gibt es in Deutschland ein relativ gut ausgebautes Netz an institutionellen und materiellen Hilfen; für behinderte Menschen, die eine eigene Familie gegründet haben, sieht die generelle Versorgungssituation schlechter aus. Neben immer noch vorherrschenden eugenischen Vorbehalten gegen die Fortpflanzung von behinderten Paaren begründet sich dieser Mangel vor allem in der fehlenden Infrastruktur.

Herkunftsfamilie

Die Familie stellt als primäres Sozialisations- und Sicherungssystem wesentliche Ressourcen für die Entwicklung und Versorgung von Menschen mit Behinderungen bereit (Engelbert 2003, 209 ff):

▨ Sozialisation und Erziehung: Die Familie vermittelt erste und grundlegende Werthaltungen, Regeln für den Umgang mit anderen Menschen und mit gesellschaftlichen Normen und die Fähigkeit zum sozialen Handeln (Kontaktaufnahme und -pflege mit der außerfamiliären Umwelt).
▨ Emotionale Unterstützung: Familien bieten die Möglichkeit zum Erfahren und Ausprobieren von verschiedenen Emotionalitäten (Wut, Trauer, Angst, Freude) in einem akzeptierenden Raum. Die frühe Bindungsqualität zwischen Eltern und Kindern entscheidet über die spätere Möglichkeit, aus einem breiten Schatz von Emotionen schöpfen zu können.
▨ Alltagsorganisation und Versorgung: In einem im Zuge des Aufwachsens immer entbehrlicheren Maße organisieren und strukturieren Eltern den Alltag der Familie mit ihren Kindern zusammen und versorgen diese mit den nötigen Rahmenbedingungen (Essen, Wohnraum, Schutz usw.).

Gleichzeitig stellt die Familie als nur temporäres Sozialsystem, aus dem sich die Kinder mit der Zeit individualisieren und fortentwickeln, eine schwierige Figur in Bezug auf die Loslösungsmöglichkeiten von behinderten jungen Menschen dar. Bezüglich dieser Besonderheit kann man Familien mit behinderten Kindern von anderen in der Hinsicht unterscheiden, dass bei ihnen die „natürliche" Entwicklung im Sinne einer Loslösung von der Herkunftsfamilie oft schwieriger und konfliktträchtiger verläuft (Heckmann 2004, 23 ff). Hierzu beschreibt Seifert (2004, 312 ff) spezifische Anforderungen an Eltern im Zusammenleben mit einem behinderten Kind: Für die tagtägliche Integrationsaufgabe benötigen die Eltern

▪ Kraft und Beharrlichkeit, da die Reaktionen der Umwelt nicht immer positiv sind,
▪ die Möglichkeit, die z.T. zeitintensive Betreuung in andere Anforderungen des Alltags (Berufsleben, andere Geschwister) zu integrieren,
▪ ein soziales Netz von Unterstützern / Unterstützerinnen, um partielle Entlastung zu erhalten, und
▪ den Kontakt zu Gleichbetroffenen, um die emotionale Belastung zu kompensieren.

Daneben ist vor allem die Aufgabe der Förderung von Ablöseprozessen in Familien mit behinderten Kindern eine besonders problematische. Durch die intensive Betreuung und Pflege baut sich eine emotionale Bindung auf, die sich nicht von selbst – z.B. durch die zunehmende Selbstständigkeit des Kindes – in Richtung Autonomie und Loslösung entwickelt und z.T. mit Schuldgefühlen seitens der Eltern verbunden ist.

Interessant für die psychosoziale Betreuung erscheinen in diesem Zusammenhang vor allem die Problemlöse- und Bewältigungsmuster von Familien mit behinderten Kindern. Mühlum (1999, 55) beschreibt den Prozess der Bewältigung anhand der sogenannten „5 C": Catastrophe, Crisis, Coping, Competence, Contentment. Daneben hat sich insbesondere das Krisenmodell von Schuchardt (2003) als hilfreich erwiesen.

Zudem sind diese Familien durch die häufig andauernde Pflege und Versorgung ihrer behinderten Kinder stärker als andere Familien von sozialer Benachteiligung, dem Verlust bzw. der Einschränkung sozialer Kontakte und psychischen wie physischen Erschöpfungszuständen der Eltern geprägt.

Zusätzlich stellt Thimm (2002, 11) als Belastungsfaktoren die tendenzielle Diskriminierung von Familien mit behinderten Kindern fest:

„Als belastend wirkt sich für Eltern eines behinderten Kindes in zunehmendem Maße aus, dass im Planungshorizont von Schwangerschaftsverhütung, pränataler Diagnostik, Schwangerschaftsabbruch und neuerdings selektierender Präimplantationsdiagnostik immer weniger Raum bleibt für ein geschädigtes Kind: es wird als gesellschaftlicher Störfall angesehen, den es zu vermeiden gilt. Ärzte und Eltern, die das anders sehen, werden möglicherweise in Zukunft aus der Solidargemeinschaft entlassen und haben für die Folgen selbst aufzukommen."

Familien mit behinderten Kindern sind also doppelter Belastung ausgesetzt: Zum einen der gesellschaftlichen Diskriminierung und zum anderen den häufig schwierigeren Bedingungen für ein gesundes, entspanntes und die Bedürfnisse aller Familienmitglieder befriedigendes Leben. Krisen als Zuspitzung der familiären Situation bedürfen deshalb ebenso professioneller Unterstützung wie auch die Organisation des familiären Alltags. Daneben besitzen gerade Eltern von behinderten Kindern häufig ein erstaunlich hohes Potenzial an Lebensbewältigungskompetenz, was sich u. a. auch in deren Durchsetzungs- und Selbsthilfepotenzial zeigt (vgl. z. B. die Gründung der Lebenshilfe und anderer Vereinigungen).

In einer Analyse der familien- wie behindertenpolitischen Situation in 14 Bundesländern kommt Haack (2002) zu dem Ergebnis, dass einerseits der Wandel der Familienformen sowie andererseits die materielle Situation der Familien zu beachten ist. Die Bereitschaft zur Pflege und Versorgung eines behinderten Kindes hängt sehr stark von den gesellschaftlichen Bedingungen der Familien (materielle Lage, Wohnsituation, infrastrukturelle Bedingungen), dem Wandel der Familienformen (Zunahme von Ein-Eltern-Familien, Patchwork-Familien) und dem Wertewandel (Individualisierung, Utilitarismus, Hedonismus, Materialismus) ab.

Ist für die Erziehung und Versorgung von Kindern eine nicht unerhebliche Distanzierung von individualisierten Lebenszielen und Wünschen (Karriere, hohes Einkommen, viel Freizeit usw.) schon bei Familien mit nicht behinderten Kindern vonnöten, um sich dem Familienleben und den besonderen Bedürfnissen von Kindern widmen zu können, so verschärft sich dies bei Familien mit behinderten Kindern umso mehr, als diese länger und intensiver auf Pflege und direkte Betreuung und Begleitung angewiesen sind. Die Verselbstständigung der Kinder, die den Eltern im zunehmenden Maße auch wieder mehr Freiräume für die Verwirklichung sonstiger Lebensziele lässt, verläuft bei behinderten Kindern häufig langsamer und unvollständiger. Weiterhin beschreibt Heckmann (2004, 31) die Schwierigkeit der notwendigen Neufindung der Elternrolle, die zwar auch bei der Geburt nicht behinderter Kindern stattfinden muss, sich jedoch aufgrund der vielleicht länger andauernden Pflegebedürftigkeit erheblich schwieriger wieder normalisiert.

Auch das soziale Netzwerk von Familien und deren Binnenbeziehungen weisen Besonderheiten und vor allem Risiken auf. Heckmann (2004) hat in der Analyse zweier Untersuchungen einerseits die besonderen Belastungen im Übergang von der Schule in die Ausbildung beschrieben, die u. a. auch zu psychosomatischen Symptomen bei den Eltern führen, und andererseits die hohe soziale Unterstützung innerhalb der Familie bei gleichzeitigem Befund eines zwar relativ kleinen, aber stützenden außerfamiliären Netzwerks.

Gleichzeitig ist die materielle Ausstattung von Familien ein wesentlicher Faktor, der eine adäquate Erziehung und Versorgung von Kindern bestimmt. Obwohl exakte Zahlen nicht vorliegen, kommt der Bericht des Bundesministeriums für Gesundheit und soziale Sicherung über die Lage der behinderten Menschen (2004, 135) zu dem Ergebnis, dass die Hauptpflegepersonen (vor allem sind dies Frauen) zu 77 % nicht erwerbstätig sind, wobei sich 68 % der Hauptpflegepersonen durchaus im erwerbsfähigen Alter befinden. Dieser Befund kann vor allem in Richtung einer Schlechterstellung bezüglich des Familiengesamteinkommens interpretiert werden, da nur ein Einkommen zur Verfügung steht. Dabei steht fest, dass noch stärker als in Familien mit nicht behinderten Kindern vor allem die Frauen ihre Erwerbstätigkeit im Zuge der Geburt behinderter Kinder aufgeben. Die Bedeutung sozialpolitischer Kompensation für Familien mit behinderten Kindern, insofern sie Einkommensverlust ausgleichen und gleichzeitig eine höhere emotionale Last tragen müssen, steht deshalb außer Frage.

Durch hohe Freigrenzen im Rahmen des Grundsicherungsgesetzes sowie durch die Regelungen des SGB XII sieht die Bundesregierung einerseits eine Entlastung der Eltern behinderter Kinder, die Hilfe zum Lebensunterhalt beziehen, und andererseits hinsichtlich der Beteiligung an den Kosten stationärer Unterbringung vor.

Institutionelle Unterstützung

Um den mitunter belastenden Alltag bzw. die Funktion der Familie zu unterstützen, haben sich seit den 1980er Jahren vor allem Familienentlastende Dienste und weitere Hilfen für Familien mit behinderten Kindern entwickelt. Ebenso gehören in dieses Feld auch die Elternarbeit (Warnke 1990) und die Frühförderung.

Familienentlastende Dienste (FeD) verfolgen das Ziel, die Gesundheit der betreuenden Familienmitglieder zu erhalten und sie in ihrer Betreuungs- und Pflegesituation zu unterstützen. Zusätzlich soll damit bewirkt werden, dass sie ihre eigene Teilnahme am gesellschaftlichen, kulturellen und politischen Leben aufrechterhalten können.

Die Angebote erstrecken sich von stunden- oder tageweisen Betreuungs- und Pflegehilfen innerhalb oder außerhalb der Familie bis hin zu Freizeitangeboten und Urlauben. Darüber hinaus sind je nach Organisation des Dienstes auch kriseninterventorische oder durch einen pflegerischen Mehrbedarf (z. B. durch Krankheit der Kinder) notwendig werdende Hilfen möglich. Ferner ermöglichen Familienentlastende Dienste behinderten Familienmitgliedern im Rahmen der Eingliederungshilfe den Besuch von Veranstaltungen und Einrichtungen, die der Geselligkeit, der Unterhaltung, kulturellen oder sportlichen Zwecken dienen.

Die Familienentlastenden Dienste bieten darüber hinaus sozialpädagogische Beratung und Begleitung der Familie sowie die Vermittlung von Hilfen an. Familienentlastende Dienste sind nach einer Modellphase (1991 bis 1995) mittlerweile als regelhafte Angebote in der Versorgungslandschaft fest etabliert. Von einem flächendeckenden, tatsächlich regionalisierten Angebot, wie es u. a. Thimm (2002) forderte, kann jedoch noch nicht gesprochen werden (Bundesministerium für Gesundheit und Soziale Sicherung 2004, 136).

Die Arbeit der Familienentlastenden Dienste wird entweder durch die Pflegeversicherung, durch die Sozialhilfe oder durch die Krankenversicherung fallbezogen finanziert (Rohrmann et al. 2000) und zusätzlich je nach Bundesland mit unterschiedlich hohen Landeszuschüssen gesichert.

Elternschaft und Familie von Menschen mit Behinderung

Pixa-Kettner et al. (1996) stellten im Rahmen einer Untersuchung zum Thema fest, dass in der Bundesrepublik zum damaligen Zeitpunkt 969 Elternschaften mit insgesamt 1 366 Kindern existierten. In einer aktuellen bundesweiten Untersuchung (Pixa-Kettner 2007) wurden sogar 1 584 Elternschaften mit 2 199 Kindern seit 1990 und somit eine Zunahme von 40 % festgestellt. Auch hier zeigen sich bundeslandspezifische Differenzen im Vorkommen der Elternschaften geistig behinderter Menschen, so sind etwa in Sachsen mit +6,2 % mehr Elternschaften bekannt, als es dem eigentlichen Bevölkerungsanteil der Eltern entspräche, und in Bayern mit −9,7 % deutlich weniger (Pixa-Kettner 2007, 316).

Die Zahlen lassen sich jedoch als unvollständig betrachten, da die tatsächliche Zahl der Elternschaften durch die geringe Teilnahme von Einrichtungen (1996: 38,6 %, 2007: 33,6 % der angeschriebenen Institutionen) nicht ermittelt werden konnte. So gehen Pixa-Kettner et al. (1996) von einer „Dunkelziffer" von ca. 2 500 Elternschaften aus.

Unabhängig von der exakten Zahl an Elternschaften und Familien von Menschen mit Behinderungen gilt es Folgendes festzuhalten:

- Obwohl nur knapp 5 % der Behinderungen – oder rund 300 000 – von Geburt an bestehen, während die meisten im Laufe des Lebens etwa durch Krankheiten oder Unfälle entstehen, und davon nur rund 5 % durch genetische, d. h. vererbbare Eigenschaften, bedingt sind, wird das eugenische Risiko von Schwangerschaften behinderter Frauen in der Bevölkerung immer noch sehr hoch eingeschätzt.
- Elternschaft von geistig behinderten Menschen stellt nach wie vor ein Tabu-Thema dar, an dem sich sowohl historische als auch aktuelle Vorurteile, Ängste und Unwissen zeigen (Pixa-Kettner et al. 1996, 50 ff).
- Die soziale Reaktion auf Schwangerschaft und Geburt ist demzufolge in der Regel negativ.
- Dementsprechend hoch ist auch die Skepsis, ob insbesondere Frauen mit einer geistigen Behinderung ihrer Rolle als Mutter in ausreichendem Maß nachkommen können. Fremdbestimmung tritt deshalb häufiger als bei nicht behinderten Eltern auf und zwar in Form früher Beeinflussungsversuche der Umgebung in Richtung Schwangerschaftsabbruch, in Bezug auf Sorgerechtsentzug nach der Geburt oder in Bezug auf die Forderung zum Einzug in eine stationäre Einrichtung.
- Besonders drastisch sind die häufige Trennung des Kindes von den behinderten Eltern und dessen Fremdunterbringung und das Problem der kontrastierenden Einschätzungen von Jugendhilfe, insbesondere Jugendämtern, und betreuenden Einrichtungen aus der Behindertenhilfe. Dabei steht im Wesentlichen fest, dass geistige Behinderung nicht alleine als Prädiktor für das Vorkommen von Kindeswohlvernachlässigung usw. gesehen werden kann (Pixa-Kettner / Bargfrede 2004, 80). Allerdings wird in einer australischen Studie von McConell, Llewellyn, Ferronto (zitiert in: Pixa-Kettner / Bargfrede 2004) festgestellt, dass Paare / Eltern mit Behinderung in Sorgerechtsverfahren überrepräsentiert sind. Die Übertragbarkeit auf europäische Staaten steht noch aus, allerdings bleibt festzustellen, dass weniger die Behinderung selbst als vielmehr die damit verbundenen sozialen Probleme ein besonderes Risiko darstellen (Pixa-Kettner / Bargfrede 2004, 83).

Hilfen für Eltern mit geistiger Behinderung und ihren Kindern finden wir bislang in Modellvorhaben entwickelt, wie sie vereinzelt auch in die Regelversorgung übernommen wurden, z.B. das Wohnangebot „TANDEM" der Alsterdorf Assistenz West (Hamburg).

Übungen zu Kap. 3.3.5

29. Verständnisfrage: Welche Aufgaben übernehmen Familienentlastende Dienste?
30. Diskussions-/Reflexionsfrage: Überlegen Sie, wie sich die Entwicklungen der Familienformen auf die Arbeit der Familienentlastende Dienste auswirken.

Thimm/Wachtel (2002): Familien mit behinderten Kindern

3.3.6   Einkommenssituation

Die Einkommenssituation spielt bei der Betrachtung der Lebenslage von Menschen mit Behinderungen eine wesentliche Rolle und sollte deshalb als sozioökonomische Variable genauer betrachtet werden.

In der Auswertung des Mikrozensus vom Mai 2003 belegen Pfaff und Mitarbeiter (2004), dass 30 % der behinderten Menschen im Alter von 25 bis unter 45 Jahren ein Einkommen unter 700 Euro aufwiesen, wohingegen dieser Anteil bei den Nichtbehinderten nur 17 % betrug.

Die damit gegebene deutliche Schlechterstellung privater Haushalte behinderter Menschen gegenüber denen nicht behinderter Menschen zeigt sich auch bei einer Ausweitung der Altersgruppe: „So haben z.B. bei den 25- bis unter 60-jährigen behinderten Menschen in Zweipersonenhaushalten 36 % ein Haushaltsnettoeinkommen von unter 1700 Euro, bei den nicht behinderten Menschen sind es 24 %" (Bundesministerium für Gesundheit und soziale Sicherung 2004, 135).

Die Bundesregierung kommt trotz dieses Befundes in ihrem 2. Armuts- und Reichtumsbericht (2005, 154) zu folgender Bewertung:

„Gleichwohl zeigen Analysen auch, dass gesundheitliche Beeinträchti-gungen in der Regel nicht zu monetärer Armut führen: Die Armutsrisiko-quoten behinderter Menschen lagen in den Jahren 1998 bis 2002 immer unter den Quoten der nicht behinderten Menschen, was auf eine ange-messene Absicherung hindeutet. Parallel zur allgemeinen Entwicklung stieg die Armutsrisikoquote behinderter Menschen im Jahr 2002 auf 12,5 % an (nicht behinderte Menschen: 12,7 %), nachdem sie 2000 und 2001 gesunken war. Darüber hinaus stehen – jenseits der Einkommenssi-tuation – vor allem bessere Teilhabemöglichkeiten etwa im Hinblick auf Erwerbstätigkeit oder soziale Kontakte für behinderte Menschen im Vor-dergrund."

Immerhin zeigt eine Berechnung von Maschke (2003), dass der Einbe-zug von Mehrbedarfen aufgrund der Behinderung zu einer signifikanten Erhöhung der Armutsquote führt (bei angenommenen 150 Euro Mehr-bedarf liegt diese schon bei 15,3 % und damit über der allgemeinen Armutsquote).

Der 3. Armuts- und Reichtumsbericht, der im Mai 2008 veröffent-licht wurde, zeigt schon ein deutlich anderes Bild, als noch 2005 festge-stellt:

„So haben z. B. über ein Drittel der behinderten alleinlebenden Menschen im Alter von 25 bis unter 45 Jahren ein Haushaltsnettoeinkommen von unter 700 Euro, während dieser Anteil bei der entsprechenden Gruppe der nicht behinderten Personen nur 19 % beträgt. In der Gruppe der 25- bis 45-Jährigen bestreiten 52 % der behinderten gegenüber 73 % der nicht behinderten Menschen ihren Lebensunterhalt durch Erwerbstätigkeit und erzielen dabei häufiger niedrigere Einkommen." (154)

Jantzen (1974) vertritt hinsichtlich der Beziehung von sozialer Lage und Behinderung einen marxistischen Ansatz und formuliert daher zwei Hypothesen:

- „Mit sinkender sozialer Schicht steigt der relative Anteil Behinderter, und zwar umso stärker, je eher die Behinderungsform in ihrer Bestimmt-heit durch soziale und biologische Faktoren sich nach der sozialen Seite hin öffnet." (103)
- „Mit dem Eintritt der Behinderung beginnt eine Veränderung der indivi-duellen Position innerhalb der Sozialstruktur, die bezogen auf gängige Schichtmodelle als Absinken bzw. Abwärtsmobilität gekennzeichnet werden kann." (117)

Auch wenn die von Jantzen radikal formulierte Analyse der sozialen Bedingungen, in denen behinderte Menschen leben, z. t. schockierend ist, so enthält sie doch hinsichtlich der auf den kapitalistischen Warenproduktionsprozess bezogenen Schlussfolgerungen über die Rolle von behinderten Menschen in kapitalistischen Systemen einen nicht zu leugnenden Wahrheitsgehalt.

Festzuhalten bleibt die soziale Realität, die mit Cloerkes (2007, 99) wie folgt formuliert werden kann: „Behindert wird vor allem der, der arm ist, und wer behindert wird, wird arm. Behinderung und Armut sind eng miteinander verflochten."

Behinderte Menschen können allerdings über die sogenannten Nachteilsausgleiche im Rechtssystem je nach Behinderungsgrad unterschiedliche Vergünstigungen (Steuerbegünstigungen, Rundfunkgebührenbefreiung, Ausbildungshilfen usw.) in Anspruch nehmen.

Übungen zu Kap. 3.3.6

31. Verständnisfrage: Welche sozio-materiellen Befunde lassen sich feststellen, die Menschen mit Behinderung z. T. in die Nähe des Armutsbereichs bringen?
32. Diskussions-/Reflexionsfrage: Wie stehen Behinderung und soziale Lage zueinander? Wie bedingt das eine das jeweils andere?

Bundesregierung Deutschland (2008): Lebenslagen in Deutschland. Der 3. Armuts- und Reichtumsbericht, http://www.bildungsserver.de/db/mlesen.html?Id=40550

3.3.7 Soziales Netzwerk

Die Lebenslage von Menschen im Allgemeinen und damit auch für Menschen mit einer Behinderung ist neben den bereits erörterten Parametern auch durch ihre sozialen Kontakte, genauer durch ihr soziales Netz mit den darin zu verortenden sozialen Beziehungen zu bestimmen.

Die Netzwerke von behinderten Menschen wurden Ende der 1980er und Anfang der 1990er Jahre relativ intensiv untersucht, so z. B. von

Kniel/Windisch (1993) oder auch Thimm et al. (1987). Aus diesen Studien lassen sich exemplarisch folgende Schlussfolgerungen über die Netzwerke von geistig behinderten Menschen ziehen:

- Menschen mit Behinderungen verfügen über kleinere und dichtere soziale Netzwerke als Menschen ohne Behinderung.
- Sie leben öfter in Haushaltsgemeinschaften mit anderen, dafür jedoch seltener in ehelichen bzw. nicht ehelichen Partnerschaften als nicht behinderte Menschen.
- Menschen mit Behinderungen haben weniger Freunde und Vertrauenspersonen als Personen, die keine Behinderung haben. Die Vertrauenspersonen der behinderten Menschen kommen dabei überproportional häufig aus dem eigenen Haushalt.
- Etwa die Hälfte der Behinderten hat mindestens eine Person in ihrem sozialen Netzwerk, die ebenfalls behindert ist. Die Anzahl der ebenfalls behinderten Menschen im sozialen Netzwerk steigt mit hohem Behinderungsgrad und niedrigem Bildungsniveau.
- Die hohe Anzahl haushaltsinterner und verwandtschaftlicher Kontakte von Menschen mit Behinderungen weist im Gegensatz zur sonst üblichen Mischung aus haushaltsinterner und haushaltsübergreifender Vernetzung ebenfalls auf eine mangelnde soziale Integration bei Menschen mit Behinderungen hin.
- Behinderte Menschen verfügen insgesamt, aber auch bedarfsspezifisch und bei der persönlichen Versorgung, über weniger unterstützende Personen als nicht behinderte Personen.
- Die wenigen Unterstützer rekrutieren sich häufig, insbesondere in Bezug auf behinderungsspezifischen Hilfebedarf, aus dem Kreis der Lebenspartner, der Haushaltsangehörigen und der Verwandtschaft.

Dworschak (2004) konnte in einer Untersuchung von 143 Netzwerken behinderter Menschen in verschiedenen Wohnformen ebenfalls eine hohe Repräsentanz und damit Bedeutung für die soziale Unterstützung bei den Mitbewohnern und Mitarbeitern feststellen.

In einer vergleichenden Studie haben Hamel/Windisch (1993) festgestellt, dass das Netzwerk behinderter Menschen um durchschnittlich fünf Mitglieder kleiner ist als jenes von Nichtbehinderten. Familie und Freunde/Bekannte spielen zwar in beiden Netzwerken eine große Rolle, jedoch ist ein höherer Anteil von Freunden, aber auch Nachbarn und Vereinsmitgliedern bei den Nichtbehinderten zu verzeichnen. Im

Bereich der sozialen Unterstützung spielt der Faktor „Behinderung" eine noch größere Rolle, da sowohl die Wechselseitigkeit der sozialen Beziehungen bei Vorliegen von Behinderungen nicht gegeben ist als auch die Möglichkeit zur intimen und vertrauensvollen Kommunikation über Probleme und Belastungen.

Aus dem Gender Datenreport der Bundesregierung lässt sich zudem entnehmen, dass schwerbehinderte Frauen und Männer häufiger als nicht behinderte gänzlich auf einen Freundeskreis verzichten müssen. Zusätzlich gaben schwerbehinderte Frauen und Männer jeweils doppelt so oft wie nicht behinderte an, überhaupt keine Freundinnen und Freunde zu haben. Der Bericht kommt zu der Schlussfolgerung:

„Aus den dargestellten Ergebnissen zur Verfügbarkeit sozialer Netze bestätigt sich erneut die geringere Einbindung behinderter Frauen und Männer in außerfamiliale Netze und die größere Bedeutung der Familie. Einschränkungen bei der Wahrnehmung von Teilhabechancen wirken sich auf Größe und Stabilität sozialer Netze aus. Die geringere berufliche Integration und geringere materielle Ressourcen erschweren ebenso wie hohe Anforderungen bei der Alltagsbewältigung oder ideelle Barrieren im Zusammenleben behinderter oder nicht behinderter Frauen und Männer den Aufbau tragfähiger sozialer Beziehungen" (Bundesministeriums für Familie, Senioren, Frauen und Jugend 2005, 599).

Übungen zu Kap. 3.3.7

33. Verständnisfrage: Welche Besonderheiten lassen sich bezüglich der sozialen Netzwerke von Menschen mit Behinderungen feststellen?
34. Diskussions-/Reflexionsfrage: Betrachten Sie einmal Ihr soziales Netzwerk, wie unterscheidet es sich von dem behinderter Menschen?

Dworschak (2004): Lebensqualität von Menschen mit geistiger Behinderung
Beck (1998): Das Konzept der Lebensqualität

3.3.8   Weitere Hilfen: Frühförderung, Beratung, Therapie

Neben den oben genannten Bereichen kommt den spezifischen Konzepten der Förderung, Beratung, Therapie eine wichtige Bedeutung zu. Sie werden im Folgenden in ihrer institutionellen und methodischen Ausrichtung beschrieben.

Frühförderstellen

Frühförderung hat sich als eine hilfreiche Methode innerhalb der Hilfen für Familien mit behinderten oder entwicklungsverzögerten Kindern herausgestellt und etabliert. Weiß et al. (2004) geben unter Berufung auf einen Bericht des Bundesministeriums für Arbeit und Sozialordnung (2002) eine Zahl von mehr als 1 000 Einrichtungen an, die präventive und unterstützende Angebote für Kinder im Säuglings-, Kleinkind- und Vorschulalter vorhalten. Dabei steht neben der „Bereitstellung von Informationen, Hilfen bei der Entwicklung tragender familiärer Alltagsroutinen" auch das Angebot von die Entwicklung des Kindes fördernden Spiel- und Lernbedingungen (Opp 2005b, 97) im Vordergrund. Sie wird i. d. R. Kindern in der Altersgruppe von null bis sieben Jahren angeboten und als interdisziplinäre Aufgabe verstanden.

§ 30 SGB IX, Abs. 2 benennt deren Aufgabe als nicht ärztliche, therapeutische, psychologische, heilpädagogische, sonderpädagogische, psychosoziale Leistungen und die Beratung der Erziehungsberechtigten. Die fachübergreifend arbeitenden Dienste werden deshalb auch interdisziplinäre Frühförderstellen genannt.

Der Einsatz der Frühförderung findet i. d. R. als mobile Frühförderung außerhalb von stationären Einrichtungen (§ 3 Frühförderungsverordnung) statt, wobei diese Form dem Anspruch einer familienorientierten und familienzentrierten Hilfe am ehesten gerecht wird, da die lebensweltliche und speziell häusliche Situation besser berücksichtigt werden kann. Mobile Frühförderung findet meistens in der Wohnung des behinderten Kindes statt.

Zudem konnte durch das SGB IX die Frühförderung als Komplexleistung, d. h. interdisziplinäre Zusammenarbeit aus einer Hand, definiert werden. So ist die Finanzierung von Maßnahmen der Frühförderung in verschiedenen Leistungsgesetzen, nämlich dem SGB XII (Sozialhilfe), SGB IX (§ 30), im SGB V (Krankenversicherung) und für Kinder mit seelischer Behinderung im SGB VIII (Kinder- und Jugendhilferecht) festgeschrieben. Die genannten Rehabilitationsträger (auch die Jugendhilfe) haben deshalb gemeinsame Entgelte nach § 9 Abs. 1 Frühförderungsverordnung festzulegen, die zwischen ihnen aufgeteilt werden.

Als weitere Grundlage dient die 2003 erstmals in Kraft getretene Frühförderungsverordnung, die jedoch bislang durch Landesrahmenvereinbarungen nur in fünf Bundesländern umgesetzt wurde. Sie soll die Abgrenzung der medizinischen von den heilpädagogischen Leistungen, die Übernahme und Teilung der Kosten zwischen den beteiligten Rehabilitationsträgern sowie die Vereinbarung der Entgelte regeln.

In der Frühförderung wird davon ausgegangen, dass sich Behinderungen bei Kindern bis zu einem gewissen Maße durch gezielte pädagogische und medizinische Förderung positiv beeinflussen lassen. Dazu dienen vor allem bindungs- und sozialisationstheoretische Grundannahmen (Opp 2005b, 97 ff), wie die Gefahr des Hospitalismus, die Resilienzannahme, die Bedeutung familiärer Bindungen, das Bewältigungsmodell von Schuchardt (2003) sowie neuropsychologische Annahmen über die besondere Plastizität des menschlichen Nervensystems in den ersten Lebensjahren.

Allerdings warnt Opp (2005b, 102) davor, zu hohe Erfolgserwartungen an Frühförderung zu stellen. So seien einerseits die Lernmöglichkeiten des jungen Gehirns z. T. geringer als angenommen, die frühe Förderung des Kindes selbst allein nicht ausreichend, die elterliche Kompetenz zu schätzen statt als defizitär wahrzunehmen, die Subjektivität des Kindes zu beachten und monokausale Erklärungen des kindlichen Verhaltens zugunsten ökologischer Zusammenhänge zu unterlassen.

„Der sozialökologische Ansatz – derzeit für den Gesamtbereich der Frühförderung zentral – schaut gezielt über die ‚Störung', also die Entwicklungsauffälligkeit des Kindes, hinaus und versucht, in einer Sichtweise vernetzter Zusammenhänge die hemmenden wie förderlichen Einflussfaktoren der kindlichen Entwicklung zu erkennen" (Weiß et al. 2004, 17).

Allerdings weist Opp (2005b, 104) auch auf Erfolge der Frühförderung hin, die etwa unter Bezug auf amerikanische Studien durchaus vorzuweisen seien. In einer 15 Jahre umspannenden Längsschnittstudie seien bei früh geförderten Kindern

- ein erfolgreicher Schulabschluss zu 29 % häufiger,
- die jugendliche Delinquenzquote um 33 % geringer und
- die sonderpädagogische Platzierung um 41 % geringer.

Diese Erfolge basieren sicherlich auf der erweiterten Sichtweise, die gleichzeitig familienorientiert, ressourcen- und problemorientiert und umfeldorientiert auf die Entwicklung von Kindern schaut.

Weiß et al. (2004, 102 ff) führen unterschiedliche Studien an, die zeigen, dass sich vor allem im Bereich der umweltbedingten Entwicklungsgefährdungen Erfolge erzielen lassen und es demgegenüber bei manifesten Behinderungen, wie etwa dem Downsyndrom, durch professionelle Unterstützung des Kindes nicht zu weitergehenderen Erfolgen als bei einer auch ohne professionelle Hilfe guten Pflege- und Erziehungssituation in den Familien kommt.

Frühförderung schließt die Bereiche Früherkennung, Frühbehandlung, Früherziehung und Beratung ein. In einer aktuellen Broschüre des Bundesministeriums für Arbeit und Soziales zur Frühförderung heißt es deshalb in Bezug auf Förderziele:

- „Förderung von Wahrnehmung, Bewegung, Interaktion, Kommunikation, Sprache,
- Vermittlung von Kompensationstechniken,
- Entwicklung lebenspraktischer Fähigkeiten,
- Unterstützung bei der sozialen Entwicklung."

und weiterhin:

„Die Familie soll durch Frühförderung in einer bejahenden Einstellung zu ihrem Kind bestärkt werden. Sie soll darin unterstützt werden, ihrem Kind trotz vielfältiger besonderer Belastungen Geborgenheit und Sicherheit zu vermitteln."

Bereits 1973 forderte der Deutsche Bildungsrat deshalb, flächendeckende Frühförderstellen einzurichten. Allerdings kann davon ausgegangen werden, dass sich eine große Vielfalt in der konkreten Angebotsstruktur je Bundesland ausgebildet hat und insbesondere Angebote für Kinder mit seelischen Behinderungen noch zu wenig entwickelt sind (Bundesministerium für Gesundheit und soziale Sicherung 2004, 33).

Engelbert (zitiert nach Weiß et al. 2004, 47) kommt nach Auswertung einer Studie über Frühförderstellen in Nordrhein-Westfalen deshalb zu dem Schluss: „Mit der Arbeit von Sozialarbeitern und Sozialpädagogen nimmt die quantitative Bedeutung von Familienorientierung in Frühförderstellen deutlich zu." Diese Zunahme zeige sich u. a. im häufigeren Angebot von Elternangeboten und Mutter-Kind-Gruppen.

Weiß et al. (2004, 45 f) weisen darauf hin, dass nicht in allen Frühförderstellen auch Sozialpädagoginnen oder Sozialpädagogen tätig
sind. Die Funktion der Sozialen Arbeit wird dabei vor allem im Bereich
der Beratung, Unterstützung und Vernetzung gesehen. Mit Klein (2002,
6) ist jedoch davon auszugehen, dass die tatsächliche Feldkompetenz
der Sozialen Arbeit damit nur rudimentär beschrieben ist und die – auch
für andere Arbeitsfelder, wie etwa die Soziale Arbeit im Krankenhaus
typische – Reduktion auf die Rechtsberatung und Vernetzungstätigkeit
um auch sozialtherapeutische und Ansätze einer psychosozialen Beratung erweitert werden müsste. Weiß et al. (2004, 47) nehmen diese
Erweiterung auf, indem sie auch die eigentliche Frühförderarbeit als
Aufgabe der Sozialen Arbeit sehen, insbesondere bei Familien in
schwierigen Lebenslagen (Armut, soziale Benachteiligung). Diese Forderung wird von den Autoren mit einer weiterführenden Definition der
Zielgruppe von Frühförderung untermauert, indem sie fordern, die Entwicklungsgefährdung der Kinder in personaler und sozialer Integration
zu verstehen. Weiterhin argumentieren sie: „Der Begriff der Entwicklungsgefährdung ist überdies kompatibel mit dem Risiko- und Resilienzkonzept, die insbesondere im entwicklungspsychologischen Forschungskontext der letzten Jahrzehnte zunehmende Beachtung finden"
(Weiß et al. 2004, 55).

Meines Erachtens könnte man noch treffender formulieren, dass sich
Soziale Arbeit in der Frühförderung sowohl um die personale Entwicklung im Sinne personaler Integrität als auch um die soziale Entwicklung
im Sinne sozialer Integration kümmert. Mit der Integrität entspräche
man der biopsychischen Leiblichkeit der Kinder und mit dem Begriff
der Integration der Bedeutung sozialer Netzwerke und sozialer Beziehungen. Ihnen in beiden Bereichen die bestmögliche Förderung zuteilwerden zu lassen, sichert einerseits die individuelle Entwicklung und
andererseits das Eingebundensein in befriedigende, normale soziale
Beziehungen. Auch empirisch ist die Forderung nach einer deutlichen
Berücksichtigung nicht nur biologischer Risiken, wie etwa genetische
Disposition oder prä-, peri- oder postnatale Komplikationen, sondern
auch sozialer Risiken, wie etwa Fehl- oder Unterernährung, alkohol-
oder drogenbedingte Schädigungen des Fötus und andere, durch eine
sozioökonomische und sozioökologische Deprivation der Familien
deutlich zu belegen. So kommt etwa der Elfte Kinder- und Jugendbericht von 2002 zu dem Ergebnis, dass „ein Zusammenhang zwischen
sozialer Schichtzugehörigkeit und Behinderung – und zwar nicht nur
im Fall der sogenannten Lernbehinderung [besteht]. Die unteren sozi-

alen Schichten sind bei nahezu allen Behinderungsarten überproportional betroffen" (zitiert nach Weiß et al. 2004, 65).

Eine engere Kooperation zwischen Jugendhilfe und Frühförderung ist deshalb unbedingt zu entwickeln, damit soziale Risiken nicht entweder verursachend oder verstärkend zu einer Behinderung führen. Der Lebenslauf-Perspektive (Mühlum 1999) kommt in diesem Kontext eine besondere Bedeutung zu, da in diesem Modell eine ganzheitliche Sichtweise auf den Menschen als körperliches, psychisches und soziales Wesen, seine Entwicklung innerhalb seiner Lebensspanne und seine Eingebundenheit in soziale Bezüge deutlich wird. Lebensperspektiven eröffnen sich durch Fähigkeiten und Potenziale, wie sie auch durch Einschränkungen und Probleme limitiert werden. Frühe Förderung von Menschen mit Behinderungen kann dementsprechende Weichen stellen.

Sozialpädiatrische Zentren (SPZ)

Mit den Sozialpädiatrischen Zentren geht ein weiteres Handlungsfeld in das Gebiet der Früherkennung, Unterstützung und Behandlung ein, welches sich neben der Altersgruppe der null bis sechsjährigen Kinder auch um Kinder im Schul- und Jugendalter kümmert. SPZ sind in der oben angeführten Frühförderungsverordnung ebenso wie Interdisziplinäre Frühförderstellen als Institutionen aufgeführt. Darüber hinaus können auch Sonderkindergärten und integrative Plätze in Regelkindergärten nach § 24 KJHG / SGB VIII dem System Frühförderung zugeordnet werden. Daneben zählen auch Kinderärzte, Kinder- und Jugendpsychotherapeuten usw. zu den Professionen, die eine Frühförderung betreiben, mindestens im Sinne von Früherkennung (Weiß et al. 2004).

Sozialpädiatrische Zentren gelten nach § 119 SGB V als ambulante Krankenbehandlung und sind damit eher dem medizinischen Sektor zugeordnet, woraus sich hinsichtlich des professionellen Profils von Sozialer Arbeit als Teil der Frühförderung und Sozialpädiatrie allerdings in der Praxis insofern keine Schwierigkeiten ergeben müssten, als die Soziale Arbeit, insbesondere ihr sozialpädagogischer Anteil, wesentliche Impulse für die Prinzipien der Familien- und Ressourcenorientierung sowie der Einbindung des sozialen Umfeldes geben kann. Sie bieten eine interdisziplinäre Diagnostik und Behandlung an. Im Gegensatz dazu sind die Frühförderstellen vor allem pädagogisch bzw. psychologisch geleitet.

Beratungsangebote

Beratungsangebote für Menschen mit Behinderungen sind in der Bundesrepublik in der Regel nicht als spezialisierte soziale Dienste erkennbar, sondern häufig Teil von Sozialberatungsstellen der Freien Wohlfahrtspflege (insbesondere der Behindertenhilfe), der öffentlichen Sozialberatung in Jugend-, Gesundheits- und Sozialämtern, der Rehaberatung in den Arbeitsagenturen u. a. Institutionen.

Als soziale oder pädagogische Beratung findet sie deshalb in den öffentlichen Einrichtungen entweder als Teil der allgemeinen Sozialberatung statt oder in Form von Sprechstunden für Menschen mit Behinderungen. In den Institutionen der Behindertenhilfe findet sie einerseits als Basisangebot in Form sozialer Dienste in Werkstätten oder Wohneinrichtungen, in der ambulanten Hilfe als integrativer Teil der pädagogischen Betreuung oder insbesondere als Beratung von Eltern behinderter Menschen statt.

Es gibt nur wenige ausgearbeitete Konzepte bzw. handlungstheoretische Ableitungen, die sich speziell den Anforderungen einer sozialen Beratung von Menschen mit Behinderungen widmen [mit Ausnahme des systemischen Beratungsansatzes von Büschges-Abel (2000) und Ansätzen bei Wüllenweber/Ruhnau-Wüllenweber (2006, 428)]. Dies hat nach Ansicht von Wüllenweber und Ruhnau-Wüllenweber viel damit zu tun, dass die Beratung in der Heilpädagogik bislang keine große Bedeutung hatte.

Allerdings ist der Beratung, insbesondere der alltags- und lebensweltorientierten sozialen Beratung, im Zuge der Veränderungen in Richtung ambulanter Angebote und gemeindeintegrativer Wohn- und Arbeitsformen eine zunehmende Bedeutung beizumessen. Auf die Besonderheiten und professionelle Ausgestaltung der Beratung wird im Kapitel 4.3.3 näher eingegangen.

Therapieangebote

Die Therapie einer Behinderung bezieht sich auf psycho-, physio- und ergotherapeutische, logopädische und heilpädagogische Förderung. Die physiotherapeutische Behandlung sichert vor allem im Bereich der Mobilitätseinschränkungen (z. B. Cerebralparese) die physische Gesundheit durch verschiedenste Angebote der Einzel- und Gruppentherapie. Ergotherapeutische Angebote sind vor allem aus der Geschichte der großen Heilanstalten (Landeskrankenhäuser) und deren Bemühungen um eine Arbeitstherapie entstanden. Aus dieser Arbeitstherapie hat sich dann später die Ergotherapie ergeben, deren Angebote sich auf die Förderung von Bildungs- und Arbeitsfähigkeiten beziehen. Die Logopädie bietet vor allem sprachtherapeutische Angebote an. Die Heilpädagogik orientiert sich in ihrem therapeutischen Ansatz vor allem an der Lernförderung und damit an der Grenze zwischen pädagogischem und therapeutischem Wirken (Speck 2008, 368 f).

Darüber hinaus gewinnt seit Kurzem die Psychotherapie bei Menschen mit geistiger Behinderung an Bedeutung. Galt diese Form der Behandlung bislang aufgrund der vermuteten, fehlenden Introspektions- und Reflexionsfähigkeit von Menschen mit einer geistigen Behinderung als schwierig bis unmöglich, gibt es mittlerweile erste Ansätze in dieser Hinsicht. Diese Erkenntnis hatte wesentlich etwas damit zu tun, dass verschiedenste Symptomatiken, z. B. repetitive Bewegungen, Mutismus, als Hospitalismussymptome erkannt wurden. Damit wurde klar, dass sie nicht nur und vielleicht gar nicht auf die eigentliche Behinderung zurückzuführen, sondern als psychische Reaktionen auf deprivierende Sozialisationserfahrungen und eventuelle traumatische Erlebnisse in der Biografie der behinderten Menschen angesehen werden mussten. Großer Bedeutung muss dabei sicherlich der sexuellen Gewalt beigemessen werden.

Darüber hinaus weist Luxen (2006, 447) darauf hin, dass diese Störungen von den eigentlichen psychogenen Indikationen abgegrenzt werden müssen. Typische Beispiele einer solchen Doppeldiagnose „Behinderung" und „psychische Krankheit" können Alkoholismus, Depressionen oder auch Wahnvorstellungen sein (Lingg/Theunissen 2000; Gaedt 2000). Grundsätzlich hält Luxen (2006, 445) fest: „Wenn aber psychische Störungen als Folge von psychischem Leiden entstehen, so muss es auch die Möglichkeit geben, dieses Leiden und somit die Störungen mit psychotherapeutischen Mitteln zu lindern."

Luxen (2006) nennt hierzu verschiedene Therapierichtungen, die sich in der Anwendung bei geistig behinderten Menschen als hilfreich erwiesen haben: verhaltenstherapeutische, tiefenpsychologische und klientenzentrierte. Darüber hinaus sind kreative Formen in der Mal-, Gestaltungs- oder Musiktherapie hilfreich. Auf die Besonderheit der Sozialtherapie wird in Kapitel 4.3.4 eingegangen.

Übungen zu Kap. 3.3.8

35. Verständnisfrage: Worin unterscheiden sich Frühförderstellen und Sozialpädiatrische Zentren?
36. Diskussions-/Reflexionsfrage: Welche Bedeutung kommt in der frühen Förderung von behinderten Kindern der Familienorientierung und der Lebenslauf-Perspektive zu?

Weiß/Neuhäuser/Sohns (2004): Soziale Arbeit in der Frühförderung und Sozialpädiatrie

Lingg/Theunissen (2000): Psychische Störungen und geistige Behinderung

3.4 Aktuelle Entwicklungen in der Behindertenhilfe

Die Behindertenhilfe befindet sich in der Bundesrepublik in einem Prozess fortwährender Anpassung an neue ethische, professionelle und wissenschaftliche Forderungen. Hier sollen einige der aktuellen Entwicklungen komprimiert dargestellt werden.

Die Behindertenhilfe ist seit den 1970er Jahren in den allgemeinen Reformprozess der psychiatrisch-psychosomatischen Neuerungen eingebunden gewesen. Der Abschlussbericht der Psychiatrie-Enquete des Deutschen Bundestages von 1975 über die Lage der Psychiatrie in der Bundesrepublik Deutschland sah explizit auch die Versorgung von geistig behinderten Menschen als „menschenunwürdig" an. Man konnte die gemeinsame und vergleichbare Situation der geistig behinderten und psychisch kranken Menschen u.a. deshalb so gut feststellen, weil beide Personengruppen noch gemeinsam in den damaligen großen Landeskrankenhäusern und Heimen untergebracht waren. Es wurde bemängelt, dass die Personengruppe der geistig behinderten Menschen nicht ausreichend und ihrem Bedarf entsprechend gefördert und heilpädagogisch sowie sozialpädagogisch betreut werden könne. Ebenfalls wurde – genauso wie für die psychisch erkrankten Menschen – ein Mangel an komplementären, gemeindenahen Diensten festgestellt.

Seit etwa Ende der 1980er Jahre ist, angeregt durch Erfahrungen aus den skandinavischen Ländern, speziell für die Versorgung und Lage geistig behinderter Menschen eine Normalisierung der Lebensbedingungen, eine Förderung ambulanter, gemeindeintegrativer Angebote sowie eine weitestgehende Auffächerung der Hilfsangebote festzustellen. Leider sind die regionalen Unterschiede in der Quantität wie Qualität der angebotenen Dienste in Deutschland z. T. erheblich.

Über alle Besonderheiten hinweg können jedoch vier aktuelle Entwicklungen beschrieben werden.

3.4.1 Ambulant vor stationär: Ambulantisierung der Angebote

„Ambulant vor stationär" – dies ist eine der Kernaussagen des Sozialleistungsrechts, nicht nur in Bezug auf die Eingliederungshilfe (§ 53 ff SGB XII), sondern z. B. auch in der Gesundheitspolitik.

Ambulant vor stationär – das bezieht sich zunächst und vor allem auf das Wohnen. Alles andere, was sich an Versorgungsmomenten anschließt (Behandlung, Unterstützung im Alltag, Arbeit, Freizeit), ergibt sich hieraus. Deshalb kommt auch der ambulanten Ausrichtung von Wohnformen eine zentrale Bedeutung innerhalb eines Inklusionsprozesses zu.

Schon das Bundessozialhilfegesetz von 1996 kannte den jetzt in § 13 Abs. 1 des SGB XII formulierten Grundsatz, der vorsieht, dass die

„Leistungen … entsprechend den Erfordernissen des Einzelfalles für die Deckung des Bedarfs außerhalb von Einrichtungen (ambulante Leistungen), für teilstationäre oder stationäre Einrichtungen (teilstationäre oder stationäre Leistungen) erbracht werden [können]. … Vorrang haben ambulante Leistungen vor teilstationären und stationären Leistungen sowie teilstationäre vor stationären Leistungen. Der Vorrang der ambulanten Leistung gilt nicht, wenn eine Leistung für eine geeignete stationäre Einrichtung zumutbar und eine ambulante Leistung mit unverhältnismäßigen Mehrkosten verbunden ist. Bei der Entscheidung ist zunächst die Zumutbarkeit zu prüfen. Dabei sind die persönlichen, familiären und örtlichen Umstände angemessen zu berücksichtigen. Bei Unzumutbarkeit ist ein Kostenvergleich nicht vorzunehmen."

Ambulante Angebote sollen vor stationären erfolgen, um die Integration behinderter Menschen durch eine stärkere Gemeindenähe zu erreichen – ein Leitprinzip, welches sich aus der Psychiatriereform ergab.

Kritisch zu beurteilen bleibt der Begriff der Gemeindenähe, da er nicht hinreichend klärt, ob damit nur die räumliche Nähe zur Gemeinde bezeichnet werden soll oder eine Position in der Gemeinde, quasi in ihrem Zentrum. Gemeinde- oder wie es die Soziale Arbeit kennt: Sozialraumorientierung stehen als Begriffe schon eher für Öffnung vorhandener institutioneller Angebote in das Gemeinwesen. Hilfen sollen dort verortet sein, wo die Menschen sie brauchen, weil sie dort leben, ihren Lebensmittelpunkt haben. Methodisch wird dieser Form der Unterstützung mit dem Konzept des „Supported Living" (Lindmeier/Lindmeier 2001) entsprochen.

Die wesentlichen Gründe für die bislang eher gehemmten Reformbestrebungen liegen auf der Hand. Neben der Tatsache, dass im Zuge der Psychiatriereform – und damit auch der Reformen in der Behindertenhilfe – die großen Heime und Wohnstätten zunehmend zugunsten von Wohngruppen und somit dezentralen oder auch gruppengegliederten Wohnstätten reduziert wurden und die damit aufseiten der Sozialpolitiker ebenso wie aufseiten der Professionellen aufgebrachte Kraft lange Zeit nicht für weiter gehende Veränderungen hin zu tatsächlich ambulanten und vor allem selbstbestimmten Angeboten reichte, ist Kräling (2006, 105 ff) in der Feststellung folgender Argumente zu folgen:

- Eine unzureichende personelle und sachliche Ausstattung führt zur Unmöglichkeit intensiver Verselbstständigung in ambulante Strukturen hinein.
- Die häufig noch rigide Gestaltung der Betreuungsschlüssel verhindert eine bedarfsdeckende, einzelorientierte Hilfe, wie sie im Sinne von Fachleistungsstunden und durch eine im Hilfeplanverfahren festgestellte Bedarfsdeckung erreicht werden könnte.
- Eine vorhandene Resistenz bzw. Abwehr der großen Verbände gegen einen Abbau von stationären Kapazitäten.
- Eine Verunsicherung aufseiten der Betroffenen sowie ihrer Angehörigen über die Möglichkeiten und Risiken ambulanter Unterstützung.

Schließlich stellt Kräling in Anlehnung an Klaus Dörner fest, dass sich auch die Bürger als Nachbarn, Arbeitskollegen, Schüler usw. gerne einer „Belastung durch behinderte Mitbürger" in ihrer unmittelbaren Umgebung entzögen. An dieser Stelle kann ein nächster Reformschritt nur im Sinne des Community-Care-Gedankens erfolgen (Schablon 2008).

Erst die zunehmend stärker werdenden Interessens- und Betroffenenverbände, vor allem die Selbstbestimmt-Leben-Bewegung, artikulieren einen weiteren Reformbedarf. Dass dieser im gegebenen Umfang Gehör finden konnte, hängt sicherlich mit dem zeitgleich von sozialpolitischer Seite festgestellten Ausgabenzuwachs in der stationären Hilfe zusammen. Der Deutsche Verein für öffentliche und private Fürsorge (DV) stellte dazu 2003 fest, dass die Zahl der Anspruchsberechtigten im Bereich wohnbezogener Hilfen im Zeitraum von 2002 bis 2007 um insgesamt 21 % steigen wird. Die Zahl der stationären Hilfen sollte um 17 %, die der ambulanten Hilfen im Wohnbereich um 35 % steigen. Auch das persönliche Budget nach § 17 SGB IX als neue Leistungsform könnte hierauf einen Einfluss nehmen, wenn sich dadurch flexiblere, ambulante Hilfen zu einer Komplexleistung arrangieren lassen.

In Deutschland ist bislang – betrachtet man die bundeslandspezifischen Umsetzungen der oben skizzierten Idee einer Ambulantisierung der Hilfen – fraglich, ob und inwieweit sich das Prinzip „ambulant vor stationär" flächendeckend entwickeln wird. So sind bislang lediglich in Nordrhein-Westfalen, vor allem im Landschaftsverband Rheinland (Heuser 2007), und in Hamburg (Rösner/Peiffer 2006) Bemühungen um eine Umsetzung des ambulanten Leitprinzips festzustellen. Noch 2006 entfielen bundesweit 89 % der Nettoausgaben für die Eingliederungshilfe für behinderte Menschen auf Hilfen in Einrichtungen, wohingegen nur 11 % der Ausgaben für Leistungen außerhalb von Einrichtungen aufgewandt wurden.

Allerdings zeigen sich nach aktuellen Berechnungen der BAGüS (2006) ganz andere Entwicklungen, die die Prognosen des Deutschen Vereins von 2003 noch übertreffen: Der Ist-Stand im Zeitraum von 2000 bis 2005 zeigt für den stationären Bereich einen Zuwachs von 16 %. Prognostisch wird von 2000 bis 2010 mit einem Zuwachs von 21,3 % gerechnet.

Im Bereich der ambulanten Angebote betrug der Ist-Zuwachs von 2000 bis 2005 sogar 48,7 %, wobei eine deutliche Steigerung ab 2003 einsetzt. Von 2000 bis 2010 wird insgesamt für den ambulanten Bereich von einem Zuwachs von 108,6 % ausgegangen.

Nimmt man diese Zahlen zum Ausgangspunkt weiterer sozialpolitischer und sozialprofessioneller Überlegungen, so spricht vieles dafür, dass nicht nur ein Umdenken, sondern auch ein Umsteuern stattfinden muss.

Die Forschungsgruppe „Menschen in Heimen" der Universität Bielefeld forderte sogar eine „Enquete der Heime", um die Situation von

Heimbewohnern/-bewohnerinnen systematisch zu erforschen (Kräling 2006, 105 f). Schon lange werden gerade in Langzeitpflegeeinrichtungen schlechte Versorgung, Betreuung und Pflege vermutet. Der ISL-Bundesverband verband dies mit einer Kampagne mit dem Titel „Lieber daheim als im Heim", in der u. a. der Baustopp neuer Heime gefordert wurde (Vieweg 2006).

3.4.2   Community Care/Community Living

Der Begriff der „Community Care" bezeichnet ein jüngeres Modell einer vor allem gemeinwesen- oder sozialraumorientiert verstandenen Hilfe von geistig behinderten bzw. psychisch kranken Menschen. Er tauchte zum ersten Mal in den 1980er Jahren in Großbritannien und den USA auf und wird dort bis heute als konkretes Handlungskonzept verstanden. Dahinter verbergen sich jedoch, bei genauerem Hinsehen, verschiedene bereits entwickelte Ansätze, die z. T. aus der Sozialen Arbeit stammend, nun im Sinne einer Gemeinweseneinbindung der betroffenen Gruppen neu entdeckt werden. Knust-Potter (1998) favorisiert den Begriff des „Community Living", um den Focus des „gemeinweseneintegrierten Lebens" der Menschen, um die es geht, am ehesten reflektieren zu können, und schlägt als Ersatz für den „Care-Ansatz" den Begriff der „Enthinderungsandragogik" vor.

„Community" als direkte Übersetzung von Gemeinde/Gemeinwesen setzt dabei an bestehenden und traditionellen Konzepten der Gemeinwesenarbeit an, die als Sozialraumorientierung zunächst in der Jugendhilfe eine Renaissance erfahren haben, allerdings aus verschiedensten anderen Anwendungen bereits lange bekannt sind. Sie können auf eine Tradition bis hin zu den sogenannten Settlements der Familie Barnett im London des 19. Jahrhunderts und von Jane Addams in Chicago zurückverfolgt werden (Müller 2004). Grundlegender Gedanke dieser Ansätze ist es, die sozialräumliche Eingebundenheit der Menschen ob ihrer problematischen oder ressourcenkräftigen Faktoren zu prüfen. Nach einem vorläufigen Höhepunkt in der Rezeption durch die Gemeinwesenarbeit als innovativen und vor allem politischen Ansatz in der Zeit nach der Studentenbewegung können für die aktuelle Diskussion vor allem reformerische Ansätze festgestellt werden. Jedoch besitzt die Gemeinwesenarbeit immer noch den Anspruch eine aktivierende Methode der Sozialen Arbeit zu sein, die darauf abzielt, die Bevölkerung eines Stadtteils, eines Quartiers oder eines sonstigen Teils einer

Kommune in ihrer Selbstvertretung und der selbstständigen Bearbeitung ihrer Probleme zu unterstützen (Stein 2007).

Gleichzeitig gewinnt der „Community"-Ansatz aus der philosophischen Richtung des Kommunitarismus eine Stütze.

Eine weitere Grundlage schafft die Idee der Gemeinde, die u. a. an die Forderungen der Gemeindepsychiatrie seit der Psychiatriereform in den 1980er Jahren anschließt, dem Normalisierungsprinzip nahesteht und das Wohlbefinden des Menschen als „Ergebnis des transaktionalen Zusammenwirkens von subjektiven Wünschen, Bedürfnissen und Ansprüchen eines Subjekts und den durch seine jeweiligen Lebensbedingungen gegebenen psychosozialen, sozialen und materiellen Ressourcen" (Keupp 2006, 364) versteht.

Der zweite Teil des Modells, das „Care", steht einerseits für eine im Zuge der Politisierung der Sozialen Arbeit und der Expertenkritik an der „fürsorglichen Belagerung" und Entmündigung der Betroffenen formulierten Kritik an bisherigen paternalistischen, naiv-caritativen oder ordnungsstaatlich motivierten Hilfen, andererseits erfährt er heute eine ungeahnte Renaissance durch die allerorts feststellbaren neo-liberalen Forderungen an den Bürger und auch die Soziale Arbeit, die die Eigenaktivität und Selbstsorge der von bestimmten Problemen Betroffenen nicht nur fördern will, sondern auch explizit fordert.

Dabei entstammt der Sorgegedanke (Care) vor allem der christlichen Religion und er wird von Brückner (2004, 9) mit folgenden Übersetzungen in Verbindung gebracht:

- Care = sorgen, pflegen, sich kümmern, achtsam sein,
- „caring about" = emotionale Sorge,
- „take care of" = aktive, tätige Sorge,
- „take care of yourself" = Selbstsorge.

Diese kurze Skizze der bereits vorhandenen Grundlagen des Community-Care-Ansatzes soll im Weiteren durch jüngere Ansätze ergänzt werden.

Wie insbesondere Dörner (2007) fordert, ergibt sich für ein Community-Care-Modell die dringende Notwendigkeit, nicht nur die traditionell als Hilfsbedürftige identifizierten Personen mit sozialen Problemen, sondern darüber hinaus auch die „helfensbedürftigen" Bürger anzusprechen, die einen wesentlichen Teil der Integration insbesondere von psychisch kranken und geistig behinderten Menschen tragen müssen bzw. sollten.

Schablon (2008, 297) definiert nach einer gründlichen Analyse der bestehenden theoretischen und praktischen Ansätze „Community Care" wie folgt:

„Der theoretisch als philosophisch-politisches Leitbild, aber auch praktisch als Handlungsmodell benutzbare Begriff ‚Community Care', beschreibt primär den Wechselbezug einer Vielfaltsgemeinschaft innerhalb einer Quartiersnachbarschaft. Veränderungen erfolgen hierbei im Sinne einer Grassroot-Bewegung, was sich u. a. durch einen politischen Einfluss aller Akteure ausdrückt. Community Care benötigt eine Subsidiarität staatlichen Handelns, die aber gleichzeitig die Lebensqualität absichert und integrative Kristallisationspunkte ermöglicht. Community Care beinhaltet eine Reduktion bzw. Auflösung großer Institutionen und ein durch Interdependenzen gekennzeichnetes Leben in der Gemeinde. Seitens der Bürger und der professionellen Mitarbeiter bedarf es dazu der Implementation einer Ethik der Anerkennung und der Gerechtigkeit gegenüber Menschen in marginalisierten Positionen."

Hier sind einige Begriffe erklärungsbedürftig: Eine „Vielfaltsgemeinschaft" besteht dann, wenn sich die gesellschaftlichen Bedingungen so darstellen, dass sich Menschen bei gleichzeitiger Verschiedenheit in dieser Vielfalt anerkennen können. Diese auch als Diversity-Modelle bekannten Gedanken fußen auf der Vorstellung, „ohne Angst verschieden sein zu können", wie es in ähnlicher Form schon Theodor W. Adorno formulierte. Der frühere Bundespräsident Richard von Weizsäcker hat dies in einer berühmten Rede bei der Eröffnungsveranstaltung der Tagung der Bundesarbeitsgemeinschaft Hilfe für Behinderte 1993 in Bonn aufgegriffen, indem er sagte: „Es ist normal, verschieden zu sein."

Allerdings realisiert sich diese Idee nicht als grundsätzlicher moralischer Anspruch, sondern nur im konkreten Zusammenleben und durch Begegnungen von behinderten und nicht behinderten Menschen. „Die Vielfältigkeit im Gemeinwesen realisiert sich in der Praxis durch die Teilhabe am Geschehen in der Gemeinde" (Schablon 2008, 302).

Im Zusammenhang damit erläutert Schablon, dass hierfür Kristallisationspunkte benötigt würden, die zu einem wesentlichen Teil als natürliche Treffpunkte verstanden werden müssen. Die Zufälligkeit und Ungezwungenheit von Kristallisationspunkten erhöhe die Normalität. Statt einmal zum Tag der offenen Tür in der Werkstatt für behinderte Menschen zu gehen, braucht es kontinuierlichere Begegnungsmöglichkeiten beim Einkaufen, in Sportvereinen, in Schwimmbädern, Cafés usw.

Weiterhin gehört hierzu eine „Ethik der Anerkennung", die sich philosophisch auf Emanuel Lévinas zurückführen lässt und die als Achtung vor der leiblichen und geistigen Verletzbarkeit des Menschen verstanden wird (Dederich 2003, 197 ff), und eine Ethik der Gerechtigkeit, wie sie beispielsweise John Rawls vorgelegt hat. Die zentrale Bedeutung von Anerkennung hat darüber hinaus auch die Position von Axel Honneth (1994) bekräftigt, in der er drei Formen von Anerkennung herausarbeitet: Liebe, Recht, Wertschätzung. Für die Frage nach dem Umgang mit geistig behinderten Menschen gewinnt wohl, neben der von Honneth (1994, 153 ff) als Liebe bezeichneten Anerkennung durch die sogenannte Primärbeziehungen mit ihrem Charakteristikum der starken Gefühlsbindungen (Eltern-Kind, erotische Zweierbeziehungen, Freundschaften), vor allem die soziale Wertschätzung und die Rechtsanerkennung eine große Bedeutung. Da der Mensch nicht nur in lebensweltlich ausgerichteten, durch Konsens- und Kommunikation gebundenen Wirklichkeiten lebt, sondern auch in zweckrational ausgerichteten Systemen, bedarf es eben auch der Anerkennung als Rechtssubjekt im Sinne einer Vertragstheorie, die Honneth darin sieht, dass mit dem Begriff der

„rechtlichen Anerkennung zunächst nur jenes Verhältnis bezeichnet wird, in dem Alter und Ego sich deswegen wechselseitig als Rechtssubjekte achten, weil sie gemeinsam um die sozialen Normen wissen, durch die in ihrem Gemeinwesen Rechte und Pflichten legitim verteilt sind" (Honneth 1994, 176).

Ähnlich problematisch ist das dritte Modell der Anerkennung, das über die Wertschätzung verläuft, meint es doch vor allem soziale Wertschätzung, die, ähnlich wie die rechtliche Anerkennung, nach Honneth an der Fähigkeit zur Beteiligung an der Umsetzung kulturell definierter Werte bemessen wird (Honneth 1994, 198).

Man sieht an den wenigen Ausführungen zum Modell des Community-Care-Ansatzes, dass er genügend theoretisch begründet ist, jedoch praktisch, in der lebensweltlichen Erfahrung von behinderten und nicht behinderten Menschen, bislang zu wenig Relevanz gefunden hat. Ebenso wie das „ambulante Ghetto" als soziale Realität besteht, so sind für eine Ethik der Anerkennung im Honneth'schen Sinne noch einige Hürden im Anerkennungsverhältnis von behinderten und nicht behinderten Menschen zu nehmen.

3.4.3 Experten in eigener Sache: Selbsthilfe, Peer Counseling und Peer Support

Seit den Forderungen der Independent-Living-Bewegung beginnt auch die Behindertenhilfe sich verstärkt an die Kooperation mit nicht professionellen Angeboten zu gewöhnen. Selbsthilfeverbände, die bislang hauptsächlich von Eltern behinderter Kinder gegründet wurden, wie z. B. die Lebenshilfe (gegründet 1958), werden mittlerweile ergänzt durch diverse andere Organisationen, wie z. B. „Selbstbestimmt-Leben" oder auch „People First" (Miles-Paul 1992; Kniel/Windisch 2005). Neben einer Interessenvertretung bieten viele dieser Organisationen, bzw. die mit ihnen assoziierten Vereine auch eigene Beratungs- oder Selbsthilfeangebote an, Peer Counseling und Peer Support sind die dazugehörigen Konzepte, mit denen gearbeitet wird.

Im Folgenden soll zunächst kurz die Entwicklung der Selbsthilfe- und Betroffenenverbände Independent-Living und People First nachgezeichnet werden, um dann die beiden o. g. Konzepte der Betroffenen-Beratung und der Betroffenen-Unterstützung darzustellen.

Im Zuge der die gesamte psychosoziale Versorgung verändernden Selbsthilfebewegung in den Jahren zwischen 1970 und 1990 und der damit verbundenen Expertenkritik (Illich 1979; Kling-Kirchner 1989) entstand, zunächst nur sehr schwach und auf die USA bezogen, das sogenannte Independent Living Movement. Sie entwickelte sich schon in den 1960er Jahren aus einer Initiative des körperbehinderten Studenten Ed Roberts und mehrerer seiner Kommilitonen/Kommilitoninnen an der Berkeley-University in Kalifornien, die sich für die Idee eines autonomen Wohnens behinderter Studierender in der Gemeinde stark machten und hierzu auch erste konzeptionelle Ideen entwickelten (Miles-Paul 1992).

Die Idee eines „Unabhängigen Lebens" entspringt deshalb auch z. T. einer Kritik an professioneller, fürsorglicher Hilfe, die gerade Menschen mit Behinderungen in ihrer Unabhängigkeit hemmt. Die wohl fundamentalste Kritik hierzu stammt von Ivan Illich, der in seinen Publikationen zur Expertendominanz das professionelle Helfersystem – und allen voran die Medizin als die Profession schlechthin – in seinen Grundsätzen kritisiert. So klagte Illich (1979) die Experten in psychosozialen bzw. helfenden Berufen an, sich gegenüber den ihnen anvertrauten oder hilfesuchenden Klienten insofern unprofessionell zu verhalten, als dass sie ihre Expertenmacht unverhältnismäßig einsetzten bzw. sich über die Gefahren eines daraus resultierenden Abhängigkeitsverhältnisses nicht ausreichend im Klaren seien.

Illich verlangte die „Entlarvung des elitären Expertenethos" und die Aufarbeitung der bis dahin „entmündigenden Expertenherrschaft", die den Weg bereiten würden „zur freien Entfaltung nichthierarchischer, aus der Gemeinschaft hervorgegangener Kompetenz" (Illich 1979, 7).

Ergänzend dazu liegt Illich richtig, wenn er behauptet, dass diese Rollenzuweisung durch eine allzu schnelle und willfährige Rollenübernahme der Betroffenen ergänzt und somit erleichtert wird: „Die Experten konnten erst dann ihre dominierende Stellung erreichen und ihre entmündigende Funktion ausüben, als die Menschen bereit waren, tatsächlich als Mangel zu empfinden, was der Experte ihnen als Bedürfnis dekretiert" (Illich 1979, 21).

Dieser von Illich als „homo consumentis" bezeichnete Klienten-Typ kann durch Befunde aus anderen Modellen wie z. B. der „Erlernten Hilflosigkeit" (Seligman 1999) oder anderen kognitiv-psychologischen Modellen in Bezug auf Bewältigungsmuster (z. B. Antonovsky 1997) unterstützt werden.

Die Independent-Living-Bewegung traf sich also in dieser Hinsicht mit einem auch von Professionellen empfundenen Mangel an pädagogischer Orientierung hin auf die Selbstständigkeit der Hilfesuchenden, die später im Zuge der Empowerment-Theorie als Ressource aufgegriffen und zum Leitziel auch Sozialer Arbeit gemacht wurde (Herriger 1997; Theunissen 2007).

Mittlerweile haben sich in den USA viele sogenannte Independent-Living-Center gebildet, die Beratung und Unterstützung jenseits wohlfahrtsstaatlicher Programme anbieten und politisch aktiv werden (z. B. in der erfolgreichen Forderung nach einem Antidiskriminierungsgesetz). In Deutschland ist diese Entwicklung etwas zögerlicher, aber dennoch fast parallel verlaufen: Beginnend mit dem „Club 68", der in Hamburg 1968 gegründet wurde, und der bundesweiten „Krüppelbewegung" setzten sich fortan immer mehr Organisationen gegen Diskriminierung, Benachteiligung und schlechte Versorgung von Menschen mit Behinderungen ein. Einen vorläufigen Höhepunkt bildete der 1982 in München durchgeführte internationale Fachkongress, auf dem sich Betroffene und Fachleute das erste Mal über Realisierungsmöglichkeiten der Independent-Living-Bewegung und von Assistenz-Modellen austauschten.

Neben den körperlich und sinnesbehinderten Menschen, die sich in der Independent-Living-Bewegung zuerst zusammenschlossen, gab es schon früh, wenn auch nicht so durchschlagend, eine eigenständige Bewegung von Menschen mit geistiger Behinderung. Diese als Self-Advocacy oder auch People First bekannt gewordenen Organisationen entstammen letztlich derselben Motivation, nämlich eine Selbstvertretungsorganisation zu gründen, deren Ziel es ist, die bevormundende professionelle Dominanz zu kritisieren und ihr demgegenüber einen durch Selbstbestimmung charakterisierten Umgang der eigenen Behinderung entgegenzusetzen.

Die ebenfalls ursprünglich aus den USA stammende Bewegung, deren erste Gruppen sich in einzelnen Bundesstaaten (Oregon, Nebraska) zusammenfanden, kann mittlerweile auf ein Netz von ca. 743 Gruppen in 48 Staaten der USA und insgesamt ca. 17 000 Mitglieder bauen. In Europa hat die Verbreitung dieser Gruppen erst viel später begonnen, dort zunächst in den skandinavischen Ländern. Mittlerweile ist die europäische Vereinigung People First auf einer internationalen Konferenz in Göteborg (Schweden) 2007 gegründet worden.

In Deutschland existieren seit Mitte der 1990er Jahren erste Gruppen und seit 2001 die Dachorganisation „Mensch zuerst – Netzwerk People First Deutschland e.V.", der zurzeit bundesweit ca. 22 Gruppen angeschlossen sind (http://www.people1.de/wer_gruppen.html).

Neben den genannten Organisationen sind auch noch die Bundesarbeitsgemeinschaft Selbsthilfe von Menschen mit Behinderungen (http://www.bag-selbsthilfe.de), die 95 behinderungsspezifische Gruppen unter ihrem Dach vereint, sowie die „Bundesarbeitsgemeinschaft der Clubs Behinderter und ihrer Freunde" (http://bagcbf.de) mit 51 Gruppen zu erwähnen.

Zwei Konzepte der Selbsthilfebewegung, nämlich Peer Counseling und Peer Support, sollen hier noch unter methodischen Gesichtspunkten erläutert werden. Peer Counseling grenzt sich insofern von Peer Support ab, als Letzteres in einem umfassenderen Sinne Unterstützung, informelle Hilfe, allgemeine Informationen und Ratschläge enthält, also genereller ist, während Peer Counseling eine strukturierte Methode ist.

Aus diesem Grund ist Peer Support als eine Unterstützung von Betroffenen gegenüber Betroffenen oder von Gleichen zu Gleichen zu verstehen. Es entspricht am ehesten dem Laienhandeln, wie es von der Sozialen Arbeit mit ihren professionellen Methoden abgegrenzt wird. Peer Support stellt mehr eine alltägliche, lebensweltliche und daher integrative Form der Unterstützung dar, wohingegen Peer Counseling an ein bestimmtes Setting gekoppelt ist.

Peter van Kan (1999) hat die Methode umfassend beschrieben und sie als die pädagogische Methode der Selbstbestimmt-Leben-Bewegung bezeichnet. Peer Counseling basiert theoretisch auf dem Empowerment-Konzept und lehnt sich methodisch eng an die personenzentrierte Gesprächsführung nach Rogers an. Deshalb gehören auch eine nicht direktive Gesprächsführung sowie ein humanistisches Verständnis von Ressourcen zu den Grundannahmen. So werden die Ratsuchenden als Menschen betrachtet, die selbst dazu in der Lage sind, Probleme zu lösen, jedoch ein Gegenüber benötigen, um die Probleme zu verstehen und mit ihnen umgehen zu können. Folgende Elemente bestimmen die Methode: „Aktives Zuhören", „Gemeinsame Erarbeitung von Problemlösungsstrategien", „Planung der Hilfs- und Unterstützungsangebote", „Herstellung eines Körperbewusstsein" und „Förderung des Persönlichen Wachsens".

3.4.4   Assistenzmodell

„Vom Betreuer zum Begleiter – Eine Neuorientierung unter dem Paradigma der Selbstbestimmung" so titelten 1998 Hähner et al. und versammelten damit zum ersten Mal verschiedenste Beiträge von Professionellen und Betroffenen in einem Band, der die Selbstbestimmung als wesentliches Merkmal der Behindertenhilfe festschrieb.

Statt Begleiter wird nunmehr häufig von „Persönlicher Assistenz" gesprochen (Weber 2002). Die Assistenz stellt eine Form der persönlichen Hilfe dar, die theoretisch alle Möglichkeiten alltäglicher Hilfe- und Unterstützungsleistungen umfasst und die behinderten Menschen einen selbstbestimmten Alltagsablauf und eine gleichberechtigte Teilhabe an für sie wichtigen gesellschaftlichen Lebensbereichen ermöglichen sollen.

„Sie zielen im Kern übereinstimmend auf eine Überwindung der tradierten Institutionsorientierung, der Orientierung an Defiziten der behinderten Menschen und am Förderprinzip sowie der Expertenmacht zugunsten von begleitender Unterstützung" (Windisch 2004).

Windisch (2004, 65) unterscheidet dabei vier Formen der Assistenz: direkte oder persönliche Assistenz, indirekte Assistenz, Assistenz durch ambulante Dienste mit Orientierung an den Maßstäben persönlicher Assistenz und Hilfe durch Professionelle mit Orientierung am Selbstbestimmungsprinzip.

Von Letzterer, also der üblichen Hilfe durch Professionelle mit Orientierung am Selbstbestimmungsprinzip, einmal abgesehen, sind vor allem als zukünftige Entwicklungen die anderen drei Modelle interessant, da diese i. d. R. ohne einen pädagogischen Impetus auskommen. Allerdings sollte man die Bedeutung professioneller und pädagogischer Hilfen nicht unterschätzen. Wenn sie sich am Selbstbestimmungsmodell oder dem Empowerment orientieren, dann können sie einen wertvollen Beitrag zu einem integrativen Modell der persönlichen Assistenz liefern.

Bei der direkten, indirekten und der Assistenz durch ambulante Dienste liegt anders als in der professionell-pädagogischen Form die vollständige Regie der Hilfe beim behinderten Menschen selbst. Regie bedeutet in diesem Zusammenhang die Möglichkeit und Fähigkeit, die Anleitungs-, Organisations- und Personalkompetenz zu besitzen, jemanden als Assistenz nicht nur zu nutzen, sondern ihn auch anzuleiten. Viele der seit ca. Mitte der 1990er Jahre existierenden Modelle von körper- und / oder sinnesbehinderten Menschen dieser Art organisieren sich in der Regel als Arbeitgeber- oder Assistenzgenossenschaftsmodelle (Gleiss 2000).

Im Idealfall heißt das, dass die Assistenznehmer selbst Personal auswählen (Personalkompetenz), die Assistenten / Assistentinnen selbst anleiten und einlernen (Anleitungskompetenz), den Einsatz organisieren (Organisationskompetenz) und die finanziellen Mittel zur Entlohnung der Assistenten / Assistentinnen selbst disponieren (Finanzkompetenz) (Frevert 2000).

Assistenzgenossenschaften bestehen in verschiedenen deutschen Großstädten, z. B. in Hamburg (http://www.hageg.de).

Übungen zu Kap. 3.4

37. Verständnisfrage: Beschreiben Sie die unter dem Leitbild „Community-Care" subsumierten aktuellen Forderungen an die Behindertenhilfe!

38. Diskussions- / Reflexionsfrage: Welche Bedeutung kann das Leitbild „Community-Care" angesichts der zunehmenden Forderung nach Selbstbestimmung und den wachsenden Ausgaben der Eingliederungshilfe für die Teilhabeförderung behinderte Menschen haben?

Kniel/Windisch (2005): People First
Theunissen/Schirbort (2006) (Hrsg.): Inklusion von Menschen mit geistiger
    Behinderung

4 Professionelle Bestimmung und Konzepte der Sozialen Arbeit in der Behindertenhilfe

4.1 Gegenstand und Funktion der Sozialen Arbeit in der Behindertenhilfe: soziale Probleme als Ausgangspunkt

Der Unterschied zwischen der Sozialen Arbeit und anderen Professionen in der Behindertenhilfe besteht u. a. in der Konzentration auf Soziale Probleme. Diese sind der Gegenstand der Sozialen Arbeit mit behinderten Menschen und die Funktion der Sozialen Arbeit besteht in der Herstellung von Inklusion.

Wie bereits im Kapitel 2 „Grundlagen der Sozialen Arbeit" beschrieben, setzt sich die Soziale Arbeit mit sozialen Problemen als Konglomerat von mangelnder materieller Existenzsicherung und Lebensbewältigungsproblemen zusammen. Deshalb wird meines Erachtens auch ein integratives Modell Sozialer Arbeit benötigt, welches gleichermaßen individuelle und soziale Einflüsse aus der Umwelt berücksichtigt. Der klassisch sozialpädagogische Zugang zur Lebenswelt der Menschen vor dem Hintergrund ihrer Lebensführung korrespondiert dabei mit dem klassisch sozialarbeiterischen Zugang zur Lebenswelt der Menschen vor dem Hintergrund sozialer Gerechtigkeit.

Gerade auch im Bereich der Arbeit mit Menschen mit Behinderungen finden wir diese beiden Seiten der Medaille wieder. So besteht Soziale Arbeit hier immer in der Förderung des Einzelnen und seiner Befähigung zu einer besseren und gelingenderen Vermittlung seiner Bedürfnisse mit den Anforderungen der Umwelt, etwa im Bereich von Beschäftigung und Arbeit, und gleichzeitig der Beeinflussung der Umweltkomponenten Familie, Nachbarschaft, Institutionen, Gemeinwesen und Gesellschaft mit dem Ziel des Abbaus von Barrieren.

Soziale Arbeit ist daher im Handlungsfeld der Behindertenhilfe ein Inklusionshandeln par excellence. Und wenn Inklusion erfolgreich sein will, dann ist meines Erachtens die Soziale Arbeit gefordert, mit den Betroffenen zusammen an deren „Daseinsmächtigkeit" (Gronemeyer 1988) zu arbeiten. Daseinsmächtigkeit besteht darin,

a) ausreichend ökonomische und ökologische Mittel zur Verfügung zu haben, um den eigenen „oikos" (gr. Haushalt) besorgen zu können (soziomaterielle Lage),

b) anstehende Entwicklungsaufgaben mithilfe relevanter Bezugspersonen meistern zu können (Entwicklung) und

c) innerhalb relevanter Lebensbereiche entsprechende Rollen ausüben zu können (Integration).

Dies wäre dann als Empowerment im Sinne von Selbstbefähigung, aber auch Selbstbemächtigung zu verstehen, ein Zusammenhang; der in der Diskussion um Empowerment zu häufig zugunsten der individuellen Selbstbefähigung vernachlässigt wird. Zum Empowerment und damit auch zur Inklusion in eine Gesellschaft gehört nämlich sowohl die individuelle Daseinsbewältigung oder besser Daseinsgestaltung als auch die kollektive Daseinsgestaltung durch Veränderung und Anpassung der strukturellen Gegebenheiten. Wie sehr gerade Letzteres im Bereich der Behindertenhilfe greift, zeigt sich in der Diskussion um die Barrierefreiheit an Gebäuden, aber auch im Bereich der elektronischen Medien. Doch wie mithilfe der ICF eben auch gefordert wird, die Umweltfaktoren zu berücksichtigen, so ist dort auch der individuelle Aspekt der Daseinsmächtigkeit enthalten.

Die besondere Expertise der Profession Soziale Arbeit besteht sicherlich darin, die Zusammenhänge zwischen Individuen und Umwelt (Gesellschaft) oder anders: zwischen dem Psychosomatischen und dem Sozialen analysieren, verstehen und darin kompetent handeln zu können. Fast keine andere Profession kann dies in einer so hervorragenden Weise wie die Soziale Arbeit, ihr generalistisches Handeln sollte deshalb auch in Zukunft ihr Markenzeichen bleiben.

Eine gelingende Hilfe durch die Soziale Arbeit, hier verstanden als Hilfe zur Lebensführung, kann daher erst im Gleichschritt von einzelfall- oder personenbezogenen und strukturellen Hilfen zur sozialen Sicherung erreicht werden. Auf diese Weise kann Soziale Arbeit zu einer wirkungsvollen Hilfe für Menschen werden, die einerseits von Exklusion bedroht, andererseits aber auch über „Menschenstärken" (Herriger 2006) verfügen und durch professionelle Hilfe begleitet und unterstützt werden müssen.

Versteht man spezifische Problemlagen behinderter Menschen nicht nur als Inklusions- oder Integrationsfragen, sondern auch als soziale Probleme, so ergeben sich diverse Ansätze für die Soziale Arbeit. In Ergänzung hierzu schlägt Hey (2004) vor, im systemtheoretischen

Sinne (nach Luhmann) einen binären Code zur Kennzeichnung des Funktionsbereiches Soziale Arbeit zu nutzen, den er als „soziale Desintegration / soziale Integration" bezeichnet. Mit dieser Formel wäre dann dem o. g. entsprochen, allerdings unter Verlust des Blickwinkels „soziale Probleme". Es ließen sich somit zielgruppenspezifische Handlungsansätze der Sozialen Arbeit als Wissenschaft und Profession verzeichnen, die das bisherige professionelle Spektrum von Heil- und Sonderpädagogik um eine soziale Dimension bereichern würden.

Was ist das Soziale? Die soziale Dimension, die hier als Gegenstand der professionellen Sozialen Arbeit konturiert wird, lässt sich in folgende Bereiche auffächern:

- soziales Netzwerk und soziale Unterstützung,
- soziale Integration,
- sozioökonomische Lage,
- biopsychosoziale Bewältigung und Befindlichkeit.

So thematisieren verschiedene Autoren im Sammelband von Wüllenweber (2004) denn auch soziale Probleme von Kindern, Jugendlichen und Erwachsenen in den fünf Themenfeldern „Geschlecht, Sexualität, Partnerschaft", „Einsamkeit und Ablösung von den Eltern", „Gewalt und Delinquenz", „Gesundheit und Behinderung" sowie „Stigmatisierung, Fremdbestimmung und Ausgrenzung". Sie gehen damit weit über die üblichen Gegenstandsinhalte der Behindertenpädagogik hinaus.

Begriff und Verständnis von „sozialen Problemen" gehen von überindividuellen Phänomenen aus, welche eng mit einer gesellschaftlichen Perspektive verbunden sind. Soziale Probleme sind dann entweder durch gesellschaftliche Prozesse verursacht und / oder haben Auswirkungen auf die gesellschaftliche Position der Individuen.

Wüllenweber und Ruhnau-Wüllenweber (2006, 13) sprechen in diesem Zusammenhang von zwei grundlegenden Ebenen: Zum Ersten davon, dass erst „wenn eine Problematik nicht vornehmlich individuell, z. B. aus der Lebensgeschichte und der Lebenslage, verstehbar wird, sondern auf interindividuelle und gesellschaftliche Faktoren und Ungleichgewichte verweist, … von einem sozialen Problem gesprochen werden" soll.

Dieser Definition kann aus sozialarbeitswissenschaftlichen Gesichtspunkten heraus nur eingeschränkt zugestimmt werden. Denn aufgrund der besonderen Expertise der Sozialen Arbeit für die Zusammenhänge zwischen Person und Umwelt bzw. Individuum und Gesellschaft kann durchaus von einer Definition sozialer Probleme ausgegangen werden, die sowohl die gesellschaftliche als auch die individuelle Genese sozialer Probleme thematisiert und bearbeitet.

Diesem Einwand entsprechen dann Wüllenweber und Ruhnau-Wüllenweber (2004, 13) in der Darstellung der zweiten Ebene, indem postuliert wird, dass soziale Probleme „der Intervention auf individueller sowie auf sozialer und gesellschaftlicher Ebene, d. h. einer Vernetzung der Handlungsebenen" bedürfen. Der Zusammenhang von sozialen Problemen und Behinderung wird von Wüllenweber und Ruhnau-Wüllenweber (2006, 15) wie folgt verstanden:

- Behinderung selbst ist aus Gründen einer fehlenden Passung zwischen „Möglichkeiten des Individuums und der Struktur und den Erwartungen seiner Umgebung" als soziales Problem aufzufassen. Über den Begriff der Barrierefreiheit hinaus stehen hier vor allem die Termini Problem (Behinderung) und Ressource (individuelle, soziale und kulturelle) im Vordergrund.
- Behinderte Menschen haben selbst weiter gehende soziale Probleme, d. h. von der Behinderung differente und von ihr z. T. unabhängige Probleme wie Alkoholismus oder Gewalt.

Nach Wendt (1994, 4) wird mit der Sozialen Arbeit „ein Aufgabenbereich bezeichnet, der sich in der Gesellschaft zur Bewältigung von solchen sozialen Problemen herangebildet hat, die in Form von konkreter Hilfsbedürftigkeit und in Notständen einzelner Menschen und Gruppen" auftreten. Dieser Blickwinkel fokussiert also das konkrete Leiden von Menschen an sozialen Problemen, die jedoch individuell bzw. pro Familie oder Kleingruppe spezifische Auswirkungen haben.

Damit wird auch dem Umstand Rechnung getragen, dass die Soziale Arbeit als eine Handlungsform zwar der Sozialpolitik im Allgemeinen zugeordnet werden kann, auf der anderen Seite jedoch auch durch ein spezifisches, autonomes Handeln gekennzeichnet ist, das sich nicht direkt aus der sozialpolitischen Intention der Lösung sozialer Probleme im großen Maßstab (etwa durch Sozialversicherungen, Sozialhilfe usw.) ableiten lässt.

Neben einem solchermaßen eher sozialarbeitswissenschaftlichen Zugang, auf den im Kapitel 4.2.2 mit der Theorie sozialer Probleme von Staub-Bernasconi noch vertiefter eingegangen wird, beschäftigt sich die Soziologie schon seit Beginn des 20. Jahrhunderts mit der Frage der sozialen Probleme. So zeigt Peters (2002), dass es in der

Soziologie eine fortwährende Auseinandersetzung darum gibt, ob sich soziale Probleme subjektivistisch oder objektivistisch (oder durch beides) erklären lassen. Subjektivistische oder auch konstruktivistische Ansätze gehen dabei davon aus, dass sich soziale Probleme nur über den gesellschaftlichen Definitionsvorgang bestimmter sozialer Sachverhalte zu Problemen verstehen lassen. Objektivistische Ansätze dagegen plädieren für die Annahme einer ontologischen Realität sozialer Probleme. Da diese Frage nicht endgültig für die eine oder andere Seite entschieden wird, schlägt Peters (2002, 40) unter Bezug auf Schetsche vor, von einem objektivistisch-konstruktivistischen Kontinuum auszugehen, wenngleich er sich selbst zu den definitionstheoretisch-konstruktivistischen Vertretern zählt.

Dem in der Soziologie noch unentschiedenen Disput darüber, ob soziale Probleme materialistisch und somit gegenstandsnah oder eher konstruktivistisch, d.h. interpretationsabhängig, seien, kann an dieser Stelle insofern entsprochen werden, als vorläufig davon ausgegangen werden muss, dass zwar nicht alles zu einem sozialen Problem durch Interpretation werden kann, jedoch vieles, was als soziales Problem vorkommt, stark von der öffentlichen Wahrnehmung abhängt.

Die als zweite Definitionsvariante von Wüllenweber und Ruhnau-Wüllenweber hervorgehobene gleichzeitige Bestimmung sozialer Probleme als individuell und gesellschaftlich relevanten Problemen entspricht dem Verständnis sozialer Probleme durch Staub-Bernasconi (2007) mit der Auffächerung in Ausstattungs-, Austausch-, Macht- und Kriterienprobleme.

Wenn Soziale Arbeit als Expertise von individuellen Problem-, Ressourcen- und Bewältigungsmustern und den gesellschaftlichen Umweltbedingungen verstanden wird, die entweder verursachend oder verstärkend Probleme erzeugen bzw. nicht kompensierend Ressourcen und Bewältigungsmöglichkeiten zur Verfügung stellen, dann ergeben sich daraus für die Soziale Arbeit mit behinderten Menschen bestimmte Aufgaben, die in den Kapiteln 4.2 und 4.3 je einzeln anhand theoretischer Zugänge und methodischer Ansätze begründet werden sollen.

Dass die damit vollzogene fachwissenschaftliche Abgrenzung z.T. quer zu den bisherigen Einsatzgebieten von Sozialarbeitern/-arbeiterinnen/Sozialpädagogen/-pädagoginnen in der Behindertenhilfe liegt, etwa deren Einsatz im Wohngruppendienst, in der Arbeitsassistenz oder auch in der Frühförderung, ist mir durchaus bewusst. Allerdings begründet sich dadurch in keinster Weise die besondere Fachlichkeit in der Behindertenhilfe. Vielmehr spiegelt sich darin nur das institutionelle

Arbeitsplatzangebot bzw. die persönlich vorgenommene Arbeitsplatz-
wahl wider, ohne hinlänglich die professionellen Differenzen etwa zwischen (Heil-)Erziehern, Heilpädagoginnen oder Sozialpädagoginnen zu
berücksichtigen.

Die professionelle Expertise besteht nämlich nicht in der heilpädagogischen oder (heil-)erzieherischen Domäne einer personenbezogenen Förderung, Erziehung und Bildung von Menschen, sondern vielmehr in der Bearbeitung von Behinderung als sozialem Problem bzw.
weiteren sozialen Problemen von behinderten Menschen.

Es wird mit diesem Vorschlag das Interesse daran verbunden, die
lebensweltlich und individuell wirksamen Einflüsse miteinander zu
verbinden, wie es auch die reflexiv-ökologische Grundlegung der Heilpädagogik im Ansatz von Speck versucht: „Im Vordergrund der Erklä-
rungsversuche steht also nicht die Behinderung schlechthin, sondern
der Mensch mit seinen speziellen Erziehungsbedürfnissen in seiner
Lebenswelt. Daraus ergibt sich der Entwurf eines ökologischen Ansatzes
der Heilpädagogik" (Speck 1991, 14).

In einer späteren Auflage (2008, 263 ff) werden von Speck die
Begriffe Erziehung und Lebenswelt dann in ein komplexes, systemisch-
ökologisches Verhältnis gebracht. Allerdings verbleibt der Ansatz im
Heilpädagogischen, ohne die sozialpädagogische / sozialarbeiterische
Aufgabe aufzunehmen.

Dass sich in diesen beiden Bereichen, dem des Individuums und der
Umwelt, spezifische soziale Probleme von Behinderung finden lassen,
darauf verweisen u. a. die Beiträge in Wüllenweber (2004). Darüber
hinaus sind Probleme des sozialen Netzwerkes in diversen empirischen
Studien mit dem Ergebnis beschrieben, dass sich die sozialen Netzwerke von behinderten Menschen sowohl in ihrer Größe (sie sind eher
kleiner als bei nicht behinderten) als auch in ihrer Zusammensetzung
(sie sind eher von Beziehungen zu professionellen bzw. ebenfalls behinderten Menschen gekennzeichnet) als problematisch herausstellen (vgl.
Kapitel 3.3.7). Gleiches gilt für die soziale Integration, die in vielen
Lebensbereichen (Wohnen in Wohnheimen, gemeindenahen, aber nicht
gemeindeintegrativen Wohngruppen; Arbeiten in Werkstätten für behinderte Menschen statt auf dem allgemeinen Arbeitsmarkt usw.) nicht
hinreichend gegeben ist. Noch deutlicher wird dies, wenn man den
Begriff der Integration durch den der Inklusion ersetzt, der eher präventiv von einer Nichtaussonderung ausgeht (vgl. Kapitel 3.2.4). Auch die
sozioökonomische Lage von behinderten Menschen ist häufig problematisch, wie die Ausführungen in Kapitel 3.3.6 zeigten. Schließlich

ergeben sich problematische Muster auch im Bereich der biopsychosozialen Befindlichkeit und des Bewältigungsvermögens behinderter Menschen, u. a. hervorgerufen durch Prozesse der erlernten Hilflosigkeit (Seligman 1999) und der Hospitalisierung, die vor allem bis zu der Auflösung der großen Anstalten und Heime in den 1980er und 1990er Jahren sehr stark auf die biografischen Erfahrungen von behinderten Menschen einwirkten. Aber auch in heutigen Versorgungssystemen sind – trotz Forderungen nach Selbstbestimmung und Empowerment – Strukturen wirksam, die eine weitere Entwicklung von behinderten Menschen und den Erwerb angemessener, zur Alltags- und Lebensbewältigung notwendiger Kompetenzen erschweren oder behindern.

Übungen zu Kap. 4.1

39. Verständnisfrage: Wie werden soziale Probleme in der Sozialen Arbeit verstanden und welche sozialen Probleme kann man im Zusammenhang mit Behinderung feststellen?
40. Diskussions-/Reflexionsfrage: Welchen anderen Leitkonzepten, z. B. der Sonder- oder Heilpädagogik, steht die Soziale Arbeit damit gegenüber und wie ist deren Verhältnis zueinander?

Wüllenweber (Hrsg.) (2004): Soziale Probleme von Menschen mit geistiger Behinderung
Peters (2002): Soziale Probleme und Soziale Kontrolle

4.2 Theorien der Sozialen Arbeit

Die folgenden Ausführungen widmen sich der handlungstheoretischen Grundlegung einer Sozialen Arbeit im Allgemeinen und in der Behindertenarbeit im Besonderen. Handlungstheorien eröffnen auf einer theoretischen Basis mehr oder weniger direkt Möglichkeiten eines Anschlusses methodischer Überlegungen, d. h. relativ konkreter Handlungsanweisungen. Die jeweiligen Handlungstheorien werden im Folgenden dargestellt und auf ihre Bedeutung für die Behindertenhilfe hin untersucht.

4.2.1   Sozialökologie

Die Sozialökologie ist eine der ältesten Zentraltheorien. Sie kann sowohl zur Professionsbestimmung Sozialer Arbeit als transaktionale Intervention zwischen Person und Umwelt als auch als Rahmen für das Verständnis in der Entstehung sozialer Probleme dienen. Sie wird im Folgenden vor allem in Bezug auf letztere Variante beschrieben und erläutert.

Die sozialökologische Theorie hat eine lange Tradition in der Sozialen Arbeit. Lange bevor sie von Urie Bronfenbrenner (1981) für die Entwicklungspsychologie erschlossen wurde, war einzelnen Pionierinnen der Sozialen Arbeit (Alice Salomon, Jane Addams und Mary Richmond) schon Ende des 19./Anfang des 20. Jahrhunderts, allen voran der sogenannten Settlement-Bewegung, der enge Zusammenhang von Menschen und ihrer Umwelt bekannt.

Weitere disziplinäre Überschneidungen gibt es mit der sozialökologisch zu verstehenden Chicagoer Schule der Soziologie (Robert Park, Ernest Burgess, George Herbert Mead), die bis in die Mitte des letzten Jahrhunderts einen großen Einfluss auf die Soziologie hatte. Ausgangspunkt ist hierbei der symbolische Interaktionismus, dessen Grundlage wiederum die Annahme bildet, menschliche Entwicklung in stammesgeschichtlicher wie individueller Weise verlaufe entlang menschlicher Kommunikation mittels signifikanter Symbole. Typisch für diese Theorierichtung sind Studien zum Zusammenhang von menschlichem Verhalten und sozialräumlichen Strukturen von Stadtteilen, Infrastruktur, ethnografischer Bevölkerungszusammensetzung u. a. m.

Die sozialökologische Theorie in der Sozialen Arbeit wurde in Deutschland spätestens mit Wolf Rainer Wendt Teil des disziplinären Diskurses. „Ökosozial denken und handeln", so lautete der Buchtitel des 1990 erschienen Werkes, in dem der Versuch unternommen wird, die ökologische Sichtweise, die z. T. inhaltliche Überschneidungen mit der Systemtheorie aufweist, für die Soziale Arbeit zu erschließen: „Die Soziale Arbeit erledigt innen, wofür außen der Umweltschutz da sein soll" (Wendt 1990, 22).

Zentrale Grundannahme der sozialökologischen Theorie ist die Annahme einer engen (transaktionalen) Wechselwirkung zwischen der Entwicklung von Menschen und ihrer Umwelt. Dabei werden sowohl die positiven Wechselwirkungen (gute Entwicklung der Person durch Einpassung in eine förderliche Umgebung) als auch die negativen

Wechselwirkungen (Gefährdung der individuellen Lebensbewältigung durch soziale Risiken) beschreibbar (Wendt 1990, 7).

Der Begriff „oikos" (gr. Haushalt) gewinnt dabei für Wendt ebenfalls eine grundlegende Bedeutung, da sich Haushalten als individuelle Kompetenz und gleichzeitig von Umweltvariablen (Austausch mit Gütern, sozialem Kontakt usw.) beeinflusst verstehen lässt. Der „ökologische Lebensvollzug" (Louis Lowy) nimmt dabei als Begriff eine ähnliche Funktion ein wie „Daseinsmächtigkeit" (vgl. Kapitel 4.1). Lowy, einer der ersten amerikanischen Theoretiker der Sozialen Arbeit, die sich auf die sozialökologische Theorie bezogen (weitere sind Germain/Gitterman 1999), beschreibt damit die Wechselbeziehungen zwischen einer handelnden Person und einem sie umgebenden Umfeld mit Handlungsbegrenzungen (Rollen und Normerwartungen) und Handlungsoptionen.

„Wenn die Umwelt eines Menschen und ihre oder seine Bedürfnisse, Fähigkeiten, Rechte und Wünsche schlecht aufeinander abgestimmt sind, werden wahrscheinlich die Entwicklung der Person und das Zusammenwirken ihrer Funktionen behindert und die Umwelt geschädigt werden. Ein Anpassungspotential ist gegeben, wenn die Umwelt Ressourcen und Erfahrungen, die ein Optimum für eine biologische, kognitive, sensorische, perzeptuelle, psychische und soziale menschliche Entwicklung garantiert, zur richtigen Zeit und in geeigneter Form bereithält" (Germain/Gitterman 1999, 9f).

Wendt (1990) nutzt zusätzlich die Begriffe der „Nische" und des „Eigensinns": Eine Nische sei „eine Anpassungsleistung, die eine produktive Lebensführung erlaubt" (52), zeitgleich wird eine produktive Lebensführung erst durch das Einrichten einer für das Individuum förderlichen und angepassten Umwelt möglich (53).

„Das selbstaktive, über seine Nische im Umfeld verfügende Subjekt bleibt nach eigener Disposition und Strategie der ihm verabreichten einzelnen Hilfeleistung grundsätzlich überlegen. Es nutzt die Unterstützung vielleicht zu seiner besseren Anpassung oder lässt die persönliche Hilfe, weil sie den eigenen Verfahren widerspricht, ins Leere laufen, missversteht sie auch, moderiert und verstärkt sie nach Kräften zu dem gewünschten Beistand" (67).

Deshalb fokussiert das sozialökologische Konzept auch den Eigensinn von Menschen, der die notwendigen Freiheiten zur Entwicklung eines eigenständigen Daseins besitzt. Des Weiteren sind „Ressource" sowie

„Bewältigung" wesentliche relevante Begriffe. Die „Bewältigung" – bei Böhnisch (2002) als Lebensbewältigung verstanden – findet sowohl unter Rückgriff auf individuelle als auch auf soziale Ressourcen statt und bildet einen aktiven Bewältigungsvorgang, der u. a. auch von den Interpretationsleistungen des Individuums abhängt (Lazarus / Folkman 1984).

Bewältigung ist dabei nicht nur als psychischer Vorgang zu verstehen, sondern enthält neben sogenannten Situationsmerkmalen auch soziale Merkmale: Auf die Bewältigung von Stress bzw. allgemeiner auf die Lebensbewältigung wirken mit Antonovsky (1997) sowohl generalisierte Widerstandsressourcen (Einkommen, Bildung, kulturelle Stabilität, soziale Netzwerke, Infrastruktur usw.) als auch eine psychologische Kompetenz, die bei Antonovsky Kohärenzsinn (sense of coherence) heißt, in der Psychologie jedoch auch unter anderen Begriffen bzw. in anderen Modellen bekannt ist (z. B. als Selbstwirksamkeitsüberzeugung bei Bandura), ein. Der Kohärenzsinn wird von Antonovsky als in drei Subkategorien aufgeteilt verstanden. Der „sense of comprehensibility" (Sinn für Verstehbarkeit), der „sense of manageability" (Sinn für Handhabbarkeit) und der „sense of meaningfulness" (Sinn für Bedeutsamkeit) bilden zusammen den Kohärenzsinn.

Der Ressourcenbegriff ist ebenfalls zentral für die sozialökologische Theorie der Sozialen Arbeit, da er sowohl die individuellen als auch die sozialen Umgebungsvariablen für menschliches Bewältigungsverhalten beinhaltet: Ressource als Quelle des Haushaltens und des Haushalts. „Ressourcen dienen als Existenzquellen der Herstellung und Wiederherstellung lebendigen Daseins, das seinerseits für die Pflege dieser Quellen aufzukommen hat" (Wendt 1990, 61) und sind nicht mehr in erster Linie wie in der Ökologie als natürliche Quellen zu verstehen, sondern stellen vor allem kulturalisierte Mittel dar, die moralisch begründet (Gerechtigkeitsprinzip) und sozialpolitisch ausgestattet (Verteilungsprinzip) werden.

Sowohl Wendt als auch Staub-Bernasconi bringen das Arbeitsprinzip der Ressourcenerschließung mit dem Konzept der Lebenslage zusammen, wie es bereits in Kapitel 3.2 beschrieben wurde.

„Ausgangspunkt für Ressourcenerschließung sind Lebenslagen, bei denen Erwerb und Teilhabe an den oben genannten Gütern durch Eigenleistung teilweise oder ganz ausgeschlossen sind oder bei denen dieser Zugang durch gesellschaftliche Machtstrukturen verunmöglicht wird" (Staub-Bernasconi 2001, 1507).

Was lässt sich hieraus nun systematisch für die Soziale Arbeit in der Behindertenhilfe schlussfolgern?

Selbstbestimmung bzw. Selbstständigkeit von Menschen mit Behinderung findet ihre Qualität in dem tatsächlichen Vollzug der Lebenspraxis mit mehr oder weniger professioneller und informeller sozialer Unterstützung. Die ökologischen Zusammenhänge bilden dabei – nicht erst seit der Erkenntnis eines biopsychosozialen Behinderungsmodells durch die WHO – einen bedeutsamen Rahmen für die Gestaltung dieser Lebenspraxis. Allerdings lassen sich mit der ICF nun das erste Mal analytisch die verschiedenen Umweltfaktoren in ihrem Einfluss beschreiben. Die Umwelt fördert und limitiert durch je unterschiedliche Bedingungen die Lebensqualität und Teilhabe behinderter Menschen. Die ICF führt folgende Bereiche als der Umweltmerkmale auf: Lernen und Wissensanwendung; allgemeine Aufgaben und Anforderungen; Kommunikation; Mobilität; Selbstversorgung; häusliches Leben; interpersonelle Interaktionen und Beziehungen; bedeutende Lebensbereiche; Gemeinschafts-, soziales und staatsbürgerliches Leben.

Gleichzeitig kann der vom sozialökologischen oder ökosozialen Ansatz der Sozialen Arbeit in die theoretische Diskussion eingebrachte besondere Wert von Eigensinn und ökosozialen Nischen für die Behindertenhilfe nicht hoch genug eingeschätzt werden. Verbindet sich mit ihm doch die Hoffnung, dass sich einerseits Eigensinnigkeit und Individualität ebenso fördern lassen und von einer gesellschaftlichen Akzeptanz getragen werden wie andererseits die für Inklusionsprozesse notwendigen Normen und Rollenerwartungen insbesondere funktionaler Systeme (z. B. Schule, Arbeitsmarkt) von Menschen mit Behinderungen zumindest teilweise erfüllt werden. Insbesondere die zunehmend wahrgenommene Bedeutung der sozialräumlichen Orientierung in der Behindertenhilfe (Beck/Franz 2007) weist die Notwendigkeit nach, sich in ökologischer Perspektive zu üben, um die Umweltbedingungen so zu gestalten, dass eine „relative Autonomie" von behinderten Menschen ermöglicht werden kann.

Da die ökosoziale Perspektive – obwohl sie durchaus sehr lohnenswerte analytische Begriffe (Nische, Ressource, Haushalt) enthält – in der deutschen Sozialarbeitswissenschaft wenig Berücksichtigung erfahren hat, möchte ich im weiteren die systemische Soziale Arbeit vorstellen, die allerdings einige grundlegende Prämissen des ökosozialen Ansatzes (Ressourcen, Transaktionen zwischen Person und Umwelt usw.) aufnimmt.

Übungen zu Kap. 4.2.1

41. Verständnisfrage: Worin besteht die besondere Perspektive der Sozialökologie im Hinblick auf das menschliche Dasein und seine Probleme?
42. Diskussions-/Reflexionsfrage: Beschreiben Sie die inhaltliche Nähe zur prozessual-systemischen Theorie Sozialer Arbeit durch die Zürcher Schule.

Germain/Gitterman (1999): Praktische Sozialarbeit
Wendt (1990): Ökosozial denken und handeln

4.2.2   Systemtheorien

Systemtheorien haben im 21. Jahrhundert die Bedeutung von Zentraltheorien mit einem hohen Innovationspotenzial in verschiedensten Wissenschaften errungen. Für die Soziale Arbeit sind neben familiensystemischen Ansätzen v. a. die Arbeiten von Niklas Luhmann und die von Silvia Staub-Bernasconi nutzbar gemacht worden. Sie sollen im Folgenden getrennt voneinander beschrieben werden.

Der Plural in der Überschrift soll darauf hindeuten, dass sich bezüglich der Systemtheorie immer von einer Mehrzahl verschiedener Ansätze ausgehen und deshalb semantisch und inhaltlich nicht von „einer" oder „der" Systemtheorie sprechen lässt.

Grundsätzlich sind drei verschiedene Richtungen zu unterscheiden, die für die Soziale Arbeit relevant sind. Es handelt sich dabei um

▨ die aus der systemischen Familientherapie entstandenen Annahmen, die sich insbesondere für die Beratung, aber auch darüber hinaus – vor allem in ihrem kommunikationstheoretischen Teil – auch für andere Bereiche nutzen lassen,
▨ die funktionale Systemtheorie nach Niklas Luhmann und ihre professionstheoretischen Anschluss-Theorien und
▨ die prozessual-systemische oder emergente Systemtheorie der Zürcher Schule.

Da sich in dieser Arbeit die facettenreichen Aspekte der erstgenannten Systemtheorie nicht gründlich genug darstellen lassen, werden von mir nur die letzten beiden Systemtheorien für die Soziale Arbeit in der Behindertenhilfe erschlossen. Familiensystemische Ansätze sind jedoch auch für die Arbeit mit behinderten Menschen von Bedeutung und werden im Rahmen der Familienhilfe gesondert dargestellt (Kap. 4.3.6).

Die funktionale Systemtheorie nach Luhmann und die emergente Systemtheorie nach Staub-Bernasconi werden hier auch nicht in ihren professionstheoretischen Konsequenzen dargestellt, sondern lediglich in Bezug auf ihre gesellschaftstheoretischen Annahmen. Einige Fragmente wurden bereits in den Kapiteln 3.2.4 und 4.1 angeführt. Sie sollen hier noch einmal zusammenhängend dargestellt werden.

Für beide Systemtheorien gilt, dass sie hier in Bezug auf die Soziale Arbeit mit behinderten Menschen hinsichtlich ihres theoretischen Gehalts zur Beantwortung der zentralen Fragen nach Selbstbestimmung und Inklusion, aber auch nach angemessener Förderung, Begleitung und Assistenz durch professionelle Fachkräfte untersucht werden sollen.

Systemtheorie nach Luhmann

Niklas Luhmann (1927–1998) hat mit seiner Systemtheorie wesentlichen Einfluss auf die Soziologie in ihrer gesellschaftstheoretischen Fassung ausgeübt. Luhmann selbst hat sich dabei von der strukturellen Systemtheorie Talcott Parsons und der „biologischen" Systemtheorie von Maturana/Varela (1997) inspirieren lassen. Gerade von Letzteren hat er zentrale Begriffe (Autopoiesis, strukturelle Kopplung) übernommen und sie mit einer strukturellen Sicht auf die Gesellschaft verbunden. Im Zentrum seiner vielfältigen Publikationen und seines theoretischen Verständnisses von Gesellschaft stehen folgende Annahmen:

Moderne Gesellschaften haben sich durch eine funktionelle Differenzierung im Zuge bestimmter Prozesse, z. B. der Arbeitsteilung, in verschiedenste Teilsysteme (z. B. Wirtschaft, Recht, Medizin, Schule usw.) differenziert. Diese erfüllen eine bestimmte Funktion für die Gesellschaft, indem sie selbstständig und gleichzeitig im Kontakt mit der Umwelt bestimmte Aufgaben erfüllen, etwa im Rechtssystem Recht sprechen und Gesetze anwenden.

Teilsysteme konstituieren sich „auf der Basis eines einheitlichen (selbstreferenziellen) Kommunikationszusammenhangs" (Luhmann 1988, 92), der dem Begriff der autopoietischen Kräfte des Systems entspricht. Autopoiese ist ein Modus, den die Biologen Maturana und Varela als das Grundprinzip von Lebewesen postulieren, mittels dessen sich das Lebewesen immer wieder selbst erschafft, selbst organisiert oder selbst strukturiert. Carl Rogers – der Begründer der Gesprächspsychotherapie in ihrer non-direktiven Ausrichtung – sprach, unabhängig von Luhmann oder Maturana und Varela, von der „Selbstaktualisierungsfähigkeit" des Menschen. Gleichzeitig sind die Teilsysteme über eine strukturelle Kopplung miteinander verbunden und können sich nur gemeinsam entwickeln, z. B. ist das Rechtssystem auf das Politiksystem in seiner gesetzgebenden Funktion angewiesen und das Politiksystem darauf, dass Gerichte und andere Justizsysteme die Gesetze anwenden.

Die Gesellschaft selbst existiert nur als Umwelt der verschiedenen Teilsysteme und wird von Luhmann als soziales System bezeichnet. Andere Systeme sind Maschinen, Organismen und psychische Systeme. Psychische Systeme sind die Bezeichnung für Menschen, die als Beobachter von Luhmann außerhalb der Gesellschaft gesehen werden. Sie stehen deshalb außerhalb der Gesellschaft, weil angenommen wird, dass die Gesellschaft nur aus Kommunikationen besteht. Kommunikation konstituiert damit die Struktur der Gesellschaft, bestehend aus Teilsystemen, immer wieder neu durch Inklusion und Exklusion in diese Teilsysteme. Inklusion meint die teilweise oder vorübergehende Inklusion in bestimmte Teilsysteme. Exklusion kennzeichnet dagegen den Ausschluss aus diesen Systemen, wobei Luhmann annimmt, dass sich Individuen hauptsächlich als Exklusionsindividuen verstehen lassen bzw. das Leben der Menschen durch „Exklusionsindividualität" geprägt ist: Sie sind zunächst nicht – wie in vormodernen Gesellschaften – qua Traditionen, Geschlecht oder sozialem Status automatisch in bestimmte Teilsysteme inkludiert, sondern müssen aktive, selbstständige Anpassungsleistungen vollziehen, um Teil eines Systems zu werden. Die daraus resultierenden Freiheitsgrade werden durch die Tatsache begleitet, dass die Gesellschaft nach Luhmann auch als eine Instanz fungiert, die durch Beobachtung ständig mittels Erwartungskollagen (der Erwartung bestimmter Rollen- oder Funktionenübernahmen durch das Individuum) überprüft, ob und inwieweit Menschen inkludiert sind.

Nach Luhmann wird die Entscheidung über Inklusion und Exklusion mittels eines sogenannten binären Codes vollzogen, der z. B. im Bereich der Medizin gesund/krank bzw. Gesundheit/Krankheit lautet. Ist jemand gesund, so ist er nicht Teil des Medizinsystems. Durch die ständige Beobachtung dieser Differenz gelangen die Systeme zu einer –

gestalttheoretisch gesprochen – Figur, die sich vor dem Hintergrund der Gesamtgesellschaft als eigenständige Form abbildet.

Psychische Systeme, also Menschen, sind zwar – theoretisch gedacht – nicht Teil der Gesellschaft, aber natürlich als empirische Wesen in Teilsystemen wiederzufinden. Daher nimmt Luhmann auch an, dass sich psychische und soziale Systeme gegenseitig irritieren, d.h. sich gegenseitig zur Entwicklung oder Anpassung anregen können.

Was lässt sich hieraus nun systematisch für die Soziale Arbeit in der Behindertenhilfe schlussfolgern?

Es lassen sich zwei Gedanken finden, die einer näheren Betrachtung wert sind. Zum einen handelt es sich um die Erwartungen der Teilsysteme an die Individuen. Geht man dabei davon aus, dass die Teilsysteme an Individuen bestimmte Erwartungen stellen, die sich mit den jeweiligen Anforderungen, die zur Inklusion in diese Systeme erfüllt sein müssen, decken, so stellt sich die Frage, wie behinderte Menschen diesen Erwartungen gerecht werden und damit ihre Inklusion sichern können. Des Weiteren handelt es sich um den Inklusionsbegriff selbst: Wenn Menschen als empirische Wesen existieren, dann – und nur dann – sind sie eben neben ihrer Anpassungsfähigkeit und ihren Rollen und Funktionen, die sie im Sinne einer zweckrationalen Sichtweise ausüben, immer auch als bedürfnis- oder wunschfähige Wesen zu verstehen; d.h., es kommt neben der funktionalen Seite des Individuums auch immer eine eigensinnige, non-funktionale Seite zum Tragen. Der Wert des Eigensinns liegt gerade darin – nicht nur psychologisch, sondern auch soziologisch gesprochen –, dass sich Entwicklungen auch seitens der Individuen initiieren lassen und Menschen ohne Eigensinnigkeit sich schnell in Konformismus, vielleicht sogar als neurotische Variante (Zwang), verlieren und darunter leiden bzw. erkranken. Die völlige Anpassung beispielsweise an ein bestimmtes Teilsystem würde zur Aufgabe der Individualität der Menschen führen und von ihnen nur noch konforme, den Funktionen des Teilsystems entsprechende Rollenausübung erwarten.

Dies ist für die Frage nach der Bedeutung von Sozialer Arbeit insofern aufzugreifen, als sich Soziale Arbeit natürlich um Normalisierung der gesellschaftlichen Teilhabe von Menschen mit Behinderungen kümmert, d.h., die Erwartungen an behinderte Menschen normalisiert, indem in den verschiedenen Lebensbereichen durch einen eher flexiblen Normalismus die Bedingungen für eine Teilhabe erst ermöglicht werden.

Auf der anderen Seite ist Soziale Arbeit auch immer in ihrer pädagogischen Variante darum bemüht, Menschen mithilfe des Erwerbs sozialer und kommunikativer Kompetenzen sowie alltagspraktischer Fähigkeiten den Verbleib in bestimmten Lebensbereichen (Arbeit, Wohnen
usw.) zu sichern, also einer eher protonormalistischen Auffassung von
Normalität zu folgen. Zusätzlich geht es jedoch auch darum, den Eigensinn von behinderten Menschen zu respektieren und ihm genügend
Raum zu verschaffen.

Soziale Arbeit ist also gleichermaßen individualisierend wie soziali-
sierend, d. h. nimmt die Impulse des Individuums in Richtung Freiheit,
Selbstbestimmung und Rechten ebenso wie die gesellschaftlichen Hinweise auf notwendige Anpassung an bestimmte Regeln und Funktions-
erwartungen auf. Insofern kann mithilfe der Luhmann'schen Systemtheorie durchaus davon ausgegangen werden, dass eine Inklusion in
Teilsysteme (etwa die Wirtschaft) davon abhängig ist, ob die von ihr
geforderten Anpassungsleistungen (z. B. ein bestimmtes Leistungspro-
fil) erwartet werden müssen. Dies zeigt sich u. a. an der geringen Über-
gangsquote von Menschen mit Behinderungen aus Werkstätten für
behinderte Menschen in den allgemeinen Arbeitsmarkt. Gleichzeitig ist
jedoch die Anpassungs- oder Funktionserwartung selbst Teil des sozialarbeiterischen Prozesses, indem etwa mit Arbeitgebern über Abweichungen von der Leistungsnorm verhandelt wird oder gleich geeig-
netere Arbeitsplätze gesucht werden.

Zusammenfassend kann gesagt werden, dass die Luhmann'sche Systemtheorie die Wirklichkeit der Inklusionsprozesse drastisch verdeutlicht, indem die Funktionsorientierung hier über die Bedürfnisorientierung gestellt wird. Deshalb benötigt man einen weiteren theoretischen
Blickwinkel auf die Soziale Arbeit mit behinderten Menschen, um diese
Begrenzung zu kompensieren.

Die emergente Systemtheorie

Die emergente Systemtheorie entsteht aufbauend auf der philosophischen Arbeit des Argentiniers Mario Bunge (*1919), der von der
sogenannten Zürcher Schule um Silvia Staub-Bernasconi, Werner
Obrecht und Kaspar Geiser aufgenommen und für die Soziale Arbeit
erschlossen wurde.

Diese Systemtheorie fußt im Wesentlichen auf folgenden Annahmen: Der Mensch ist ein biopsychosoziales Wesen, welches durch

Bedürftigkeit und Kompetenz gleichermaßen definiert ist. Bedürfnisse auf biologischer, biopsychischer und biopsychosozialer Ebene sind die Grundkategorien, mithilfe derer sich die weiteren Implikationen dieser Systemtheorie erschließen lassen. Obrecht hat hierzu eine Liste von Bedürfnissen erstellt (Staub-Bernasconi 2007, 172).

Unter Berufung auf den materialistischen Ansatz Bunges werden diese Bedürfnisse ebenso wie die Welt an sich als ontologische Tatsachen akzeptiert und nicht wie bei Luhmann erst konstruiert.

Staub-Bernasconi (2007, 160) stellt fest, dass „… alles, was existiert, ein System oder Teil eines Systems oder Interaktionsfeldes ist". Damit wird zwar eine ähnliche Position wie bei Luhmann bezogen, jedoch sind die daraus gezogenen Konsequenzen wesentlich andere. Ebenso nehmen die Vertreter dieser Systemtheorie auch an, dass sich auf allen Systemebenen (bio, psycho, sozial und auch gesellschaftlich bzw. kulturell) Selbstvereinigungs- und Selbstorganisationsprozesse als wirkende Kräfte finden lassen (161) und sich aus der Interaktion der einzelnen Teilsysteme eben eine Emergenz, ein Mehr ergibt, welches vorher nicht vorhanden war. „Generell gilt, dass die Systeme aus den Komponenten des oder der unteren Niveaus gebildet werden und auf der Basis ihrer Interaktionsprozesse entstanden sind. So sind beispielsweise die Komponenten des sozialen Systems Individuen." (162), womit der Annahme Luhmanns, soziale Systeme seien ohne psychische Systeme denkbar, widersprochen wird.

Neben der autopoietischen Kraft wird auch in der emergenten Systemtheorie davon ausgegangen, dass sich die Teilsysteme über „stabile Bindungen" (162) (bei Luhmann strukturelle Kopplungen) zu einer Struktur verbinden. Anders als Luhmann geht die emergente Systemtheorie allerdings davon aus, dass diese sich nicht nur mittels Kommunikation beschreiben lassen und damit konstruktivistisch sind, sondern durchaus auch aufgrund kausaler Gesetzmäßigkeiten und sich gegenseitig bedingender Prozesse entstehen.

Aus dieser Annahme einer feststellbaren Gesetzmäßigkeit schließt Staub-Bernasconi, dass sich Soziale Arbeit als Handlungswissenschaft auf den sogenannten transformativen Dreischritt (Staub-Bernasconi 2007, 252 ff) stützen kann. Dabei werden in einem ersten Schritt wissenschaftliche Erkenntnisse (z. B. aus Forschung) zur Kenntnis genommen und als nomologische Aussagen bzw. Theorien verstanden, d. h. deren Gesetzmäßigkeit anerkannt. Im zweiten Schritt werden aus diesen sogenannte nomopragmatische, also handlungstheoretische, Hypothesen gefolgert, die empirische Relevanz besitzen. Schließlich werden in einem dritten Schritt Handlungsleitlinien oder Regeln abgeleitet. Wenn diese dann noch mit ethischen Erwägungen konfrontiert und begründet werden, so ergibt sich nach Staub-Bernasconi die professionelle Vorgehensweise der Sozialen Arbeit.

Soziale Probleme können von dieser Variante der systemtheoretischen Betrachtung Sozialer Arbeit als Ausstattungs-, Austausch-, Macht- und Kriterienprobleme analysiert werden, die durch fehlende oder mangelnde Bedürfnisbefriedigung entstehen. Nach Staub-Bernasconi (2007, 183) führen bestimmte individuelle Ausstattungsmerkmale, z. B. eine Behinderung, eine geringe sozioökonomische Ausstattung, fehlende Erkenntniskompetenzen sowie problematische Selbst-, Fremd- oder Gesellschaftsbilder, fehlende Handlungskompetenzen und fehlende oder verhinderte soziale Mitgliedschaften, zu Austauschproblemen, da Menschen als Interaktions- und Tauschpartner zueinanderstehen und sich selbst und andere als gute oder schlechte Tauschpartner sehen. Diese nicht im Sinne einer einfachen Konsumtheorie verstandene Annahme führt dazu, dass Ungleichgewichte in der sozialen Anerkennung auf die fehlende Attraktivität als sozialer Tauschpartner zurückgeführt werden können. So entstehen aus einer Behinderung vielleicht unbefriedigende sexuell-erotische Beziehungen oder auch der Ausschluss von bestimmten Ressourcen, die man etwa über Erwerbsarbeit erhält, also einer bestimmten sozioökonomischen Ausstattung.

Aus einem dauerhaften oder starken Ausschluss durch sozial problematische Austauschbeziehungen entsteht dann schnell auch eine Machtproblematik in der Hinsicht, dass „Ohnmacht und Hilflosigkeit in Abhängigkeitsbeziehungen" (184) zunehmen, wenn die eigene Autonomie nicht durch eine ausreichende Ausstattung im o. g. Sinne erreicht werden kann. So kann die Behinderung zu einem „Mehr an Abhängigkeit" (Hahn 1999) führen und damit zu einem asymmetrischen Machtgefälle zwischen Helfendem und Betroffenem.

Auch soziale Regeln und Normen treffen Menschen mit geringer Ausstattung und damit Problemen in der Austauschbeziehung mit ihrer Umwelt stärker, da die normativen Erwartungen an Anpassung hier größer sind und es schwerer fällt, Eigensinn und plurale Lebensformen zu leben.

Als Methoden der Sozialen Arbeit schlägt Staub-Bernasconi (2007, 273 ff) dann analog zu den feststellbaren sozialen Problemen vor:

- Ressourcenerschließung,
- Bewusstseinsbildung,

- Modell-, Identitäts- und Kulturveränderung,
- Handlungskompetenz-Training und Teilnahmeförderung,
- Soziale Vernetzung und der Ausgleich von Rechten und Pflichten,
- Umgang mit Machtquellen und Machtstrukturen,
- Kriterien- und Öffentlichkeitsarbeit und
- Sozialmanagement.

Was lässt sich hieraus nun systematisch für die Soziale Arbeit in der Behindertenhilfe schlussfolgern?

Wie bereits oben angeführt, ist insbesondere die bedürfnistheoretische Sichtweise der emergenten Systemtheorie interessant, da hieraus ein Raster für die Analyse sozialer Probleme gewonnen werden kann. So kann eine Behinderung ein starkes Merkmal der individuellen Ausstattung darstellen, welches restriktiv die Möglichkeiten eines gelingenden und befriedigenden Person-Umwelt-Austausch-Verhältnisses beschränkt. Sowohl aufseiten des Individuums, z. B. durch heilpädagogische Förderung, medizinische Therapie, sonderpädagogische Bildung oder sozialpädagogische Erziehung, als auch aufseiten der Umwelt, z. B. durch Barrierefreiheit, durchlässige Bildungsgänge und Zulassung zum allgemeinen oder beschützten Arbeitsmarkt, lassen sich deshalb soziale Hilfen vorstellen, die darauf abzielen, die Ausstattungsproble-

Tab. 6: Spezielle Handlungstheorien Sozialer Arbeit und ihre Relevanz in der Behindertenhilfe

Spezielle Handlungstheorien Sozialer Arbeit	z. B. in Form von folgenden sozialen Hilfen der Sozialen Arbeit mit behinderten Menschen
Ressourcenerschließung	<ul><li>Beantragung von Eingliederungshilfe</li><li>Erkundung von Teilnahmemöglichkeiten an Sport- und Freizeiteinrichtungen des Stadtteils</li></ul>
Bewusstseinsbildung	<ul><li>Entwicklung eines selbstbewussten Verhältnisses zum eigenen (behinderten) Körper durch Sport</li><li>Teilnahme an Selbstvertretungsorganen und Selbsthilfeorganisationen zur Stärkung eines Wir-Gefühls</li></ul>

Modell-, Identitäts- und Kulturveränderung	▧ Öffentlichkeitsarbeit zur Veränderung des gesellschaftlichen Bildes von Behinderung, z. B. Ausstellungen künstlerischer Aktivitäten behinderter Menschen ▧ soziale Integration behinderter Menschen in den Stadtteil, z. B. über integrative Arbeitsplätze
Handlungskompetenztraining und Teilnahmeförderung	▧ soziales Kompetenztraining im Bereich der Mobilität (ÖPNV) ▧ Erwerb einer beruflichen Bildung im Berufsbildungsbereich einer WfbM
soziale Vernetzung und der Ausgleich von Rechten und Pflichten	▧ Aufbau eines sozialen Netzwerkes unter Einbezug Nichtbehinderter ▧ pädagogische Modifikation von „abweichendem Verhalten" (herausforderndes Verhalten)
Umgang mit Machtquellen und Machtstrukturen	▧ innerverbandliche oder auch politische Einflussnahme zum Aufbau menschenwürdiger Wohn- und Arbeitsplätze für behinderte Menschen im Sozialraum ▧ Kontaktaufnahme zu und Überzeugung von potentiellen Arbeitgebern, Arbeitsplätze für behinderte Menschen zu schaffen
Kriterien- und Öffentlichkeitsarbeit	▧ Veröffentlichung von Auswirkungen ambulanter Wohnformen im Zuge der Einsparpolitik der öffentlichen Kassen ▧ Sorge-Werte der Gesellschaft thematisieren, um Behindertenarbeit aufzuwerten
Sozialmanagement	▧ Aufbau moderner Dienstleistungsunternehmen zur Unterstützung der Umsetzung behindertenpolitischer und behindertenpädagogischer Forderungen nach Selbstbestimmung ▧ Ausschöpfung vorhandener staatlicher Zuschüsse und Forderung angemessener Vergütung sozialer Hilfen

matik oder auch die Austauschproblematik zu beheben. Im Bereich der Macht- und Kriterienproblematik greifen hingegen Methoden der Öffentlichkeitsarbeit ebenso wie der Förderung von Selbsthilfeaktivitäten und des Empowerments.

Systematisch könnte man sich die Zuordnung bestehender Hilfen in der Behindertenarbeit aus Sicht der Systemtheorie von Staub-Bernasconi u. a. wie in Tabelle 6 gezeigt vorstellen.

Übungen zu Kap. 4.2.2

43. Verständnisfrage: Wie lassen sich eine funktions- und eine bedürfnisorientierte Fassung der Systemtheorien Staub-Bernasconi bzw. Luhmann zuweisen?
44. Diskussions-/Reflexionsfrage: Welche wesentlichen Unterschiede lassen sich zwischen den beiden Systemtheorien festhalten und wie wirken sich diese auf die Soziale Arbeit aus?

Staub-Bernasconi (2007): Soziale Arbeit als Handlungswissenschaft
Klassen (2004): Was leisten Systemtheorien in der Sozialen Arbeit?

4.2.3 Lebensweltorientierung

Die Lebensweltorientierung stellt für die Jugendhilfe so etwas wie eine Zentraltheorie dar, diese Bedeutung konnte sie bislang für die Behindertenhilfe nicht erlangen. In diesem Abschnitt sollen erste Ansätze zu einer lebensweltorientierten Behindertenarbeit referiert und bewertet werden.

Die Lebensweltorientierung stellt sicherlich für die Sozialpädagogik eine der bedeutsamsten aktuellen Theorien zur Gegenwartsanalyse und darüber hinaus eine vielfach angewendete Handlungstheorie dar. Thiersch/Grunwald (2002, 167 f) beschreiben drei Grundlinien, auf denen die Lebensweltorientierung fußt:

■ Die hermeneutisch-pragmatische Traditionslinie der Erziehungswissenschaft verleiht ihr das Interesse an dem lebensweltlich gebundenen Alltagswissen der Menschen, inklusive ihrer Interpretation der Wirklichkeit und ihres Handlungsrepertoires.

- Vom phänomenologisch-interaktionistischen Paradigma übernimmt die Lebensweltorientierung die Auffassung, dass die Lebenswelt schon vor Bedeutungszuteilung durch den einzelnen Menschen in Raum, Zeit und sozialen Beziehungen determiniert bzw. strukturiert ist. Menschen finden die Wirklichkeit deshalb zwar einerseits schon als gegeben vor, andererseits sind sie mächtig und kompetent genug, diese auch zu verändern.

- Von der kritischen Variante der phänomenologischen Alltagstheorie übernimmt die Lebensweltorientierung, dass sich in der Lebenswelt einerseits Routinen und Alltag als entlastend auswirken, andererseits aber auch zu Kontrolle und Konservatismus führen. Diese Doppeldeutigkeit will die Lebensweltorientierung aufklären und möglichst im Sinne der Autonomie der Einzelnen und von Gruppen produktiv wenden.

- Dies mündet schließlich in eine dezidiert gesellschaftliche Perspektive, die von der Lebensweltorientierung eingenommen wird, um die aktuellen gesellschaftlichen Entwicklungen der Individualisierung, der Pluralisierung und sozialer Ungleichheit zu verstehen und diese möglichst zu verändern.

Der Begriff des Alltags findet sich u. a. auch in der konstruktivistischen Theorie von Berger/Luckmann (1996, 21) wieder: „Die Alltagswelt breitet sich vor uns aus als Wirklichkeit, die von Menschen begriffen und gedeutet wird und ihnen subjektiv sinnhaft erscheint." Daraus folgt, dass Alltag sich subjektiv wie intersubjektiv wahrgenommen gestaltet, es jedoch trotz aller Unterschiede eine gemeinsam geteilte Wirklichkeit gibt. Institutionen, als fixierte Wahrnehmungsmuster des Alltags, entstehen dabei aus Traditionen. Für die Lebensweltorientierung ist dies von großer Bedeutung. Für die lebensweltorientierte Soziale Arbeit gilt Alltag dann als problematisch, wenn Routinen nicht mehr gelingen bzw. Ressourcen nicht vorhanden sind.

Der Begriff „Lebenswelt" geht ursprünglich auf Edmund Husserl (1859–1938), den Begründer der phänomenologischen Soziologie, zurück.

„Unter Lebenswelt versteht man die vorwissenschaftliche, dem Menschen selbstverständliche Wirklichkeit, die ihn umgibt. Die Lebenswelt erhält ihr Gepräge durch das persönliche Erleben seines alltäglichen, direkten

Umfeldes durch den Menschen, aus dem er seine Primärerfahrungen bezieht, die ihm Handlungssicherheit verleihen. Der Begriff Lebenswelt gewinnt seit dem zunehmenden Interesse am Alltag in der Sozialpädagogik an Bedeutung" (Stimmer 2000, 415).

Das Modell der Lebenswelt führen Thiersch/Grunwald (2002, 169) im Weiteren mit einer Lebenslaufperspektive zusammen, die besagt, dass sich der Mensch querschnittlich in verschiedenen Lebenswelten befindet (z. B. Familie, Arbeit, Freizeitgruppen, Öffentlichkeit) und sich gleichzeitig im Laufe seines Lebens längsschnittlich verschiedene Erfahrungen aus verschiedenen Lebensweltzusammenhängen aufschichten bzw. kumulieren. Daher ist Lebenswelt nicht nur ein räumlicher, sondern auch ein zeitlicher und nicht zuletzt auch durch Kommunikation und Interaktion ein sozialer Begriff (vgl. auch Wendt 1988).

Lebensweltorientierte Soziale Arbeit begreift daher Ressourcen und Defizite als Phänomene bzw. Eigenschaften, die Menschen im Laufe ihrer bisherigen Entwicklung mitsamt den sie umgebenden Umweltvariablen (Wohnumfeld, Sozialisationserfahrungen, Einkommen usw.) erworben haben. Das Ziel der Herstellung gelingenderen Lebens ist daher kein fixes, sondern immer von der jeweiligen lebensweltlichen Erfahrung und dem aktuellen Wissensstand sowie den verfügbaren Handlungsressourcen des Einzelnen geprägt und kann nicht durch Experten vorgegeben werden. Die dafür notwendige „strukturierte Offenheit" der Lebensweltorientierung stellt eine zentrale Kategorie im Denken und Handeln dar. Diese soll durch folgende Maximen erreicht werden: Prävention, Alltagsnähe, Integration, Partizipation, Dezentralisierung.

Was lässt sich hieraus nun systematisch für die Soziale Arbeit in der Behindertenhilfe schlussfolgern?

In der Literatur zur Behindertenhilfe ist der Lebensweltorientierung bislang nur wenig Aufmerksamkeit geschenkt worden, wenngleich sich im Sammelband von Thiersch/Grundwald (2004) zur Praxis lebensweltorientierter Sozialer Arbeit drei Aufsätze finden lassen, die das Thema Behinderung und Lebensweltorientierung aufnehmen. So beschreibt Metzler (2004) anhand einer Fallgeschichte, wie sich vor allem der phänomenologische, verstehende Ansatz in der Arbeit mit behinderten Menschen produktiv nutzen lässt. Allerdings bleibt dieser Beitrag relativ vage hinsichtlich eines tieferen theoretischen Verständnisses von Lebensweltorientierung und der Einbettung dieser Theorie in die Behindertenhilfe. Etwas tiefer steigt Klein (2004) im seinem im selben Band erschienenen Aufsatz über „Frühförderung und lebensweltorientierte Sozialarbeit" in die Frage der theoretischen Verknüpfung ein. Er beschreibt die qualitativen Nachteile in der Frühförderung, wenn diese nicht die lebensweltlichen Zusammenhänge der Familien aufgreift und nutzt. Die mobile Frühförderung stellt deshalb einen günstigeren Rahmen zur Verfügung, indem direkt in der Lebenswelt der Familie die Förderung angesiedelt und damit die Ressourcen wie Probleme im Alltag besser verstanden und in die Therapie integriert werden können. Klein (2004, 79 ff) arbeitet hierzu die Überschneidungen in den Handlungsmaximen von Frühförderung und Lebensweltorientierung heraus:

- Prävention: Diese Strukturmaxime der Lebensweltorientierung deckt sich mit dem Anspruch der Frühförderung, auf präventive Maßnahmen zur primären Vorbeugung oder sekundären Erfassung von Behinderungsfolgen einerseits und Entwicklungsproblemen andererseits zu setzen.
- Alltagsorientierung: Alltagsorientierung in der Lebensweltorientierung entspricht dem Grundsatz der Ganzheitlichkeit in der Frühförderung, denn die Gesamtpersönlichkeit des Kindes in seiner sozialen Umwelt sollte möglichst durch alltagsnahes Handeln erfasst und dann entsprechend berücksichtigt werden. Auch die lebensweltorientierte Maxime der Regionalisierung von Diensten und Hilfen findet in ähnlicher Weise Berücksichtigung durch mobile, alltags- und lebensweltnahe Angebote der Frühförderung.
- Integration: Sie findet als grundsätzliche Maxime in der Frühförderung statt und entspricht auch dort der Lebensweltorientierung, auch wenn dies explizit nicht immer in der Praxis so deutlich zutage tritt.
- Partizipation: Erfährt sowohl in der Lebensweltorientierung als auch in der Frühförderung eine wesentliche Bedeutung, wobei die Frühförderung dies unter dem Prinzip der Familienorientierung subsumiert.

Über das Handlungsfeld der Frühförderung hinaus und unter Einbezug der aktuellen Entwicklungen, kann man zu folgender Schlussfolgerung gelangen: Mit der Lebensweltorientierung eröffnet sich in der Behindertenhilfe eine Perspektive, die den Strukturwandel vom stationären zum ambulanten Setting, von der Betreuung zur Assistenz und von der

Segregation zur Integration unterstützt. Lebensweltorientierung fokussiert den Sozialraum und bringt die Institutionen der Behindertenhilfe in die Position, ihre strukturierte Offenheit zeigen zu können, indem sie sich einerseits als Hilfe in ihrer Erwartbarkeit zeigt (Programmcharakter der Hilfe), andererseits aber auch Fremdhilfe in ihrer Ersetzbarkeit durch Selbsthilfe präsentiert.

Übungen zu Kap. 4.2.3

45. Verständnisfrage: Wie lauten die Handlungsmaximen der Lebensweltorientierung?
46. Diskussions-/Reflexionsfrage: Wo überschneidet sich die Lebensweltorientierung mit den Bemühungen, die das Normalisierungsprinzip angestoßen hat?

4.2.4 Empowerment

Empowerment stellt sicherlich einen der schillerndsten theoretischen Ansätze sowohl in der Sozialen Arbeit selbst als auch in der Behindertenhilfe dar. Es findet seine Anwendung hinsichtlich der politischen Forderung nach Selbstbestimmung behinderter Menschen ebenso wie in der konkreten Praxis sozialer Hilfen. Beides soll im Folgenden skizziert und erläutert werden.

Neben der klassischen Empowermentdiskussion entwickelte sich in der Behindertenhilfe mit der Debatte um Selbstbestimmung (Bundesvereinigung Lebenshilfe 1996; Hähner et al. 1998) eine ganz eigenständige Diskussion um die emanzipativen Prozesse von Menschen mit Behinderung und durch die Independent-Living-Bewegung auch eine politische Selbsthilfeorganisation, die wesentliche Teile des Empowermentmodells umsetzt(e) (Kulig/Theunissen 2006, 237 ff).

Empowerment – das ist heute eine Sammelkategorie für alle solchen Arbeitsansätze in der psychosozialen Praxis, die Menschen zur Entdeckung der eigenen Stärken ermutigen wollen. Empowerment bedeutet, Hilfestellungen bei der Aneignung von Selbstbestimmung und Lebensautonomie zu vermitteln und gleichzeitig für die ablaufenden Prozesse des Empowerments selbst verantwortlich zu sein: In summa also die Befähigung zur Selbst-Befähigung der Betroffenen. In gleicher Weise gilt jedoch auch, dass Empowerment „… zunächst einmal ein offener Begriff [ist], der je individuell mit Inhalt zu füllen ist" (Herriger 1992, 231).

Empowerment: Dieser Begriff kann meines Erachtens analytisch in zwei Bereiche aufgeteilt werden, nämlich zum einen das darin enthaltene „Enablement", d. h. die Förderung von Fähigkeiten und Kompetenzen, und zum anderen das eigentliche „Empowerment", d. h. die Entwicklung und das Spüren von Kraft und Macht („Power") durch individuelle Kompetenzsteigerung oder kollektive Handlungen der Einmischung und Partizipation.

Ziel der Empowermentpraxis ist es, die vorhandenen (wenn auch vielfach verschütteten) Fähigkeiten der Adressaten sozialer Dienstleistungen zu autonomer Alltagsregie und Lebensorganisation zu kräftigen und Ressourcen freizusetzen, mit deren Hilfe sie die eigenen Lebenswege und Lebensräume selbstbestimmt gestalten bzw. „Kontrolle über das eigene Leben gewinnen" (Bobzien 1993, 46) können. Zunächst stellt dabei Empowerment je nach Definition entweder eine „Selbstbefähigung bzw. Selbstbemächtigung" (Knuf / Seibert 2000), „Gewinnung oder Wiedergewinnung von Stärke, Energie und Fantasie zur Gestaltung eigener Lebensverhältnisse" (Lenz 2002, 13) oder das Vertrauen in die „Menschenstärken" (Herriger 1995) dar. Allen diesen Definitionen ist gemeinsam, dass sie von einer Kraft bzw. einer Macht ausgehen, die jedem Individuum und jeder Gruppe innewohnt, die allerdings verschüttet oder verborgen, damit jedoch auch jederzeit zu bergen oder zu aktivieren ist. Dies geschieht – obgleich aus verschiedenen Richtungen als Betroffenen- oder Profi-Perspektive – gleichsam aus einem humanistischen Menschenbild heraus, das die Subjekthaftigkeit und Individualität des Menschen herausstellt und diese mit besonderem Gewicht belegt. Empowerment findet auf vier Ebenen statt:

- subjektorientiertes Empowerment (Einzelfallhilfe): Hier werden vor allem personenbezogene Ansätze der Veränderung des Selbstwertgefühls und der Selbstwirksamkeit genutzt. Herriger (2002, 83 ff) benennt vor allem das Unterstützungsmanagement sowie die Biografiearbeit und den Kompetenzdialog.
- gruppenorientiertes Empowerment: Hier geht es vor allem um die Vernetzung von Menschen, die ein ähnliches Problem, Anliegen oder Interesse haben, um durch die Gruppensolidarität, Prozesse der Isolation aufzuheben und gemeinsames Handeln zu ermöglichen.
- organisationsbezogenes Empowerment: Dieses findet vor allem im Kontext von Partizipation und Beteiligung statt und kann sowohl in

sozial-institutionellen Zusammenhängen verwirklicht werden, z. B. durch Einrichtung von Selbsthilfegruppen oder Interessenvertretungen, als auch in politischen Prozessen.

■ sozialraumbezogenes Empowerment: Im weitaus größten Rahmen, nämlich dem Sozialraum (Stadtteil, Bezirk, Kommune, Landkreis), findet Empowerment in der Hauptsache als Förderung von Selbstorganisation, Interessenvertretung und Teilhabe an politischen Prozessen statt und deckt sich damit z. T. mit organisationsbezogenem Empowerment.

Empowerment als Unterstützung von Autonomie und Selbstgestaltung

Definitionen, die der Tradition der professionellen psychosozialen Arbeit entstammen, betonen die Aspekte der Unterstützung und der Förderung von Selbstbestimmung durch berufliche Helfer. Der Blick richtet sich hier also auf die Seite der Mitarbeiter/-innen psychosozialer Dienste, die Prozesse der (Wieder-)Aneignung von Selbstgestaltungskräften anregen, fördern und unterstützen und Ressourcen für Empowermentprozesse bereitstellen. Empowerment ist in diesem Wortsinn programmatisches Kürzel für eine psychosoziale Praxis, deren Handlungsziel es ist, Menschen „das Rüstzeug für ein eigenverantwortliches Lebensmanagement zur Verfügung zu stellen und ihnen Möglichkeitsräume aufzuschließen, in denen sie sich die Erfahrung der eigenen Stärke aneignen und Muster solidarischer Vernetzung erproben können" (Herriger 1997, 31).

Neben der professionellen Sicht gewinnt Empowerment vor allem durch die Betroffensicht eine ganz andere Bedeutung. Hier wird Empowerment als Selbstbemächtigung oder Selbstbefähigung verstanden und damit z. T. die professionelle Paradoxie aufgelöst, dass durch professionelle und damit Fremdhilfe die Selbsthilfe gefördert werden kann. Wenn Menschen sich dann als „Experten in eigener Sache" (Geislinger 1998, Miles-Paul 1992) bezeichnen, kommt damit schon ein neues Selbstbewusstsein zum Tragen, welches sich komplementär zum bisherigen professionellen Expertenverständnis verhält. Empowerment – auf eine kurze Formel gebracht – zielt auf die (Wieder-)Herstellung von Selbstbestimmung über die Umstände des eigenen Alltags. Weitere Aspekte von Empowerment lauten nach Herriger (2002):

▪ Die Fähigkeit, aus der bunten Vielzahl der angebotenen Lebensoptionen auswählen und eigenverantwortete Entscheidungen für die eigene Person treffen zu können.

▪ Die Fähigkeit, für die eigenen Bedürfnisse, Interessen, Wünsche und Fantasien aktiv einzutreten und bevormundenden Übergriffen anderer in das eigene Leben entgegentreten zu können.

▪ Die Erfahrung, als Subjekte die Umstände des eigenen Lebens (Selbst-, Sozial- und Umweltbeziehungen) produktiv gestalten und erwünschte Veränderungen „in eigener Regie" bewirken zu können (die Erfahrung von Selbstwirksamkeit und Gestaltungsvermögen).

▪ Die Bereitschaft und die Fähigkeit, sich belastenden Lebensproblemen aktiv zu stellen (und nicht zu Mustern der Verleugnung und der Nichtwahrnehmung Zuflucht zu suchen), wünschenswerte Veränderungen zu buchstabieren und hilfreiche Ressourcen der Veränderung zu mobilisieren.

▪ Das Vermögen, ein kritisches Denken zu lernen und das lähmende Gewicht von Alltagsroutinen, Handlungsgewohnheiten und Konditionierungen abzulegen.

▪ Die Fähigkeit, sich aktiv Zugang zu Informationen, Dienstleistungen und Unterstützungsressourcen zu eröffnen und diese „zum eigenen Nutzen" einzusetzen.

Tab. 7: Empowermentebenen und zugeordnete Methoden in der Behindertenhilfe

Ebenen	Methoden
Subjekt	stärkenorientierte Biografiearbeit; Kompetenzdialog; Ressourcendiagnostik; Ressourcenaktivierung; persönliche Zukunftsplanung; Kompetenztraining
Gruppen	Netzwerkdiagnose; Netzwerkarbeit; Förderung von Selbsthilfegruppen; Förderung von Peer Support und Peer Counseling
Organisation	Förderung von Interessenvertretungen und Heimbeiräten; Beteiligung an Organisationsentwicklung (z. B. durch verstärkte Ambulantisierung der Angebote)
Sozialraum	Angebot und Förderung inklusiver Freizeit- und Kulturangebote; Vernetzung der Angebote von Behindertenhilfe und anderen sozialarbeiterischen Bereichen, z. B. Jugendhilfe, Schule usw..

■ Die Einsamkeit überwinden und die Bereitschaft, sich in solidarische Gemeinschaften einzubinden.

■ Das Einfordern der eigenen Rechte auf Teilhabe und Mitwirkung und die stete Bereitschaft, offensiv gegen stille Muster der Entrechtung einzutreten.

Was lässt sich hieraus nun systematisch für die Soziale Arbeit in der Behindertenhilfe schlussfolgern?

In der Tabelle 7 soll der Versuch unternommen werden, die auf verschiedenen Ebenen des Empowerment anzusiedelnden Methoden exemplarisch zuzuordnen (auch Theunissen/Plaute 2002, 40 f).

Übungen zu Kap. 4.2.4

47. Verständnisfrage: Aus welchen beiden Teilen besteht der Empowermentbegriff?
48. Diskussions-/Reflexionsfrage: Wie lassen sich diese beiden Elemente von Empowerment in der Praxis umsetzen und wo stößt man damit an Grenzen?

Theunissen/Plaute (2002): Empowerment und Heilpädagogik
Herriger (2002): Empowerment in der Sozialen Arbeit

4.2.5 Sozialraumorientierung

Der Sozialen Arbeit ist der Blick auf den das Individuum umgebenden Sozialraum schon lange bekannt. In der Behindertenhilfe bzw. -pädagogik wird er gerade entdeckt. Im Folgenden werden diesbezüglich wesentliche Aspekte skizziert.

Wie bereits im Kapitel 3.4.2 erwähnt, stellt sich die Behindertenhilfe derzeit sozialprofessionell wie sozialpolitisch auf eine neue Versorgungsform um, indem sie einerseits den ambulanten Hilfen stärker als bislang den Vorrang vor stationären Hilfen einräumen will, andererseits sich gleichzeitig die theoretische Diskussion in der Behindertenpädagogik immer stärker mit einer sozialräumlichen Perspektive auseinandersetzt und schließlich die Praxis der Behindertenhilfe erste Konzepte der sozialräumlichen Ausrichtung ihrer Angebote in Angriff nimmt (Maas 2006).

Auch wenn die Sozialarbeit dieses Prinzip sowohl durch die Differenzierung innerhalb der Gemeinwesenarbeit (GWA) als auch im Konzept der Lebensweltorientierung seit Langem kennt, besteht hier für die Behindertenhilfe insgesamt ein theoretischer, konzeptioneller und handlungspraktischer Nachholbedarf.

Als Teil der Gemeinwesenarbeit fokussiert die Sozialraumorientierung die – sozialökologisch gesprochen – Umweltseite der menschlichen Lebenspraxis, indem sie sozialstrukturell und nicht originär individuell denkt und handelt.

> „Gemeinwesenarbeit ist eine sozialräumliche Strategie, die sich ganzheitlich auf ein Quartier, einen Stadtteil und nicht pädagogisch auf einzelne Individuen richtet. Sie arbeitet mit den Ressourcen des Stadtteils und seiner Bewohnerinnen und Bewohner, um seine Defizite aufzuheben. Dazu bedient sich GWA unterschiedlicher Methoden aus der Sozialen Arbeit (Beratung, Gruppenarbeit), der Sozialforschung (aktivierende Befragung, Sozialraumanalyse) und der Politik (Öffentlichkeitsarbeit, Bürgerversammlungen, Aktionen)" (Stimmer 2000, 231 ff).

Die hier gegebene Definition der GWA trennt in der Begriffsbestimmung diese von der Sozialarbeit, von der sie nur einzelne Methoden übernehmen will. Dies ist widersprüchlich, da die GWA immer noch als eine der drei Haupt-Arbeitsformen der Sozialen Arbeit gilt (Einzelfallhilfe, Gruppenarbeit, Gemeinwesenarbeit). Ein ähnlich problematisches Verständnis von Gemeinwesenarbeit und Sozialer Arbeit findet sich bei Lüttringhaus (2007, 277), wenn programmatisch davon ausgegangen wird, dass es einerseits der Sozialen Arbeit um die Linderung, Verhinderung oder Beseitigung sozialer Probleme und der Gemeinwesenarbeit andererseits um die Verbesserung der Lebensbedingungen in sozialen Räumen im Sinne der dort lebenden Menschen gehe:

> „SozialarbeiterInnen dürfen konsequenterweise nicht belehrend und pädagogisierend mit Erkenntnissen aus ihrer eigenen Lebenswelt Ziele vorgeben, sondern müssen vermittelnd, klärend und organisierend … Ziele zur Erweiterung der Möglichkeiten der Menschen entwickeln."

Auch die in vielen Beiträgen vorzufindende Verknüpfung der Sozialraumorientierung mit der Jugendhilfe greift zu kurz, da dieses Arbeitsprinzip beispielsweise auch für die Altenhilfe oder auch in der Behindertenhilfe (Beck / Franz 2007) relevant ist. Anders als in der Diskussion um GWA zeigt sich die sogenannte Sozialraumorientierung als das Prinzip, welches als integrativer Bestandteil der Sozialen Arbeit zu sehen ist. Unklar bleibt weiterhin, ob das oft mit der Sozialraumorientierung verbundene Paradigma des Vorrangs von „Aktivierung vor Betreuung" (Hinte 2006, 9) für alle Bereiche haltbar und ob es überhaupt konstitutiv ist für dessen Anwendung. Allerdings ist Hinte (2006) darin Recht zu geben, dass folgende Prinzipien von Bedeutung sind:

- Ausgangspunkt jeglicher Arbeit sind der Wille / die Interessen der leistungsberechtigten Menschen (in Abgrenzung zu Wünschen oder naiv definierten Bedarfen).
- Bei der Gestaltung einer Hilfe spielen personale und sozialräumliche Ressourcen eine wichtige Rolle.
- Aktivitäten sind immer zielgruppen- und bereichsübergreifend angelegt.
- Vernetzung und Integration der verschiedenen sozialen Dienste sind Grundlage für funktionale Einzelhilfen.

Darüber hinaus ist nicht erst seit der jüngeren stadtsoziologischen Auseinandersetzung bekannt, dass sich Räume durch Aneignung von Menschen verändern lassen:

„In der fortwährenden wechselseitigen Konstitution von sozialem Handeln und sozialen Strukturen entstehen Räume als Ergebnis und Voraussetzung des Handlungsverlaufs. ... Räume entstehen erstens dadurch, dass Elemente aktiv durch Menschen verknüpft werden. Das heißt, über Wahrnehmungs-, Vorstellungs- oder Erinnerungsprozesse werden soziale Güter und Menschen/Lebewesen zu Räumen zusammengefasst. Zweitens gehen mit der Entstehung von Räumen meistens ... Platzierungen einher. Raum konstituiert sich also auch durch das Platzieren von sozialen Gütern und Menschen bzw. das Positionieren primär symbolischer Markierungen, um Ensembles von Gütern und Menschen als solche kenntlich zu machen" (Löw 2006, 17f).

Der Sozialraum ist damit neben seinem physisch-materiellen Dasein im Sinne der Lebensweltorientierung immer auch eine Sphäre, deren emotional-motivationaler Impuls zur Aneignung entweder verhindert, z. B. durch Verbote, oder durch soziale Normen kontrolliert wird.

Deinet (2006) schlägt vor, über das Aneignungs-Verständnis des sowjetischen Psychologen Leontjew hinauszugehen. Wenn die grundlegende Idee des Ansatzes von Leontjew darin bestand, die Entwicklung des Menschen als tätige Auseinandersetzung mit seiner Umwelt und als Aneignungsprozess der gegenständlichen und symbolischen Kultur zu verstehen, in der sich Umwelt dem Menschen in wesentlichen Teilen als eine Welt präsentiert, die bereits durch menschliche Tätigkeit geschaffen bzw. verändert wurde, so setzt Deinet (2006, 23) noch stärker auf die selbstschaffenden Kräfte:

„Die von Kindern und Jugendlichen heute zu leistende Verbindung unterschiedlicher (auch virtueller und symbolischer) Räume kann im Aneignungsbegriff als aktive prozesshafte Form eingebunden werden. Aneignung der Lebenswelt heute bedeutet, Räume zu schaffen (Spacing) und sich nicht nur vorhandene gegenständlich anzueignen."

Einen gänzlich anderen Aspekt des Sozialraums thematisiert Dörner (2007, 92 ff), indem er den sogenannten „dritten Sozialraum" zwischen Privatem (Familie) und Staatlichem (sozialstaatliche Institutionen) zum wesentlichen Ort der Hilfe für Demenzkranke und andere kranke und behinderte Menschen deklariert. Dieser dritte Sozialraum ist für Dörner die Sphäre der Bürger/-innen, genauer von Nachbarschaft, also an ein kleines Territorium gebunden. Weitere Charakteristika von Nachbarschaft sieht er u. a. in folgenden Merkmalen (Dörner 2007, 94 f):

▪ die streng territoriale Eingrenzung schafft Verantwortungsgefühl, jeder ist nur für eine kleine, überschaubare Gruppe von Hilfebedürftigen verantwortlich und ermöglicht alltägliche Begegnung,
▪ wichtiger als die Größe ist allerdings die erfahrbare Überschaubarkeit des Sozialraums,
▪ nachbarschaftliches Engagement kann nicht von oben verordnet werden, sondern muss wachsen und sich möglichst einer demokratischen Selbstverwaltung bedienen,
▪ da Nachbarschaft niedrigschwellig ist und auf Wechselbeziehungen angewiesen ist, sollten alle im Sozialraum Lebenden etwas im Sinne sozialer Unterstützung beizutragen haben,
▪ Bürger, d. h. Nachbarn, sind helfensbedürftig, sie brauchen selbst Unterstützung bei der Unterstützung z. B. behinderter Menschen.

Allerdings ist nicht zu erwarten, dass sie selbst die Initiative ergreifen oder das nötige Durchhaltevermögen aufbringen. Sie sind also auch hilfsbedürftig.

■ die notwendigen Impulse können zwar aus der Nachbarschaft selbst kommen, aber auch durch soziale Institutionen, Kommunen, Wohnungsbaugesellschaften usw.

Was lässt sich hieraus nun systematisch für die Soziale Arbeit in der Behindertenhilfe schlussfolgern?

Natürlich ist in unserem Zusammenhang die Begrenzung der Sozialraumorientierung als sozialpolitisches Steuerungskonzept auf Kinder- und Jugendhilfe nicht zu halten, sondern demgegenüber eher festzustellen, dass alle Bevölkerungsgruppen sich in einem dynamischen Prozess von Aneignung befinden, unter ihnen natürlich auch Menschen mit Behinderungen. Deshalb lässt sich die hohe Bedeutung von Raumaneignung auch von behinderten Menschen für die Ableitung nutzen, dass sie selbst (oder unterstützt durch Assistenzleistungen) öffentliche Räume „besetzen" müssen, sowohl tatsächlich als auch symbolisch, um sozial inkludiert zu sein. Ein gutes Beispiel dafür sind Treffpunkte mitten in zentralen Fußgängerzonen (Wörthmann 2006).

Beck/Franz (2007) haben sich in einer Expertise für die Deutsche Heilpädagogische Gesellschaft mit Sozialraumorientierung in der Behindertenhilfe beschäftigt. Ihrer Ansicht nach kann die sozialräumliche Perspektive die personale Perspektive auf konkrete Personen und ihre Unterstützungsbedarfe ergänzen und somit als Alternative zur institutionszentrierten Sichtweise Geltung beanspruchen.

Unter Bezugnahme auf das aktuelle WHO-Konzept von Behinderung (ICF) verstehen Beck/Franz (2007, 10) deshalb auch Behinderung als sozial beeinflusst.

„Die soziale Determiniertheit von individueller Lebensqualität und Behinderung führt also dazu, dass die individuelle Betrachtung immer ergänzt werden muss um die Betrachtung äußerer, materieller und sozialer Faktoren … Jede Konzeption von individuellem Hilfebedarf und Hilfeplanung muss also immer zugleich eine Konzeption sozialen Unterstützungsbedarfs und von Sozialplanung sein …"

Gerade mit der Sozialraumorientierung erhält die Behindertenhilfe ein neues Arbeitskonzept, welches von ihr eine noch viel stärkere Kooperation mit anderen Fachdiensten, Behörden, Selbsthilfeinitiativen, Bürgerinitiativen, Kultur-, Sport- und Medien-Tätigen, Politikern u. v. a. erfordert. Zudem wird von den einzelnen Mitarbeitern / Mitarbeiterinnen die Verlagerung und Erweiterung ihrer Kompetenzen auf sozialräumliche Analyse (z. B. durch aktivierende Befragung), sozialräumliche Interventionen (z. B. durch Aufsuchen anderer Dienste) und sozialpolitische Einflussnahme (z. B. durch Beteiligung an Sozialplanung) verlangt (Schablon 2008).

Übungen zu Kap. 4.2.5

49. Verständnisfrage: Wie wird Gemeinwesenarbeit definiert?
50. Diskussions- / Reflexionsfrage: Warum stellt es sich als problematisch heraus, die Gemeinwesenarbeit von der pädagogischen Praxis zu trennen?

Beck / Franz (2007): Umfeld- und Sozialraumorientierung in der Behindertenhilfe
Budde / Früchtel / Hinte (2006): Sozialraumorientierung. Wege zu einer veränderten Praxis

4.3 Methoden

Dieser Abschnitt widmet sich den spezifischen Konzepten und Arbeitsformen, mithin auch als Methoden bezeichnet, die in der Sozialen Arbeit insgesamt und im Besonderen auch in der Arbeit mit behinderten Menschen Anwendung finden können. Dabei werden die Methoden einzeln vorgestellt und gesondert in ihrer Anwendung für die Behindertenhilfe ausgewiesen.

4.3.1 Soziale Diagnostik

Mit der Sozialen Diagnostik wird ein die anderen methodischen Ansätze z. T. übergreifendes Modell vorgestellt, mit dem soziale Probleme als

Person-Umwelt-Probleme in einem dialogischen und reflexiven Sinne verstanden werden können.

Soziale Diagnostik steht für ein relativ junges methodisches Instrumentarium, welches erst seit ca. Ende der 1990er Jahre in zunehmend elaborierter Form präsentiert, methodologisch begründet sowie praktisch genutzt wird.

Nach einer Phase der Rehistorisierung von frühen professionellen Ansätzen bei Alice Salomon und Mary Richmond fanden sich in der Bundesrepublik in der Nachkriegszeit zunächst keine originär sozialarbeiterischen Ansätze zu einer Diagnostik sozialer Probleme. Zunächst entwickelte die Sozialpädagogik mit einer fallrekonstruktiven, hermeneutischen Diagnostik ein Verfahren zur Analyse und Bewertung von pädagogischen Prozessen und individuellen Biografien (Mollenhauer/Uhlendorff 1992, 1995; Uhlendorff 1997; Müller 2008).

In jüngster Zeit sind weitere Verfahren herausgearbeitet worden, die mehr entscheidungsorientiert verfasst sind und auf die möglichst visualisierte und damit komplexitätsreduzierende Darstellung in Form von Grafiken und Übersichtstabellen setzen (Heiner 2004b; Pantucek 2005). Außerdem konzentrieren sich weitere Verfahren auf die ressourcenorientierte (Herriger 2006) oder systemtheoretisch-basierte Erfassung (Geiser 2007).

Soziale Diagnostik fokussiert die Person-in-Umwelt-Problematik von Menschen und richtet damit ihre Aufmerksamkeit sowohl auf Menschen und ihre spezifischen Bedürfnisse und Probleme als auch auf die Probleme aus und in der Umwelt (Karls/Wandrei 1994; Adler 1998).

Soziale Diagnose ist ein sozialkommunikativer Prozess, an dessen Ende keine fixe Soziale Diagnose steht, und sie unterscheidet sich durch wesentliche Prinzipien von anderen Arten der Diagnosen in Humanwissenschaften. In der Phase der Sozialen Diagnose sammelt der/die Sozialarbeiter/-in gemeinsam mit den Klienten/Klientinnen Informationen, die im Zusammenhang stehen mit dem Hilfeanlass. Dabei betrachtet er/sie die Person in ihren Umwelt-Bezügen und als biopsychosoziales Wesen, welches entsprechend auf allen Ebenen durch ein soziales Problem betroffen ist.

Soziale Diagnostik setzt die Fähigkeit voraus zur „systematischen, regelgeleiteten, empirisch fundierten Informationssammlung, -auswertung und -interpretation" (Heiner/Schrapper 2004, 204) mit dem Ziel, daraus unter Einbezug der Klienten/Klientinnen eine Handlungsstrategie zu generieren. Insbesondere die Integration des Diagnostizierens in den Handlungsprozess anerkennt die Einheit aus Anamnese, Diagnose, Handlung und Evaluation mit evtl. neu einsetzender Anamnese, Diagnose usw. In Beratungs-, Behandlungs- und Unterstützungsprozessen der Sozialen Arbeit hat diese Art von zirkulärer Handlungsplanung eine immens wichtige Funktion, da sie sowohl den Prozesscharakter von Hilfe als auch den Hypothesencharakter einer Sozialen Diagnose begründet.

Soziale Diagnose stellt eine Kernkompetenz der beruflichen Sozialen Arbeit dar und ist deshalb untrennbar auch mit einem beruflichen Habitus verbunden. Damit wird auch deutlich, dass der Diagnoseprozess auf wesentlichen professionellen Merkmalen beruht, wie etwa der Regelung von Nähe und Distanz, sowie auf zentralen sozialarbeits- sowie bezugswissenschaftlichen Grundlagen.

Diagnostizieren in der Sozialen Arbeit ist ein Prozess, an dessen Ende keine Diagnose steht. Hierin drückt sich das Spannungsverhältnis aus, welches mit der Sozialen Diagnose verbunden bleiben muss. Diagnostizieren ist etwas anderes als Diagnose, die Soziale Diagnostik ist ein Prozess und dieser Prozess unterliegt bestimmten Bedingungen, die Heiner / Schrapper (2004) als partizipative (dialogische) und reflexive (rekursive) Orientierung beschreiben. Die Vorteile einer solchen Ausrichtung liegen auf der Hand: Diagnosen als Angebote zu formulieren und mit Klienten / Klientinnen und dem weiteren Hilfesystem „auszuhandeln", fördert die Kooperationsbereitschaft der Beteiligten, hilft Labeling-Effekte zu vermeiden, verknüpft die Experten- mit der Betroffenensicht und erhöht damit insgesamt die Erfolgsaussichten der Hilfeerbringung.

So könnte man in einer Abwandlung eines bekannten Satzes von Klaus Dörner zur Sozialpsychiatrie Folgendes festhalten: Eine Soziale Diagnose ist eine dialogische Diagnose oder sie ist keine Diagnose (Jakobs / Röh 2005).

Dass die Soziale Arbeit nicht ohne ein Diagnoseverständnis auskommt, darauf haben bereits Germain / Gitterman (1988) hingewiesen, wenn sie davon ausgehen, dass „... Sozialarbeiter und Klient [über die Diagnoseprozesse] zu einem Verständnis der objektiven Gegebenheiten ..." (21) zu gelangen versuchen, also z. B. darüber, was das Problem ist, wie es dazu gekommen ist, wann es dazu gekommen ist. Darüber hinaus gilt es nach Ansicht der Autoren aber auch, die subjektiven Verarbeitungsprozesse und Realitäten des Klienten zu verstehen und zu erfassen. Aus beiden Quellen, also der subjektiven und objektiven Bewertung, tung,

„zieht der Sozialarbeiter vorläufige Schlussfolgerungen und erwägt Hypothesen, die an der Rückmeldung von Seiten des Klienten, an den von
Sozialarbeiter und Klient erzielten Handlungserfolgen und an ihrer wechselseitigen Interaktion zu überprüfen sind" (21).

In der 1999 erschienenen dritten Auflage ihres Werkes sprechen Ger-
main/Gitterman zwar nur noch von „assessment", jedoch gilt für sie
weiterhin, dass „in der Praxis des Life-Models … Klient und Sozialar-
beiterIn Partner [sind], die für die Dauer des Kontrakts zusammenarbei-
ten" und es deshalb auch ratsam ist „das Assessment als einen von
einem Augenblick zum nächsten Augenblick im Fluss befindlichen
Prozess" zu verstehen (Germain/Gitterman 1999, 62 f).
    Die systemtheoretisch fundierte Erkenntnis, dass Systeme zwar eine
Eigenwelt (die Fähigkeit zur Selbstorganisation) besitzen, aber auch
Einflüssen aus der Umwelt ausgesetzt sind, ist für die Soziale Arbeit
eine schon lange bekannte Tatsache, die sich im sogenannten Person-
Umwelt-Verständnis ausdrücken lässt.
    Ein solches Person-Umwelt-Verständnis könnte man etwa wie in
Abbildung 5 skizzieren, wobei die Umwelt sowie die Person gleichzei-
tig Ressource und Risiko auf dem Weg zu einer gelingenden Lebensbe-
wältigung darstellen. Die Themen der Sozialen Arbeit sind im Außen-
kreis dargestellt (Gesundheit, Ökonomie, Bildung, Arbeit, Wohnen,
Entwicklung).
    Die in Abbildung 5 im Außenradius genannten Themen markieren die
Felder, in denen sich soziale Probleme entwickeln können. Soziale Arbeit
ist seit jeher um einen ganz besonderen Blick auf diese menschlichen
Probleme bemüht, der sie bis heute auszeichnet und der wahlweise „gene-
ralistischer", „multifaktorieller" oder „ganzheitlicher" Blick genannt
wird. Soziale Diagnostik nutzt diverse methodische Elemente, z. B.

- das Genogramm zur Visualisierung der strukturellen wie psychodynamischen Beziehungen in einer Familie,
- die Netzwerkkarte (Eco-Map) (Pantucek 2005, 141 ff) als Möglichkeit der Erfassung und Darstellung von sozialen Netzwerken über
  die Familie hinaus,
- das Inclusionschart (Pantucek 2005, 178 ff) zur Analyse der Einbe-
  zogenheit von Menschen in bestimmte Funktionssysteme und
- die Person-in-Environment-Klassifikation (Karls/Wandrei 1994)
  zur Erfassung von Problemen in Rollen und Problemen aus der
  Umwelt sowie körperlichen und psychischen Problemen.

Abb. 5: Person-Umwelt-Verständnis mit Lebensfeldern

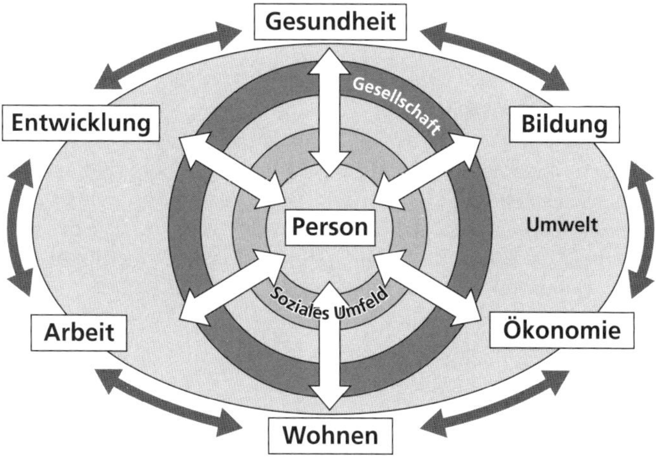

Diese können ohne Weiteres auch in der Sozialen Diagnostik von Fällen in der Behindertenhilfe eingesetzt werden. Der besondere Zugewinn einer Sozialen zu einer sonder- oder heilpädagogischen Diagnostik liegt dann in der konsequenten Erfassung und des Einbezugs von sozialen Problemen – entstehend aus der bifokalen Betrachtung von Personen in ihrer Umwelt. Aufbauend auf einem systemtheoretischen Verständnis setzt die Soziale Diagnostik auf eine wechselseitige Bedingtheit von Individuum und sozialem Feld.

„Wir haben damit in einer ganzheitlichen Theorie des Subjekts und des diagnostischen Prozesses nicht nur die koevolutiven Verbindungen zwischen Subjekt und Welt zu betrachten, sondern ebenso die in seiner Lebensgeschichte entstandenen koevolutiven Verknüpfungen der verschiedenen Ebenen und Systeme des Organismus, die in synergetischen Zusammenhängen stehen" (Jantzen 1996, 16).

Ebenso wie die Verstehende Diagnostik (Jantzen/Lanwer-Koppelin 1996) und die Syndromanalyse (Zimpel 1994) setzt die Soziale Diagnostik also auf einen verstehenden Ansatz, der versucht, mehrere Perspektiven zur Geltung kommen zu lassen, z.B. die durch bestehende Funktionseinschränkungen entstehenden Probleme beim Einzelnen, z.B. durch Rolleneinschränkungen, wie auch die umweltdeterminierten

Probleme, die etwa aus einer mangelnden Ressourcenausstattung resultieren. Schließlich kann und muss Soziale Diagnostik auch das Hilfesystem und den Sozialraum selbst verstehen und abbilden können.

Übungen zu Kap. 4.3.1

51. Verständnisfrage: Wie definieren Heiner / Schrapper (2004) Soziale Diagnostik?
52. Diskussions- / Reflexionsfrage: Diskutieren Sie, in welchem Verhältnis Standardisierung und Offenheit (Verstehen) in der Sozialen Diagnostik als sinnvoll angesehen werden können.

Pantucek (2005): Soziale Diagnostik
Jantzen / Lanwer (1996): Diagnostik als Rehistorisierung

4.3.2 Alltagsbegleitung und -rekonstruktion

Mit der Beschreibung der Alltagsbegleitung bzw. -rekonstruktion wird im Folgenden ein Einblick in eine basale Form sozialprofessionellen Handelns, die nicht nur die Soziale Arbeit für sich reklamieren kann, gegeben. Sie stellt eine unspektakuläre, aber wichtige Form der professionellen Intervention auch in der Behindertenhilfe dar.

Eine grundlegende Form der sozialarbeiterischen Intervention stellt die Alltagsbegleitung bzw. die (Re-)Konstruktion von Alltag her.

Theoretisch als „Alltagsorientierung" beschrieben, kommen hierin verschiedene Formen des alltäglichen Handelns von Sozialarbeitern / -arbeiterinnen / Sozialpädagogen / -pädagoginnen zum Ausdruck. Alltagshandeln gilt in der Lebensweltorientierung nach Thiersch als die Möglichkeit, eine niedrigschwellige, unspezialisierte und damit für Kinder und Jugendliche gut erreichbare Hilfe anzubieten. Soziale Dienste und Angebote sollen nicht durch ausgrenzende Regeln und bestimmte Verhaltensanforderungen charakterisiert sein, sondern die individuelle Lage der Kinder und Jugendlichen aufnehmen. So wird in der lebensweltorientierten Jugendhilfe u. a. auch davon gesprochen, dass sich die sozialpädagogische Diagnose ins Verhältnis setzen lassen müsse mit den „Alltagskonstruktionen" der Betroffenen. Hier wird der Begriff Alltagskonstruktion also im Sinne eines bestimmten Wahrnehmungsergebnisses gesehen.

In der Literatur gibt es über diese Bestimmung hinaus nur wenig Hinweise auf eine ausformulierte Methodik der Alltagsbegleitung. Lediglich Pantucek (1998) benennt neben der Beratung, die Alltagsrekonstruktion sowie die Alltagsbegleitung als die beiden wichtigsten sozialarbeiterischen Interventionsformen in der Individualhilfe. Alltagsrekonstruktion tritt dann in Kraft, wenn die alltäglichen sozialen, ökologischen und ökonomischen Bezüge von Menschen zu ihrem Alltag aufgebrochen oder nicht mehr vorhanden sind. Dies kann sich u. a. in fehlender Tagesstruktur, mangelnden alltäglichen Kontakten zu Mitmenschen oder Ähnlichem ausdrücken. Im Sinne der Alltagsrekonstruktion wird der/die Sozialarbeiter/-in, der/die Sozialpädagoge/-in deshalb dann tätig, wenn Menschen die Konstruktion und Aufrechterhaltung von Alltäglichkeit nicht mehr selbst leisten können und in ihrem Alltag bzw. ihrem direkten Lebensumfeld Unterstützung benötigen.

Die Alltagsbegleitung ist die intensivste Form der sozialarbeiterischen Interventionen. Hier handelt der/die Sozialarbeiter/-in, der/die Sozialpädagoge/-in mit den Klienten gemeinsam in deren Lebensumfeld, und zwar auf längere Zeit. Der/die Sozialarbeiter/-in wird zum „dauerhaften Akteur in der Lebenswelt des Klienten", u. U. sogar zur „künstlichen Verwandten" (Pantucek 1998, 114). Die Begleitung kann von regelmäßigen Besuchen in relativ großen Abständen bis zu einer intensiven Betreuung in wesentlichen Bereichen des Alltags reichen, wie z. B. im Bereich ambulanter Unterstützung im eigenen Wohnraum.

Mit dieser Bestimmung finden wir eine wesentliche Beschreibung der Wesensart von Alltagsbegleitung bzw. Alltags-(Re-)konstruktion. Die häufig unauffällige und unspektakuläre Erscheinung dieser professionellen Interventionsform entspricht allerdings nicht ihrer Bedeutung, da wir gerade erst in Krisenzeiten den Zusammenbruch von Alltag kennenlernen. Zum Teil ist er wichtig, um krisenhafte Erscheinungen und Aufgaben auch wirklich ernst zu nehmen und ihrem Aufforderungscharakter zu folgen, andererseits jedoch muss der Alltag nach einer Krise auch wiederhergestellt werden. Und darüber hinaus kann es quasi präventiv wirken, wenn der Alltag täglich neu erfolgreich konstruiert werden kann. Neben diesen alltäglichen Handlungen hat die Herstellung eines gelingenden Alltags im Ganzen eine wichtige Funktion: Ein geordneter, d. h. überschaubarer und z. T. routinisierter

Alltag schafft Entlastung für Kreativität, für Problembewältigung in bestimmten Fragen.

Für die Soziale Arbeit mit behinderten Menschen kann eine solche Perspektive im Alltagshandeln hilfreich sein, um die in manchen Fällen lang andauernde Hilfe, z. B. in stationären Settings, aber auch in der ambulanten Betreuung, zu begründen. So finden gerade in letztgenannter Leistungsform u. a. Unterstützungsleistungen in Form von Haushaltsberatung, das Erlernen von Kompetenzen der Haushaltsführung, die Erledigung von Einkäufen, Behördengängen usw. statt. Sie machen einen nicht unerheblichen Teil der konkreten Vis-à-vis-Interaktion aus. Ein alltagsorientiertes Handeln nutzt daneben auch weitere methodische Zugänge, wie etwa Beratung oder auch Netzwerkarbeit.

Übungen zu Kap. 4.3.2

53. Verständnisfrage: Wie unterscheidet Pantucek Alltagsbegleitung und wie Alltagsrekonstruktion?
54. Diskussions-/Reflexionsfrage: Welche Rolle spielt der Alltag im Leben von Menschen, in normalen Zeiten und in Krisenzeiten?

Thiersch (1997): Alltag
Pantucek (1998): Lebensweltorientierte Individualhilfe

4.3.3 Beratung

Beratung ist eine der zentralsten Methoden in der Sozialen Arbeit. Im Folgenden wird versucht, die Beratung als Handlungsansatz zu skizzieren und ihre Bedeutung für sozialprofessionelles Handeln herauszustellen.

Beratung ist ein weites Arbeitsfeld mit einem z. T. sehr umfangreichen Anspruch an Ziele, Methoden und Abläufe der Beratung. So unterteilen Sickendieck et al. (2002, 15 ff und 36 ff) in (sozial-)pädagogische, soziale, psychologische und psychosoziale Beratung mit je eigenen Ansätzen und Beratungsgegenständen.

Allerdings sind die Unterteilungen nicht immer ausreichend trennscharf für eine analytische Betrachtung (Stimmer 2006, 106 ff). Im Folgenden sei trotzdem versucht, die Abgrenzungen der einzelnen Richtungen pointiert darzustellen. Während die psychologische Beratung ihren Fokus auf das Erleben und Verhalten der Personen richtet, zeigt die soziale Beratung ein breiteres Interesse an Schwierigkeiten von Individuen und Gruppen im Kontext ihrer sozialen Umwelt. Dies schließt die materiellen, rechtlichen und institutionellen Strukturen der sozialen Umwelt mit ein (Sickendieck et al. 2002, 16 f).

(Sozial-)pädagogische Beratung greift die erzieherischen Beratungsanlässe heraus, ohne allerdings dem zu Beratenden „Lehren zu erteilen", vielmehr im Sinne Mollenhauers eine Anleitung zur kritischen Selbstaufklärung zu sein. Spezifisch scheint für die (sozial-)pädagogische Beratung ihr Kontext zu sein, der mitunter auch spontane Fragen zwischendurch im Alltag mit einschließt und nicht nur zeitlich und räumlich abgegrenzte Beratungsgespräche umfasst (Sickendieck et al. 2002, 18 f). Aus diesem Grund wird die sozialpädagogische Beratung nach Thiersch auch als alltagsorientierte Beratung verstanden und nimmt somit ein weites Feld an Beratungsthemen und Beratungsanlässen mit in den Blick (Galuske 1998, 171 f).

Eine Zwischenstellung nimmt die Konstruktion der psychosozialen Beratung ein, da sie zwischen sozialer und psychologischer Beratung steht. Sie versucht, psychische und soziale Belastungen gleichermaßen zu werten und sie als Beratungsanlässe und Beratungsthemen zu verstehen.

Beratung findet in den verschiedensten Sozialformen (einzeln, für Familien und andere Gruppen, für Organisationen und schließlich als Supervision, Coaching oder kollegiale Beratung) und in fast allen Arbeitsfeldern der Sozialen Arbeit statt (Stimmer 2006, 100).

Beratungsprozesse setzen dann ein, wenn das Individuum, die soziale Gruppe oder Substitution nicht mehr in der Lage ist, die es / sie betreffenden Lebensfragen eigenständig (aus eigenen Mitteln oder durch Rückgriff auf umweltbezogene Ressourcen) zu lösen, wobei das Beratungsbedürfnis gesamtgesellschaftlich in modernen Industriegesellschaften strukturell bedingt hoch ist.

Wesentliche Teile der Beratung sind zum einen die „reine" Informationsvermittlung und zum anderen die Förderung von aktueller Handlungs- oder Entscheidungsfähigkeit (Stimmer 2006, 101). Deshalb kann Beratung auch von Therapie in den in Tabelle 8 dargestellten Dimensionen abgegrenzt werden.

Zum Aufbau einer notwendigen Beratungsbeziehung gehört es, ein Klima zu schaffen, in dem auch schwierige persönliche Probleme angesprochen werden können (Ansen 2006, 109). Die von dem Psychologen

Tab. 8: Gegenüberstellung von Beratung und Therapie

Beratung	Therapie
ist aktuell und kann von kurzer Dauer sein	ist fortwährend und kann von langer Dauer sein
zielt primär auf die Herstellung einer Problemlösungsfähigkeit ab	zielt primär auf die Förderung einer Selbstentwicklungsfähigkeit und von Wachstum und Reife ab
ist kurzfristig und niedrigschwellig zu erreichen	ist langfristig und meist erst über Kostenanträge und Wartezeiten zu erreichen

und Psychotherapeuten Carl Rogers beschriebenen Merkmale einer hilfreichen Beratungshaltung „Empathie", „positive Wertschätzung" und „Kongruenz" sind anerkannte und wichtige Grundlagen:

▨ Mit Empathie soll die Fähigkeit beschrieben werden, die Gefühle und Gedanken einer Person nachvollziehen zu können.
▨ Positive Wertschätzung meint eine grundsätzliche, nicht an bestimmte Bedingungen (Verhaltensweisen usw.) gebundene, akzeptierende Grundhaltung des Beraters, mit der eine angstfreie Atmosphäre des Vertrauens geschaffen werden soll.
▨ Kongruenz oder Echtheit/Authentizität meint schließlich eine Haltung, die den direkten und offenen Umgang mit Gefühlen und Meinungen seitens des Beraters ermöglichen und damit eine fassadenhafte Maskierung und Verstellung verhindern soll.

Diese und weitere Haltungen und Methoden sollen dazu dienen, den Beratungsprozess als professionellen zu verstehen und ihn bewusst gestaltbar zu machen. Damit wird eine „Arbeitsbeziehung" (Ansen 2006, 111) aufgebaut, die das notwendige Nähe-Distanz-Verhältnis ausmacht:

„Damit die Arbeitsbeziehung trotz ihres ausgeprägten Sachbezugs die erläuterten Funktionen erfüllen kann, muss sie vom Berater so gestaltet werden, dass eine hilfreiche Atmosphäre entsteht. Für die Gestaltung der Beziehung ist der Berater mit seiner Person und seiner Haltung gefragt" (Ansen 2006, 112).

Ansen (2006, 156 ff) schlägt vor, soziale Beratung so zu verstehen, dass sie bereits Intervention ist bzw. über das eigentliche Gespräch auch weitere Interventionen, nämlich rechtliche, ökonomische, ökologische und pädagogische, beinhalten kann. Dieses Verständnis, dass jede sozialarbeiterische Handlung bereits Interventionen beinhaltet, findet man auch bei der Sozialen Diagnose wieder.

Wie bereits in Kapitel 3.3.8 erwähnt, ist Beratung in der Behindertenhilfe zwar inhärenter Teil vieler alltäglicher Sozialdienstleistungen in diesem Bereich, inkl. der Alltagsberatung in stationären Settings, andererseits bestehen wenige elaborierte Beratungsansätze für die spezielle Zielgruppe der (geistig) behinderten Menschen.

Schnoor (2006, 15) diskutiert zu Recht, wie sich Soziale Arbeit und Rehabilitation in Bezug auf Beratungsthemen und Beratungsanlässe voneinander unterscheiden. So spielt in der Sonderpädagogik die Beratung bislang vor allem in der Schule in Form der Schullaufbahnberatung, in der Sozialen Arbeit darüber hinaus in den Bereichen der Angehörigenberatung, in Wohngruppen oder auch im Bereich der Integration in Arbeit eine Rolle. Weitere Handlungsfelder tun sich in den Bereichen der Pränataldiagnostik bzw. Schwangerschaftskonfliktberatung, der Frühförderung, der Erziehungsberatung und der Praxis- und Fachberatung auf. Schließlich stellt Peer Counseling eine von Betroffenen selbst ausgeführte Beratungstätigkeit dar (vgl. Kapitel 3.4.3)

Methodische Variationen erfährt die Beratung gerade geistig Behinderter vor allem durch die stärkere Berücksichtigung handlungsorientierter Prozesse anstelle rein sprachlicher Vermittlungen. Geht man davon aus, dass nach wie vor allem Themen der persönlichen Zukunftsplanung (van Kan 2004), erfahrener Stigmatisierung und Diskriminierung, mangelnder Teilhabechancen im Arbeitsleben sowie Aspekte erlernter Hilflosigkeit (Seligman 1999) eine große Rolle spielen, so sollte sich die Beratung von geistig behinderten Menschen auf eine eher psychosoziale Beratungsleistung einstellen. Daneben gibt es aber natürlich auch Beratungsthemen rund um Fragen der Existenzsicherung (Sozialhilfe, Grundsicherung, Rente, Wohngeld usw.), die von einer sozialen Beratung aufgegriffen werden.

Übungen zu Kap. 4.3.3

55. Verständnisfrage: Welche Beratungstypen lassen sich beschreiben?

> **56. Diskussions-/Reflexionsfrage:** Welche Anpassung müssten Beratungsansätze in der Arbeit mit kommunikationsbeeinträchtigten Menschen erfahren?

Sickendieck/Nestmann/Engel (2002): Beratung

Stimmer (2006): Grundlagen des Methodischen Handelns in der Sozialen Arbeit

4.3.4 Soziale Therapie

Soziale Therapie stellt die bislang am wenigsten elaborierte und fundierte Methode der Sozialen Arbeit dar. Sie wurde bislang in eingeschränktem Maße für die klinische Sozialarbeit theoretisch fundiert. Die folgende Darstellung stellt eine engere und eine weitere Definition von Sozialer Therapie vor, wobei erste die Gelegenheit gibt, die Soziale Therapie als Behandlungsmethode der Sozialen Arbeit auszuweisen.

Soziale Therapie wurde vor allem innerhalb der psychiatrischen Versorgung entwickelt und wird in der Lesart der sozialpsychiatrischen Theorie als allgemeines therapeutisches Handeln definiert, gilt jedoch zum anderen auch in einem engeren Sinne als das Behandlungskonzept der Sozialen Arbeit. Neben der Sozialtherapie im Strafvollzug und der Sozialtherapie im Suchtbereich als relativ eigenständige Ausformungen des Begriffes existiert vor allem der Begriff der Soziotherapie. Soziotherapie nach dem Krankenversicherungsrecht ist allerdings wiederum nicht als Therapie zu verstehen, da es nach dem Wortlaut des Gesetzes um die „Koordinierung der verordneten Leistungen sowie Anleitung und Motivation zu deren Inanspruchnahme" (§ 37a SGB V Abs. 1, Satz 2) geht und damit eher Case-Management ist.

Es zeigt sich somit sehr schnell die Schwierigkeit der Begriffsbestimmung bzw. Eingrenzung oder auch Spezifität des Begriffes.

Wenn Dörner/Plog (1994, 512) noch davon sprechen, Sozialtherapie sei die Grundlage jedes therapeutischen Handelns und hänge deshalb auch nicht mit bestimmten Qualifikationen oder Professionen zusammen, kann man auf der anderen Seite festhalten, dass sich an Soziale Therapie im engeren Sinne bestimmte Bedingungen und methodische Vorstellungen knüpfen lassen. Richtig ist sicherlich die Feststellung, dass Soziotherapie Lernen unter alltäglichen Bedingungen und damit kein klinisch-therapeutisches Lernen unter der „Käseglocke" einer Therapiesitzung ist (Dörner/Plog 1994, 512 f).

Damit wird der Fokus der Sozialen Therapie entlang der sozialen Wirklichkeit der Klienten deutlich. Auch wenn von Kritikern/Kritikerinnen der Begriff der Therapie abgelehnt wird, da er Assoziationen an Heilung und Behandlung weckt, so sollte nicht nur aus Professionalisierungserwägungen heraus an ihm festgehalten werden, da mit ihm auch die soziale Wirklichkeit als Teil von Gesundheit aufgewertet wird. Nach der WHO stellt Gesundheit das umfassende Wohlbefinden in körperlicher, geistiger und sozialer Hinsicht dar und nicht nur das Freisein von Krankheit und Schwäche. Damit wird deutlich, dass, wenn Therapie sich als der kurierende und damit die Gesundheit verbessernde Prozess der Behandlung verstehen lässt, die soziale Therapie ein notwendiger Bestandteil einer umfassenden, ganzheitlichen Perspektive sein muss.

Was zeichnet dieses Verständnis aus? Entstehen bei Menschen Probleme, die ihre Selbsthilfekräfte zeitweise oder auch längerfristig übersteigen, so sind diese im Erleben der Betroffenen immer Probleme auf mehreren Ebenen. Die besondere Form der arbeitsteiligen Problembewältigung im sozialstaatlichen oder institutionellen Sinne fordert von ihnen meist eine Selektion oder Aufspaltung in verschiedene Problembereiche. So sind spirituelle Krisen, die z.B. mit einer schweren Krankheit einhergehen, meist als Aufgabe an seelsorgerische Aktivitäten gebunden, die körperlichen Symptome an Ärzte/Ärztinnen, die psychologischen an Psychologen/Psychologinnen und die sozialen Folgen an Sozialarbeiter/-innen, Sozialpädagogen/innen. Vereinzelt, aber immer noch zu wenig, reagiert das medizinische Hilfesystem darauf mit Interdisziplinarität oder integrativen Modellen. In der Regel jedoch betreibt das Hilfesystem weiterhin die tayloristische Aufteilung der Hilfeangebote auf verschiedenste Professionen, Institutionen und schlimmstenfalls auch Leistungsträger. Das bio-psycho-soziale Modell hingegen fordert, diese zentrifugalen Kräfte wieder zusammenzuführen, indem es eben solche integrierten Handlungsmodelle anwendet.

Da es in diesem wissenschaftstheoretischen Verständnis eine gegenseitige Beeinflussung der verschiedenen Ebenen, also des Körpers, der Psyche und des Sozialen, gibt (Uexküll/Wesiack 1996), kann auch in allen Bereichen der Sozialen Arbeit davon ausgegangen werden, dass alle Ebenen virulent wirken und somit betrachtet und evtl. in der Intervention berücksichtigt werden müssen. Hier könnte man auf eine Metapher zurückgreifen, die dies gut verdeutlicht: Auf einer Filmrolle sind jeweils Standbilder oder einzelne Sequenzaufnahmen und damit Teile des Filmes zu sehen. Nur beim Abspielen, also bei laufendem Film, entstehen bewegte Bilder, und damit ein Ganzes, ein Geschehen. Beim Anhalten des Filmes erscheinen zwar einzelne Sequenzen und Bilder, jedoch nicht der Zusammenhang, die Bewegung zwischen ihnen.

Wie Schwendter (2000, 7) richtigerweise ausführt, ist natürlich die formulierte Subsidiarität, d. h. die Nachrangigkeit der Sozialen Therapie gegenüber Psychotherapie und Medizin, nicht haltbar, wenn tatsächlich von einem gleichrangigen Wirkungsgefüge von biologischen, geistigen und sozialen Faktoren ausgegangen wird. In diesem Sinne entspricht die Soziale Therapie auch dem Grundgedanken der ICF, in der sich auch verschiedenste, auf der körperlichen, geistigen wie sozialen Ebene zu verortende, Einflüsse auf die Gesundheit bzw. Behinderung feststellen lassen.

Unwesentlich für die Soziale Therapie ist die Frage nach einer möglichen Sozialätiogenese von Krankheiten oder Behinderungen insofern, als auch sekundärpräventiv bzw. tertiärpräventiv von einer heilenden Funktion Sozialer Therapie ausgegangen werden kann, die sich dann nicht nur auf die Ursachen, sondern auch auf die Folgen von Sozialen Problemen auf Gesundheit und Behinderung bezieht.

Wenn diese Annahmen stimmen, dann ist Soziale Therapie natürlich auch hilfreich, um soziale Probleme von Menschen mit Behinderungen zu bearbeiten und einen Genesungsprozess mindestens in sozialer Hinsicht zu beeinflussen. „Soziale Therapie steht für das Verstehen von Leiden in seinen Bezügen, in denen es entstanden ist, in denen es weiterbesteht und auf allen Ebenen vermindert werden soll" (Schwendter 2000, 10 f).

Es wird deutlich, dass sich – will man Soziale Therapie legitimiert einsetzen – das Anerkennen von Leiden nicht vermeiden lässt. Der Gefahr einer zu starken Abhängigkeit von professionellen Experten, die das Leiden beheben sollen, wird mit einer auf Empowerment und Selbstbestimmung ausgerichteten Haltung des Sozialtherapeuten entgegenzuwirken sein. Zudem kann die Soziale Therapie selbst auf eine Emanzipation hin orientiert sein, z. B. indem sie soziale Bezüge in den Veränderungsfokus nimmt und mit den Klienten zusammen Strategien der Verhalten-Verhältnis-Änderung avisiert und damit eine einseitige Verhaltensmodifikation verhindert. Soziale Therapie im engeren Sinne zielt darauf ab:

▨ dass Menschen ihre sozialen Rollen besser ausfüllen können,

▨ dass sie die dazu benötigten sozialen Kompetenzen entwickeln können,

▨ dass sie die dafür nötige soziale Unterstützung erhalten und ihr soziales Netzwerk „heilsame" Ressourcen enthält.

In diesem Sinne ist die Soziale Therapie die Behandlungsmethode der Sozialen Arbeit und basiert auf dem sozialökologischen Gegenstandsverständnis und ist kein von ihr abzutrennendes Verfahren. Soziale Therapie würde dann neben sozialer Beratung, sozialer Gruppenarbeit und Gemeinwesenarbeit als eine – wenn auch der klinischen Sozialarbeit nahen – Variante methodischen Handelns zu verstehen sein (Binner/Ortmann 2008).

Schaut man sich die von Binner/Ortmann (2008, 81) angeführte Liste der Problematiken von Nutzern/Nutzerinnen Sozialer Therapie an, so ergeben sich erstaunlich viele Überschneidungen zu psychosozialen Problemen von Menschen mit Behinderungen:

„Menschen,

▨ die sozial zurückgezogen bzw. sozial isoliert leben (vereinsamt sind),

▨ die in chronisch bzw. chronifizierten konflikthaften Beziehungen (Partner, Eltern …) leben,

▨ die erhebliche Defizite in ihrer Soziabilität aufweisen, über geringe soziale Kompetenzen verfügen,

▨ die unter sozialen Anpassungsstörungen leiden (z. B. Migrantinnen),

▨ die aufgrund sozialer Störungen von Exklusion bedroht sind (z. B. Schulverweigerer, Gemobbte),

▨ die aufgrund sichtbarer körperlicher Beeinträchtigungen von Exklusion bedroht sind,

▨ deren Lebensläufe durch Straffälligkeit und gerichtliche Verurteilungen gekennzeichnet sind.

Solche Menschen sind zudem oft

▨ in ihren Kommunikationsmöglichkeiten eingeschränkt (können sich nicht gut artikulieren, haben nicht gelernt, anderen zuzuhören …),

▨ in ihrer Beziehungsfähigkeit gestört (können schlecht Kontakte aufnehmen und halten, brechen Beziehungen ab),

▨ besonders schwierig zu erreichen und schwierig im Umgang (hard to reach),

▨ nicht therapiefähig im klassischen psychotherapeutischen Sinn und deshalb schlecht versorgt,

■ an gesellschaftlicher Teilhabe eingeschränkt oder ausgeschlossen (z. B. Arbeit, Bildung, Geld),
■ wenig in der Lage ihre Bedürfnisse zu formulieren und ihre Interessen zu vertreten,
■ körperlich und/oder psychisch erkrankt."

Übungen zu Kap. 4.3.4

57. Verständnisfrage: Worin besteht der Unterschied zwischen einer engen und einer weiten Auffassung von Sozialer Therapie?
58. Diskussions-/Reflexionsfrage: Welche Möglichkeiten ergeben sich in der Behindertenhilfe für die Anwendung einer Sozialen Therapie?

Schwendter (2000): Einführung in die Soziale Therapie
Binner/Ortmann (2008): Klinische Sozialarbeit als Sozialtherapie

4.3.5 Case Management

Mit dem Case Management können wir im Folgenden auf eine in vielen Arbeitsfeldern angewendete Methode der Sozialen Arbeit zurückgreifen. Diese findet u. a. auch gerade in der Behindertenhilfe im Zuge von Hilfeplanung ihre Anwendung.

Die Methode des Case Managements stellt eine Weiterentwicklung der Einzelfallhilfe dar, die nach dem Zweiten Weltkrieg zunächst in den USA entwickelt und praktiziert wurde (Neuffer 2002, 38 ff). Case Management entwickelte sich aus der Einzelfallhilfe als

a) klar wurde, dass bestimmte Problemlagen derart komplex sind, dass sie sich einer kurzfristigen und überschaubaren Intervention durch Soziale Arbeit entziehen, und
b) sozialpolitische Programme der zunehmenden De-Institutionalisierung und Ambulantisierung in den USA eine weiter gehende Koordinierung von Komplexleistungen bei chronisch psychisch kranken Menschen erforderten.

Diese beiden Momente führten dazu, die einzelfallbezogene Hilfe vornehmlich als Koordinierungsaufgabe zu konzipieren. Case Management lässt sich daher wie folgt verstehen: „Case" steht für den Fall und beinhaltet das komplexe Fallgeschehen rund um die Klienten, ihr soziales Umfeld und das professionelle Hilfesystem. „Management" meint in einer nicht wirtschaftlichen Lesart nichts anderes als ein planvolles Handeln in komplexen Situationen und das gekonnte Arrangieren von Ressourcen sowie deren Einsatz zur bestmöglichen Zielerreichung.

Case Management bezeichnet eine durchgängige fallverantwortliche Beziehungs- und Koordinationsarbeit mit dem Ziel, die bestmöglichen Hilfeleistungen passend zum Problem zu arrangieren. Nach Neuffer (2002, 19) ist Case-Management „eine durchgängige fallverantwortliche Beziehungs- und Koordinierungsarbeit durch die Klärungshilfe, Beratung und […] [der] Zugang zu notwendigen Dienstleistungen" gewährleistet wird. „Case Management befähigt die KlientInnen, Unterstützungsleistungen selbstständig zu nutzen und greift so wenig wie möglich in die Lebenswelt der KlientInnen ein."

Aus ethischer Sicht soll es darum gehen, Personen mit komplexem Unterstützungsbedarf eine abgestimmte und bedarfsgerechte, selbst mitgesteuerte Unterstützung zu ermöglichen (individuelle Hilfeplanung), die ihnen eine selbstbestimmte Teilhabe am Leben in der Gesellschaft ermöglicht (Inklusion) und sie gleichzeitig in ihren Autonomiebestrebungen unterstützt (Empowerment).

Neben den individuellen Problemen und Ressourcen der Klienten spielen auch die Zielvorstellungen der sozialen Umwelt, das erreichbare Spektrum an Hilfeleistungen durch sozialpolitische Leistungen und informelle Hilfen eine bedeutende Rolle. Aufseiten der Klienten geht es zunächst darum, die personenbezogenen Dimensionen des Falls herauszuarbeiten:

- Welche Wünsche hat der Klient in Bezug auf seine Lebenssituation? Welche Bedürfnisse werden nicht oder nur teilweise erfüllt?
- Welche persönlichen Defizite, zwischenmenschlichen Störungen oder Störungen der Person-Umwelt-Transaktion verhindern die Erfüllung dieser Wünsche bzw. die Befriedigung der Bedürfnisse?
- Welche Ziele hat der Klient, wie ist er motiviert, etwas zu verändern?
- Welche Ressourcen (kognitiv, emotional, sozial) besitzt er, um die Veränderung zu erzielen?

Des Weiteren werden die umfeldbezogenen Dimensionen herausgearbeitet:

- Welche Ressourcen und Belastungen kommen aus dem Umfeld?
- Welche Hilfestellungen gibt es im informellen Netzwerk?
- Welche Hilfestellungen gibt es im formellen, professionellen Angebot?
- Welche Versuche der Problemlösungen (Hilfe, Betreuung, Beratung usw.) können für die Vergangenheit festgehalten werden?

Zur Bearbeitung dieser Fragen hat sich ein bestimmtes Ablaufschema mit geringen Abweichungen unter den Autoren (Wendt 2001, 96ff; Neuffer 2002, 49ff) herausgestellt. Als größte Übereinstimmung können folgende Phasen festgehalten werden: Einstieg (In-Take) – Assessment – Hilfeplanung – Controlling/Monitoring – Abschluss.

Eine differenziertere Betrachtung der Phasen kombiniert mit den wesentlichsten Aufgaben an den Case Manager könnte wie in Abbildung 6 dargestellt werden.

Die rechtlichen Grundlagen zur Anwendung des Case Managements sind im deutschen Sozialrecht in diversen Sozialgesetzbüchern niedergelegt, so u. a. im SGB IX (§ 10, 23 usw.), im SGB XII (§ 58) und im SGB VIII (§ 36). Für die Behindertenhilfe ist insbesondere der im Rahmen der Eingliederungshilfe anzuwendende § 58 SGB XII zentral, da er den Träger der Sozialhilfe dazu auffordert, so frühzeitig wie möglich einen Gesamtplan zur Durchführung der einzelnen Leistungen aufzustellen. Dabei sollen neben dem Sozialhilfeträger und dem behinderten Menschen auch alle sonst im Einzelfall Beteiligten (andere Ämter, Ärzte, Arbeitsagentur usw.) einbezogen werden.

Dieses Case Management innerhalb der Sozialverwaltung stellt eine Variante dar. Daneben besitzt gerade das Case Management eine gewisse Nähe zur individuellen Hilfeplanung, deren sich die Erbringer sozialer Dienstleistungen für behinderte Menschen zunehmend annehmen, um die Unterstützungen bedarfsgerecht zu arrangieren. Weitere Bezeichnungen für Case Management, die als Varianten in der Behindertenhilfe bestehen, sind Assistenzplanung, persönliche Hilfe- und Zukunftsplanung und dialogische Entwicklungsplanung (Lübbe/Beck 2002). Diese Begriffsvariationen sind jedoch nicht äquivalent zu verstehen, da sich die eigentliche Hilfeplanung als dritte oder vierte Phase des Case Managements darstellt.

Roters/Möller (2006, 175) sehen eine große Zukunft des Case

Abb. 6: Case-Management-Phasen und Aufgaben

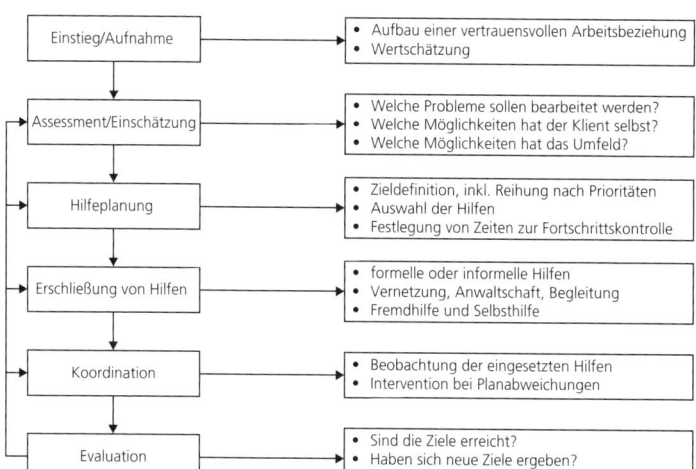

Einstieg/Aufnahme	• Aufbau einer vertrauensvollen Arbeitsbeziehung • Wertschätzung
Assessment/Einschätzung	• Welche Probleme sollen bearbeitet werden? • Welche Möglichkeiten hat der Klient selbst? • Welche Möglichkeiten hat das Umfeld?
Hilfeplanung	• Zieldefinition, inkl. Reihung nach Prioritäten • Auswahl der Hilfen • Festlegung von Zeiten zur Fortschrittskontrolle
Erschließung von Hilfen	• formelle oder informelle Hilfen • Vernetzung, Anwaltschaft, Begleitung • Fremdhilfe und Selbsthilfe
Koordination	• Beobachtung der eingesetzten Hilfen • Intervention bei Planabweichungen
Evaluation	• Sind die Ziele erreicht? • Haben sich neue Ziele ergeben? • Ist der Hilfeprozess beendet?

Managements in der Behindertenhilfe, da sich die Rahmenbedingungen der Eingliederungshilfe in den letzten Jahren erheblich verändert haben:

„Zum einen wird der Vorrang der ambulanten vor stationären Leistungen konsequenter betont, und stationäre wie teilstationäre Leistungen sollen hinsichtlich ihrer Notwendigkeit wie auch ihrer Wirksamkeit überprüft werden. Zum anderen stellt die Einführung Persönlicher Budgets das klassische Dreiecksverhältnis zwischen Leistungsträgern, Leistungsanbietern und Leistungsberechtigten in Frage."

Damit sind zwei wesentliche Punkte angesprochen: Es wird zum einen deutlich, dass sich die individuelle Hilfeplanung allein nicht als ausreichendes Instrument verstehen lässt, sondern in vielen Bereichen, z.B. durch die Einführung von Community-Care-Konzepten oder auch der Budgetassistenz im Rahmen des persönlichen Budgets, neue Formen der Hilfeplanung gefunden werden müssen. Zum anderen lässt sich konstatieren, dass die Hilfeplanung einen wichtigen Teil des Case Management darstellt, Letzteres aber in seinem Anspruch, neben der Fall- auch die Feldsteuerung zu übernehmen und damit zum Care-Management zu werden, weit darüber hinaus geht, den Einzelfall zu koordinieren (Roters/Möller 2006, 178 ff, s. Abb. 7).

Abb. 7: Case Management zwischen Fall- und Feldsteuerung

Fallsteuerung ⟷ Individuum ⟷ Soziales Feld ⟷ Institution ⟷ Feldsteuerung

Weiterhin geht sowohl die individuelle Hilfeplanung als auch das Case Management über die Förderplanung hinaus, die hauptsächlich defizitorientiert eine Heilung bzw. Bearbeitung mangelnder Fähigkeiten von Menschen intendierte. Unter dem Stichwort „Aushandeln statt verordnen" werden daher sowohl in der individuellen Hilfeplanung wie auch im Case Management vor allem die partizipativen, auf Selbstbestimmung abzielenden Elemente betont, die die Klienten und ihr Umfeld als Partner im Sinne des Verständnisses von „Hilfe als Koproduktion" einbeziehen. In diesem Sinne erfordert Case Management neben der Kenntnis der bestehenden Hilfsangebote und methodischer Kompetenzen zur Bedarfsfeststellung vor allem einen sensiblen Blick auf Ressourcen und Probleme und das wiederum sowohl auf der Personen- als auch auf der Umfeld- oder Sozialraumebene. Wendt (2006, 31) formuliert daher folgende Qualifikationsmerkmale:

- die Fähigkeit, Gespräche und Verhandlungen zu führen,
- eine Beratungskompetenz,
- Konfliktfähigkeit,
- interkulturelle Kompetenz,
- die Fähigkeit zur Moderation,
- die Fähigkeit zum Schnittstellenmanagement,
- eine Berichtsfähigkeit (im Dokumentations- und Auswertungsprozess),
- im „networking" mit allen Stellen und Personen, deren Ressourcen fallweise gebraucht werden.

Daneben nehmen für Wendt (2006, 33 f) die prozeduralen Kompetenzen eine wichtige Funktion ein, da in jeder Phase des Case Managements sowohl rückblickende, resümierende als auch in die Zukunft gerichtete, optimistische, aber auch realistische Einschätzungen notwendig sind.

Löcherbach (2005) stellt fest, dass sowohl Fach- bzw. Systemkompetenzen als auch Sozialkompetenzen gefordert sind. Fachkompetenzen bestehen in dem notwendigen

- Erklärungswissen über soziale Probleme,
- Handlungswissen über deren Bearbeitung,

▨ Organisationswissen über die Planung der Hilfen,
▨ Wissen über die Angebote der sozialen Versorgungsstruktur.

Sozialkompetenzen bestehen in der notwendigen

▨ Fähigkeit, die Kommunikation aller Beteiligten zu fördern,
▨ Fähigkeit, mit ihnen zu kooperieren und ihre Kooperation untereinander anzuregen und zu begleiten,
▨ Fähigkeit, die Handlungen der Beteiligten zu koordinieren, und schließlich
▨ Fähigkeit, in Konfliktfällen zu intervenieren, z. B. durch Vermittlung oder Mediation.

Neben der Sozialraumorientierung bietet wohl das Case Management das höchste Innovationspotenzial für die Behindertenhilfe, und dort sind die Sozialarbeiter/-innen/Sozialpädagogen/-pädagoginnen mit ihrer Kompetenz gefordert, sich entsprechend einzubringen.

Übungen zu Kap. 4.3.5

59. Verständnisfrage: Welche Phasen gehören mindestens zum Ablauf von Case Management?
60. Diskussions-/Reflexionsfrage: Worin besteht der besondere Wert in der Anwendung eines Case Managements für Menschen mit Behinderungen?

Wendt/Löcherbach (2006): Case Management in der Entwicklung
Lübbe/Beck (2002): Individuelle Hilfeplanung

4.3.6 Familienhilfe

Soziale Arbeit mit Familien ist eine zentrale Arbeitsform/Methode der Sozialen Arbeit. Ihre Grundprinzipien sollen im Folgenden skizziert und in Verbindung gebracht werden mit der Arbeit mit Familien mit behinderten Kindern.

Die Arbeit mit Familien gehört zwar nicht zu den drei klassischen Methoden der Einzelfall-, Gruppen- oder Gemeinwesenarbeit, hat aber eine lange Tradition, die im Zuge des friendly visiting (Mary Richmond) schon als Teil professionellen fürsorgerischen Handelns im 19. Jahrhundert eingesetzt wurde. In der Weimarer Republik wurde sie im Zuge der Reorganisation der Wohlfahrtspflege als „Familienfürsorge" institutionalisiert. Ziel war es, „die Familie als Ganzes zu sehen", d. h. durch organisatorische Zusammenführung aller Hilfen für Familien „Hilfe aus einer Hand" zu ermöglichen. Damit waren die Allgemeinen Sozialen Dienste, die es bis heute in Jugendämtern gibt, geboren.

Anders als die Bedeutung in der Praxis ist die Soziale Arbeit mit Familien methodisch eher wenig beschrieben. So nennen die einschlägigen Methodenlehrbücher sie gar nicht (Stimmer 2006) oder nur in Form einer Darstellung der sozialpädagogischen Familienhilfe (Woog 2006) oder kriseninterventorischer Programme, wie etwa Familie-im-Mittelpunkt (Gehrmann/Müller 2001; Galuske 1998) oder der Familientherapie (Ritscher 2006).

Theoretisch hat sich der Einfluss der systemischen Familientherapie als Betrachtungsweise und Handlungsorientierung in der Sozialen Arbeit mit Familien durchgesetzt. Systemische Sichtweisen verstehen Gesellschaften, Gruppen, Organisationen und eben auch Familien und einzelne Menschen als Systeme, die sich wiederum aus Teilsystemen zusammensetzen. Strukturell können Familien als Systeme verstanden werden, die sich wiederum aus Teilsystemen entlang der Generationen (Geschwister, Eltern, Großeltern) oder entlang von psychodynamischen Verbindungen, z. B. in Form einer engeren Beziehung von Tochter und Vater oder Tochter und Großmutter, ergeben.

Eine dynamische Sichtweise auf Familien eröffnet sich über die Betrachtung des sogenannten Familienzyklus: von dem Zeitpunkt, da zwei Menschen ein Paar werden, über die Geburt von Kindern, die Entwicklung und Reifung der Kinder, die Ablösung der Kinder vom Elternhaus, die erneute Rückkehr des (Eltern-)Paares zu sich selbst (u. a. als Liebespaar), der Geburt von Enkelkindern und dem zunehmenden Lebensalter der Eltern bis hin zu deren Tod.

In diesem Zyklus sind Familien bestimmten Risiken und Belastungen ausgesetzt, die mitunter eine Unterstützung durch das soziale Netzwerk benötigen und z. T. durch professionelle Hilfe (Familienberatung, Familienhilfe usw.) aufgefangen werden müssen. Zu diesen Risiken zählt auch das lebensverändernde Ereignis der Geburt eines behinderten Kindes oder der Eintritt der Behinderung während der Kindheit bzw. Jugend.

Natürlich muss die systemische Betrachtungsweise durch sozialisationstheoretische, gesundheitspsychologische und sozioökonomische Erklärungsmodelle ergänzt werden. Aus diesem Grund gewinnt in jüngster Zeit auch wieder eine Betrachtung sogenannter „Früher Hilfen" an Bedeutung, die versucht, bei vorliegenden Risikofaktoren von Familien (z.B. Armut, Bindungsstörungen, Gewalt) frühzeitig zu intervenieren. Auch die Betrachtung des Risikofaktors „Armut" in Familien sowie Prozesse sozialer Benachteiligung verdienen seit jeher eine besondere Beachtung.

Die Familienhilfe oder die Soziale Arbeit mit Familien setzt darüber hinaus an der alltags- und lebensweltorientierten Sozialen Arbeit an, da sich die Hilfen für Familien weitestgehend direkt auf die Familie beziehen oder sogar – wie im Fall der sozialpädagogischen Familienhilfe – direkt in der Familie stattfinden.

Für die Arbeit mit Familien, die behinderte Kinder haben, oder Familien von behinderten Eltern stellen sich aus dieser Sicht – neben den behinderungsspezifischen Anforderungen – ähnliche Aufgabenbereiche dar. Soziale Arbeit bedient sich dabei spezifischer methodischer Kompetenzen, die bereits in anderen Kapiteln beschrieben wurden, z.B.:

- Alltags(re-)konstruktion,
- psycho-soziale Beratung bei gesundheitlichen, vor allem psychischen Belastungen der Eltern oder der Kinder,
- pädagogische Beratung bei Erziehungsfragen und Verhaltensauffälligkeiten,
- soziale Beratung bei Einkommensproblemen oder Schulden,
- Case Management in Multiproblemfamilien oder in Familien mit mehreren Helfern.

Soziale Arbeit mit Familien findet in den Einsatzbereichen der „Familienentlastenden Dienste", bei Hilfen für Familien mit behinderten Kindern oder ambulanter Betreuung und in Einrichtungen statt, die Eltern mit einer geistigen Behinderung stationäre Hilfen anbieten.

Übungen zu Kap. 4.3.6

61. Verständnisfrage: Welche theoretischen Modelle liegen der Familienhilfe methodisch zugrunde?
62. Diskussions-/Reflexionsfrage: Welche Vorteile ergeben sich, wenn man Familien systemtheoretisch versteht?

Matter (1999): Sozialarbeit mit Familien
Speck (2008): System Heilpädagogik, Kap. VII, C.

4.3.7 Netzwerkarbeit

Die Netzwerkarbeit stellt ein zentrales methodisches Konzept in der Sozialen Arbeit dar. Sie wird in der Behindertenhilfe im Zuge der Zunahme von ambulanten und gemeindeintegrativen Angeboten noch an Bedeutung gewinnen. Mit ihr sichert man die soziale Integration von Menschen mit Behinderungen.

Menschen sind soziale Wesen, d.h., sie benötigen andere Menschen, um ihr eigenes Leben zu gestalten, sie sind auf Kommunikation und Interaktion im Alltag und insbesondere bei Problemen angewiesen. Die unterstützende Funktion von sozialen Netzwerken korrespondiert mit ihrer kontrollierenden Funktion, d.h., soziale Netzwerke limitieren bestimmte Verhaltensweisen und weisen wiederum andere Verhaltensweisen als notwendige aus, um zu einer bestimmten sozialen Gruppe dazuzugehören. Wie wir in Kapitel 3.3.7 sehen konnten, weisen die sozialen Netzwerke von Menschen mit Behinderungen bestimmte Restriktionen und Mängel auf, die mithilfe der sozialen Netzwerkarbeit z.T. behoben werden können.

Die Netzwerkarbeit stellt eine für die Soziale Arbeit zentrale methodische Herangehensweise dar, u.a. in der Beratung (Pearson 1997) und im Case Management (Neuffer 2002). Das ursprünglich aus der Gemeindepsychologie stammende Interesse an sozialen Netzwerken von Menschen wurde insbesondere von Bullinger/Nowak (1998) und von Pearson (1997) für die Soziale Arbeit übernommen und zu einem methodischen Instrumentarium ausgearbeitet.

Soziale Netzwerke hängen eng mit sozialer Unterstützung zusammen, also derjenigen menschlichen Interaktion, die im funktionalen Sinne die gegenseitige Hilfe im Alltag, aber vor allem bei Problemen oder auch in Krisensituationen beschreibt.

Des Weiteren wird angenommen, dass je besser das soziale Netzwerk zusammengesetzt und je hilfreicher die soziale Unterstützung, desto höher ist auch die soziale Integration von Menschen.

Soziale Netzwerke können auf unterschiedliche Merkmale hin untersucht werden: Dauer der Netzwerkkontakte, Dichte des sozialen Netzwerkes, Häufigkeit der Netzwerkkontakte und Richtung, Form und Inhalt der sozialen Unterstützung bzw. der Netzwerkrollen. Die soziale Unterstützung lässt sich in verschiedenen Funktionalitäten erkennen, so kann sie unterschieden werden in emotionale, instrumentelle und informationelle Unterstützung. Laireiter (1993) unterscheidet in allgemeine/alltagsbezogene und belastungs-/krisenbezogene Unterstützung. Soziale Unterstützung vermittelt nach Diewald (1991)

- Anerkennung der eigenen Person,
- Verhaltensmodelle und soziale Normen,
- Zugehörigkeitsbewusstsein,
- Gewissheit, dass man Hilfe erwarten kann, und
- soziale Kompetenzen.

Des Weiteren werden als Effekte von sozialen Netzwerken bzw. sozialer Unterstützung zwei Bereiche unterschieden, nämlich zum einen ein direkter und zum anderen ein Puffer-Effekt: Der direkte Effekt stellt sich dann ein, wenn die Eingebundenheit in ein befriedigendes soziales Netzwerk sich allgemein wohltuend und unterstützend auf die Lebenssituation der Menschen auswirkt. Dieser sehr allgemeine Effekt von sozialer Unterstützung wird begleitet von dem sogenannten Puffer-Effekt, der das Ausmaß der Verringerung von Belastungssituationen bzw. deren subjektive Realisierung und Bewältigung festlegt.

Das Erfahren oder Erwarten von sozialer Unterstützung stellt darüber hinaus einen sehr wesentlichen Faktor im Prozess der Problembewältigung oder der Bewältigung von Krisen dar. Neben der personellen Konstitution (wie bewertet jemand auftretende Stressoren) ist eine entsprechende soziale Konstitution eine hilfreiche Quelle.

Netzwerke werden grob unterschieden in formelle (durch öffentliche Handlungen erzeugte) oder informelle (durch private Handlungen er-

Tab. 9: Vor- und Nachteile formeller und informeller Netzwerke

	Vorteile	Nachteile
Formelle Netzwerke	▪ bieten Professionalität ▪ weisen Kontinuität auf ▪ erwarten keine Reziprozität	▪ mitunter schwer erreichbar ▪ in ihrer Organisation weniger durchschaubar ▪ besitzen i. d. R. keine Alltagsverankerung ▪ weisen Stigmatisierungsgefahr auf ▪ sind häufig „kostenpflichtig"
Informelle Netzwerke	▪ sind vielseitig in ihrem Unterstützungsangebot ▪ sind niedrigschwellig ▪ sind leicht erreichbar ▪ häufig „kostenlos" ▪ sind realitätsnah	▪ erwarten Reziprozität ▪ weisen die Gefahr einer falschen, inadäquaten Hilfe auf ▪ weisen Stigmatisierungsgefahr auf

zeugte) Netzwerke. Sie weisen jeweils die in Tabelle 9 genannten Vor- und Nachteile auf.

Bullinger / Nowak (1998, 70 ff) unterteilen in

▪ primäre oder mikrosoziale Netze („lokal-gemeinschaftliche Netzwerke"), wie z. B. Familie, Nachbarschaften, Arbeitsplatz, Freundeskreis oder Peergroups,
▪ sekundäre oder makrosoziale Netzwerke („global-gesellschaftliche Netzwerke"), wie z. B. Organisationen, Bürokratien, Produktions- und Reproduktionsbereich, marktwirtschaftliche Netzwerke (z. B. Konsummarkt) oder auch weitere öffentliche Netzwerke (z. B. politische Organisationen), und
▪ tertiäre oder mesosoziale Netzwerke, die „zwischen den primären und sekundären Netzwerken auf einer mittleren Ebene anzusiedeln" sind, also z. B. Selbsthilfegruppen oder Nicht-Regierungs-Organisationen. Auch die Soziale Arbeit zählt als intermediäre Instanz zwischen Lebenswelt und System (Rauschenbach 1999) zu den mesosozialen Netzwerken.

Aufgaben der Sozialen Arbeit bezüglich der Netzwerkarbeit bestehen u. a. in folgenden Punkten:

- Erstellung einer Netzwerkdiagnose (u. a. mittels der Netzwerkkarte, dem Netzwerkbrett oder auch der Eco-Map),
- einer Netzwerkberatung für einzelne Personen oder Gruppen,
- einem Case Management, welches die Netzwerkressourcen systematisch berücksichtigt,
- der Unterstützung von Selbsthilfegruppen oder -Initiativen,
- dem Organisieren von gemeindenahen Hilfen, der Förderung von Bürgerinitiativen, dem Kennenlernen auf öffentlichen Festen usw. (Community Organizing).

Ziele der Netzwerkarbeit sollten darin liegen, pathogene Einflüsse des Netzwerkes zu verringern (z. B. durch Diskriminierung), die Anteile informeller und formeller Hilfen in ein Gleichgewicht zu bringen (Netzwerkmix), Kompetenzen zur Inanspruchnahme von Netzwerken und Unterstützung zu fördern und die Vernetzung auf individueller Ebene, zwischen Gruppen und zwischen Diensten anzuregen. Für die Arbeit mit behinderten Menschen stellen sich deshalb folgende Ziele und Funktionen dar:

- Soziale Netzwerke von behinderten Menschen entstehen häufig nicht von selbst, sie sind durch professionelle Angebote zu initiieren.
- Soziale Netzwerke basieren auf der Bekanntheit der Menschen untereinander, deshalb sind Formen der Begegnung zu schaffen (Kontakthypothese).
- Soziale Unterstützung kann durch nicht behinderte ebenso wie durch behinderte Menschen erfolgen: Entsprechende Konzepte etwa im Sinne von Community Care oder auch dem Peer Counseling bzw. Peer Support müssten ausgebaut werden.
- Soziale Unterstützung für nicht behinderte Menschen kann von behinderten Menschen ausgehen, wenn die Möglichkeit der Hilfe, z. B. in Bezug auf Unterstützung in der Wohnung oder im Garten, nicht als „Behindertenarbeit", sondern als Dienstleistung gewertet wird.
- Für die Begegnung unterschiedlicher Menschen, die zu sozialer Unterstützung führen kann, braucht es eine antidiskriminierende und entstigmatisierende Haltung, die es durch öffentlichkeitswirksame Aktionen wie durch gemeindeintegrative Angebote zu erreichen gilt.
- Soziale Netzwerke von Menschen mit Behinderungen müssen eine Mischung aus formellen Kontakten (z. B. zu professionellen Helfern) und informellen Kontakten (z. B. zu ebenfalls behinderten und auch nicht behinderten Menschen) aufweisen.

- Die aus dem Konzept der „Unterstützten Beschäftigung" stammende Idee eines „circle of support" (Unterstützerkreises) stellt eine weitere Form der Netzwerkarbeit dar (Doose 2007, 125 f).
- Der Begriff „enabling niches" steht für Netzwerke mit einem haltgebenden, schützenden und zugleich persönlichkeitsfördernden Charakter (Theunissen 2006c, 73).
- Selbsthilfegruppen und -organisationen sind eine gute Möglichkeit, Netzwerke unter behinderten Menschen zu stärken, aus denen dann auch Selbstvertrauen und Selbstwertgefühl entstehen können.

Übungen zu Kap. 4.3.7

63. Verständnisfrage: Nach welchen Kriterien kann man soziale Netzwerke und soziale Unterstützung untersuchen?
64. Diskussions-/Reflexionsfrage: Wie sieht ein hilfreiches, integrierendes und unterstützendes Netzwerk im idealtypischen Sinne aus?

Bullinger/Nowak (1997): Soziale Netzwerkarbeit
Stimmer (2006): Grundlagen des methodischen Handelns in der Sozialen Arbeit

4.3.8 Gemeinwesenarbeit

An dieser Stelle wird die Gemeinwesenarbeit auf der Grundlage der Sozialraumorientierung als eine weitere Methode der Sozialen Arbeit beschrieben, die allerdings in der Behindertenhilfe auf eine breitere Anwendung in Deutschland wartet.

Die Gemeinwesenarbeit gilt als eine der drei klassischen Methoden (neben der Einzelfallhilfe und der Gruppenarbeit). Gemeinwesenarbeit fußt im Wesentlichen auf einer sozialräumlichen, politischen Betrachtungsweise, die bereits in Kapitel 4.2.5 erläutert wurde. Gemeinwesenarbeit intendiert eher eine Verhältnisänderung, eine Beeinflussung der sozialen Milieus, der Umwelt bzw. des Umfeldes von Individuen. Es werden sozial-strukturelle Veränderungen angestrebt, um die Lebensbedingungen von Menschen zu verbessern. Dazu soll möglichst keine asymmetrische Helfer-Klient-Beziehung entstehen und es bedarf auch keiner individuellen Falldefinition.

Methodisch nutzt die Gemeinwesenarbeit im diagnostischen Sinne u. a. die aktivierende Befragung (Lüttringhaus/Richers 2003) und die Sozialraumanalyse (Boettner 2007), die jedoch selbst im Sinne der Aktionsforschung eine aktivierende und partizipative Ausrichtung besitzen (Hinte/Karas 2003).

Die Sozialraumanalyse kann nach Boettner (2007) in eine strukturelle und eine lebensweltliche unterteilt werden. Die strukturelle Sozialraumanalyse untersucht Variablen und Ausprägungen verschiedener Dimensionen, die als vertikale (Einkommen, berufliche Stellung, Bildungsstand) und horizontale (Geschlecht, Singlehaushalte, Alter, Wohndauer usw.) auch in der Lebenslagenforschung untersucht werden. Hier wird allerdings keine einzelne Bevölkerungsgruppe, sondern ein bestimmter Sozialraum (Stadtteil, Bezirk, Quartier, Dorf usw.) untersucht. Mögliche Untersuchungsthemen könnten auch Ereignisse (wie z. B. Straftaten), die Häufigkeit sozialpolitischer Leistungen (z. B. Jugendhilfefälle) oder klassische soziale Probleme, wie die Inanspruchnahme von SGB II/III-Leistungen, das Vorkommen von Armutshaushalten o. Ä. sein. Die lebensweltliche Sozialraumanalyse untersucht z. B. bestimmte Orte oder Gelegenheiten, an denen Begegnungen zwischen den Bevölkerungsteilen stattfinden. Boettner (2007, 274) bezeichnet diese Orte als den sozialen Sinn der Topografie. In diesen Bereich fallen auch Territorien, d. h. informell oder formell gegen andere abgegrenzte Bereiche und bestimmte Regeln der Orte, an denen ein bestimmter Verhaltenskodex gilt.

Die aktivierende Befragung kann Auskunft darüber geben, wie die Bevölkerung selbst ein bestimmtes Problem wahrnimmt. Ziel der aktivierenden Befragung ist neben der Erforschung dieser und anderer Fragen auch und gerade die Mobilisierung bzw. Motivation der betreffenden Personen, die an der Veränderung des Problems beteiligt sein sollten, da sie von dem Problem direkt betroffen sind.

Nach einer gründlichen Analyse des Gemeinwesens werden weiterhin Verfahren der Kontaktaufnahme und Kontaktpflege zu Angehörigen des Gemeinwesens (i. d. R. Anwohner, Geschäftsleute, Politiker, Kirchenmitglieder usw.) und Verfahren zur Meinungsbildung in Gruppen und zur politischen Einflussnahme (Bürgerversammlungen, Demonstrationen, öffentliche Aktionen) angewendet.

Wie auch in der Jugendhilfe ist für die Gemeinwesenarbeit in ihrer Variante als Sozialraumarbeit in der Behindertenhilfe mittelfristig über ein Sozialraumbudget nachzudenken, welches hilft, fallunspezifische Vernetzung- und Aktivierungsarbeit zu leisten. Darüber hinaus besteht auch in der konsequenten Aktivierung und Einbindung von Freiwilligen, Ehrenamtlichen und weiteren Bürgern in die gemeinwesenbezogene Arbeit eine wesentliche Notwendigkeit zur Erreichung des Zieles einer weitgehenden Inklusion von Menschen mit Behinderungen.

In Analogie zu einer Matrix von Budde/Früchtel (2006) können die fall- und die fallunspezifische Dimension sozialräumlichen Handelns in der Behindertenhilfe wie in Tabelle 10 skizziert werden.

Teilhabe und Partizipation sind die Schlagwörter der Zukunft, die ohne eine gelungene Gemeinwesenarbeit, also ein professionell initiiertes Zusammenleben von behinderten und nicht behinderten Menschen, nicht möglich sein werden (Theunissen/Schirbort 2006, 141–192).

Soziale Arbeit ist hier – wie in fast keiner anderen Form – gefordert, ihre spezifische Kompetenz in der Gemeinwesenarbeit einzubringen, um den wachsenden Anforderungen an eine sozialräumliche Perspektive im Zuge des vermehrten Angebots an ambulanten bzw. offenen, gemeindeintegrativen Hilfen zu entsprechen. Die Sonder- oder Heilpädagogik kann diese Aufgabe einer inklusiven Gemeindearbeit nicht

Tab. 10: Fallspezifische und fallunspezifische Arbeit

	Fallspezifische Dimension	Fallunspezifische Dimension
Methodische Ebene der Arbeitsformen	■ direkte Unterstützung behinderter Menschen ■ Nutzung von Beratungs-, Assistenz- oder Gruppenarbeitskonzepten	■ Sozialraumanalyse ■ Integration in den Sozialraum durch normalisierte Teilhabe ■ Nutzung von sozialräumlichen Ressourcen, z. B. durch Case Management, Netzwerkarbeit
Organisatorische Ebene der Steuerung	■ ambulant vor stationär ■ Verbesserung der allgemeinen Lebensqualität und Lebenslage der Betroffenen ■ Vernetzung mit anderen Diensten und Angeboten	■ Gestaltung des Sozialraums, in dem die zu Unterstützenden leben ■ Sozialplanung unter Berücksichtigung der Belange von behinderten Menschen

alleine leisten und vielfach fehlt es ihr an entsprechenden Konzepten und Methoden.

Übungen zu Kap. 4.3.8

65. Verständnisfrage: Welche Methoden nutzt die Gemeinwesenarbeit zur Erfassung der Problemlagen?
66. Diskussions-/Reflexionsfrage: Diskutieren Sie die Bedeutung einer Gemeinwesenperspektive mit den methodischen Implikationen, die von einer fallspezifischen zu einer fallunspezifischen Arbeit weisen. Welche neuen Aufgaben ergeben sich daraus für Fachkräfte in der Behindertenhilfe?

Theunissen/Schirbort (2006): Inklusion von Menschen mit geistiger Behinderung
Aselmeyer (2008): Community Care und Menschen mit geistiger Behinderung. Gemeinwesenorientierte Unterstützung in England, Schweden und Deutschland

4.3.9 Selbsthilfeförderung

Selbsthilfe ist paradoxerweise auch eine Aufgabe professioneller Hilfe, wenn es darum geht, Menschen zur Nutzung von Selbsthilfe durch Fremdhilfe zu motivieren, ihnen Ressourcen zu Verfügung zu stellen und Selbsthilfeaktivitäten zu moderieren. Die Selbsthilfeförderung spielt in der Behindertenhilfe neben den institutionellen Angeboten eine wichtige Rolle.

Unter Selbsthilfe wird im Wörterbuch der Gebrüder Grimm von 1900 definiert, dass diese eine Hilfe sei, „die man sich leistet, besonders eigenmächtige Hilfe mit Umgehung oder im Widerspruch zu der Obrigkeit" (zitiert nach Rohrmann 1999, 16) oder im Brockhaus Konversationslexikon von 1889: „Selbsthilfe [ist] im geordneten Staatswesen im allgemeinen nicht gestattet" (zitiert nach Rohrmann 1999, 16).
    Diesen Definitionen liegt ein Verständnis zugrunde, das annimmt, dass in einem geordneten Nationalstaat die Obrigkeit, d. h. die Machtin-

haber, alle Wünsche und Bedürfnisse, die ein Bürger haben darf, auch erfüllen.

Entgegen diesen klassischen Definitionen, nach denen z.B. die Arbeiterselbsthilfe des 19. Jahrhunderts tatsächlich eine politische Opposition darstellte, steht die Neue Selbsthilfe seit ihren Anfängen in den 1970er Jahren vor allem im Kontext einer Expertenkritik. Die zusätzlich durch ökonomischen und gesellschaftlichen Einfluss in nichtpersönliche Hilfe umgewandelten professionellen Hilfen hinterlassen dabei eine Lücke im gesellschaftlichen Zusammenhalt. Selbsthilfe schafft dort wieder Nähe und überschaubare soziale Netze, wo diese sozialen Beziehungen derart verändert sind, dass sie nicht länger soziale Unterstützung bieten können. Für den Bereich der Selbsthilfe bestätigen Forschungen die These des Verlustes der Überschaubarkeit und der „sozialen Vitamine" (Kindler 1992).

Zwei Merkmale von Selbsthilfe werden in der Literatur durchgängig beschrieben. Dies ist zum einen das „uno-acto-Prinzip", welches das gleichzeitig stattfindende Geben und Nehmen von Hilfe und Unterstützungsleistungen in Gruppen beschreibt. Zum anderen ist es das Autonomisierungsprinzip, welches viele verschiedene Begriffe, die analog verwendet werden, zusammenfasst. Autonomisierung meint den Versuch der Teilnehmer von Selbsthilfegruppen, sich selbstständig zu organisieren, durch eigenes Erleben zu lernen und eigene Leistung dafür einzusetzen (Moeller 1978).

Die Selbsthilfebewegung kann zusammen mit anderen Bewegungen (Feminismus, Ökologie, Friedensbewegung) als soziale Bewegung verstanden werden. Als solche bezog sie ihre Kraft aus der zunehmenden Unzufriedenheit mit einer staatlich organisierten, autoritären und entmündigenden Behandlung und Versorgung kranker bzw. hilfsbedürftiger oder sozial schwacher Menschen. Einer weitgehenden Fügung in eine hierarchische, vom expertokratischen System ausgehende Abhängigkeit wurde ein Modell entgegengesetzt, das diese Art der Hilfe durch eigene, demokratische Prinzipien ersetzen wollte. Betroffene wollen nun „Experten in eigener Sache" (Geislinger 1998; Steiner 1999) sein.

Viele Selbsthilferichtungen und -gruppen sind in der Deutschen Arbeitsgemeinschaft Selbsthilfegruppen e.V. oder auch im Dachverband psychosozialer Hilfevereinigungen zusammengeschlossen.

Selbsthilfeförderung wird in den Methodenbüchern der Sozialen Arbeit (u.a. Galuske 1998, Stimmer 2000) nur selten als Methode beschrieben, wenn überhaupt findet sie als Teil von Empowerment Beachtung. Soziale Arbeit als Empowerment zeichnet sich neben der individuellen Förderung von Selbsthilfefähigkeiten (verstanden als Enablement oder Befähigung) vor allem durch die eigentliche Selbsthilfeförderung in Gruppen aus.

Die systematische Förderung von Selbsthilfefähigkeiten, die etwa zum Peer Support oder Peer Counseling führen, geschieht z. B. durch Erwachsenenbildungsmaßnahmen, Kompetenztrainings als in vitro stattfindende Interventionen auf der einen und die Integration in bzw. Schaffung von Selbsthilfegruppen und Interessenvertretungen als in vivo stattfindende Maßnahmen auf der anderen Seite. Daneben zählt die partizipative Beteiligung in Einrichtungen, Organisationen und Politikfeldern zu den Möglichkeiten einer Selbsthilfeförderung.

Soziale Arbeit in der Behindertenhilfe als eine solche Selbsthilfeförderung setzt also auf individueller, institutioneller wie politischer Ebene gleichermaßen an. Die eigentliche pädagogisch-professionelle Aufgabe besteht darin, einerseits die notwendige Fremdhilfe zur Selbsthilfe zu geben, andererseits den richtigen Zeitpunkt für einen Rückzug der professionellen Fachkraft sowie, wenn noch keine Trennung möglich ist, das richtige Nähe-Distanz-Verhältnis zu finden, um Autonomie zu ermöglichen und nicht mit zu viel professionellem Engagement zu behindern.

Ein Beispiel ist die Frage nach der Leitung von Selbsthilfegruppen: Manche Gruppen wünschen sich ausdrücklich eine Moderation durch einen Professionellen, andere benötigen sie mindestens für die Anfangsphase und schließlich andere lehnen eine Beteiligung von Professionellen schon zu Beginn der Gruppe vehement ab.

Ein weiteres Beispiel liegt sicher in der Förderung von „self-advocacy", also dem „für sich selbst sprechen" (Knust-Potter 1997, 519 f) z. B. in People First-Gruppen. Dort kann man als Professioneller für Selbsthilfe sorgen, indem man z. B. mit kommunikationsbeeinträchtigten Menschen Befähigungsstrategien entwickelt, Selbstkompetenztrainings durchführt oder auch entsprechenden Gruppen Räume und Organisation durch ein Büro bereitstellt.

Übungen zu Kap. 4.3.9

67. Verständnisfrage: Mit welchen beiden Merkmalen können Selbsthilfegruppen beschrieben werden?
68. Diskussions-/Reflexionsfrage: Welche Bedeutung haben Selbsthilfeaktivitäten für behinderte Menschen?

Geislinger (1998): Experten in eigener Sache
Kniel/Windisch (2005): People First

Lösungen

Kapitel 2.1

1. Im Zuge der Entstehung eines medizinischen Interesses an „Geisteskrankheiten" wurden im 19. Jahrhundert eigene Hospitäler und Anstalten gegründet, die nicht mehr nur die Disziplinierung, sondern auch die Heilung der nun immer mehr als Patienten verstandenen Insassen intendierten.

2. Betrachten Sie hierzu die Anforderungen an den neuen Typus des Menschen im Kapitalismus, der von nun an fleißig, ordentlich, gebildet und sittsam sein sollte, um der neuen bürgerlich-kapitalistischen Produktions- und Lebensweise zu entsprechen. (S. 16)

Kapitel 2.2

3. Diese Formel wurde von Rauschenbach als Bezeichnung für die moderne Form des Helfens als professionelle Tätigkeit geprägt. „Inszenierte Solidarität" ergänzt seit der Entstehung der Sozialpolitik bzw. der Sozialen Arbeit die natürliche Solidarität unter Menschen. (S. 23)

4. Lesen Sie dazu bei Engelke (2003) und bei Winkler (1997) die ursprünglich differenten wissenschaftstheoretischen Hintergründe der Sozialarbeit auf der einen und der Sozialpädagogik auf der anderen Seite.

Kapitel 2.3

5. Soziale Arbeit fördert sozialen Wandel in der Gesellschaft ebenso wie sie dabei hilft, individuelle, zwischenmenschliche Probleme zu lösen. Sie tut dies alles auf der Grundlage von Wissen über Menschen und soziale Systeme. (S. 26)

6. Sozialarbeit stellt auf Grundlage eines Gerechtigkeitsverständnisses Erklärungs- und Handlungswissen über soziale Sicherheit im materiellen Sinne zur Verfügung und Sozialpädagogik eben solches über Probleme der Lebensführung im psycho-pädagogischen Sinne.

Kapitel 2.4

7. Sie geht davon aus, dass sich die Menschenrechte als kodifiziertes Ergebnis einer Bedürfnistheorie verstehen lassen. Bedürfnisse sind dem Menschen per natura gegeben. Wenn die Soziale Arbeit dann aktiv wird, wenn Bedürfnisse nicht erfüllt werden, kann sie sich als eine Menschenrechtsprofession bezeichnen. (S. 35)

8. Nussbaum argumentiert nicht nur mit einer möglichst gerechten Verteilung von Gütern, sondern auch mit der Notwendigkeit, Menschen zur Nutzung der Güter zu befähigen. Damit fundiert sie die beiden Seiten eines integrativen Verständnisses Sozialer Arbeit aus gerechtigkeitstheoretischer Sicht.

Kapitel 2.5

9. Methodisches Handeln beinhaltet nach Meinhold die Berücksichtigung der „Arbeitskontexte", der „Arbeitsprinzipien" und der „Verfahren und Techniken". (S. 42)

10. Soziale Arbeit als Profession verdeutlicht ihre Expertise durch methodisches, also begründetes und planvolles Handeln, um die Nachvollziehbarkeit, Effektivität und Effizienz ihres Handelns zu zeigen.

Kapitel 3.1

11. Behinderung im allgemeinen Sinne bezeichnet die negative Wechselwirkung zwischen einer Person und ihrem Gesundheitsproblem und den Kontextfaktoren im Hinblick auf ihre Funktionsfähigkeit. Im speziellen Sinne ist Behinderung definiert als negative Wechselwirkung zwischen Person und Kontextfaktoren im Hinblick auf ihre Teilhabe. (S. 56)

12. Die ICF verbindet eine sozialwissenschaftliche und eine medizinisch- psychologische Sichtweise zu einem integrierten Verständnis von Behinderung, indem sowohl individuelle (biologische, psychische) als auch soziale Faktoren eine Rolle spielen.

Kapitel 3.2.1

13. Personen sind im philosophischen Sinne (Brumlik, Kant, Singer) Lebewesen, die vernunftbegabt, d. h. in der Lage sind, ihr eigenes Leben in die Zukunft hin zu planen, sich ihrer Selbst bewusst sind und Verantwortung für sich oder andere tragen können. (S. 60)

14. Menschen mit schweren geistigen Behinderungen fallen nicht unbedingt unter die o. g. Kategorien und es ergeben sich unterschiedliche Möglichkeiten des Umgangs mit ihnen, z. B. bei Singer, der die Tötung

von Säuglingen als Nicht-Personen ethisch begründet oder bei Brumlik, der Personen die Pflicht auferlegt, für Nicht-Personen zu sorgen.

Kapitel 3.2.2

15. „Selbst" bedeutet im Kantischen Sinne der Rückbezug bzw. die Erkenntnis meiner selbst als Geist und Körper und „Bestimmung" kann in Bezug auf die Macht über etwas verstanden werden. (S. 64)

16. Betrachten Sie exemplarisch z.B. die Wohn- oder Arbeitssituation von behinderten Menschen und suchen Sie nach Gründen, warum auch bei fehlender oder eingeschränkter Selbstständigkeit Selbstbestimmung möglich ist.

Kapitel 3.2.3

17. Das Normalisierungsprinzip umfasst sieben Ebenen: Tages-, Wochen- und Jahresrhythmus, Trennung von Arbeit, Freizeit und Wohnen, Lebenslauf, Bedürfnisse, Kontakte zwischen den Geschlechtern, wirtschaftlicher Standard und Einrichtungsstandard. (S. 69 f)

18. Die Aufwertung der sozialen Rolle (Valorisation) kann sich in einer Bürgergesellschaft vorteilhaft auf die Integration auswirken, wenn nicht behinderte Bürger behinderte Bürger wegen ihrer Fähigkeiten und Leistungen schätzen. Nachteile ergeben sich für alle die, die nicht in der Lage sind, etwas in oder für die Gemeinde zu leisten.

Kapitel 3.2.4

19. Integration setzt zunächst erst einmal eine Randständigkeit bzw. Segregation voraus. Aus dieser sollen Menschen dann in für andere normale Lebensmuster integriert werden. Inklusion setzt auf die präventive Verhinderung von Ausschluss durch entsprechende Gestaltung von Lebensräumen. (S. 72)

20. Die systemtheoretische Begründung von Inklusion (z.B. bei Luhmann) fokussiert die Möglichkeit der Inklusion, ob jedoch Inklusion in alle Bereiche wünschenswert ist oder ob nicht Teilexklusion aus bestimmten Bereichen (z.B. Arbeitsmarkt) entlastend sein kann, muss sich empirisch beweisen.

Kapitel 3.3.1

21. a) Gruppengegliedertes Wohnen (Wohnheime, Wohnstätten, Wohnhäuser), b) Gruppenwohnungen (Wohngruppe, Wohngemeinschaft), c) Einzel-/Paarwohnen bzw. Eltern-Kind-Wohnen. (S. 82)

22. Entscheidend für die Wahl der Wohnform könnten u.a. sein: indivi-

duelle Präferenzen der Klientin, Pflege- bzw. Hilfebedarf, regionales Angebot vorhanden oder Umzug nötig, Zukunftsvorstellungen der Klientin und ihrer Familie über Möglichkeiten der Verselbstständigung.

Kapitel 3.3.2

23. In der Regel gelingt die Integration im Bildungsbereich nur bis zum Ende der Sekundarstufe I, gelegentlich sogar nur bis zur Primarstufe (Grundschule). (S. 98)

24. Schauen Sie sich die Anforderungen an heutige Schulabgänger an, was ihr Wissen, ihre sozialen Kompetenzen und ihr Können anbelangt und erörtern sie notwendige Fördermaßnahmen für behinderte Kinder!

Kapitel 3.3.3

25. Die behinderten Menschen müssen ein „Mindestmaß an wirtschaftlich verwertbarer Leistung" erbringen und auf dem allgemeinen Arbeitsmarkt nicht arbeiten können. (S. 105)

26. Stellen Sie sich vor, sie wären Betriebsleiter/Geschäftsführer einer WfbM und sie sind aufgrund der wirtschaftlichen Lage gezwungen, in Spitzenzeiten der Produktion nicht behinderte Arbeitslose einzusetzen, um ihren Kunden in der Industrie gerecht zu werden. Wie wirkt sich dieses auf die behinderten Mitarbeiter aus?

Kapitel 3.3.4

27. Freizeit dient der Befriedigung folgender Bedürfnisse bzw. hat folgende Funktionen: „Kommunikation", „Integration", „Partizipation", „Enkulturation", „Rekreation", „Kompensation", „Edukation" und „Kontemplation". (S. 113)

28. Schauen Sie sich einmal ihre eigenen Freizeitbedürfnisse und ihre Möglichkeiten zur Realisierung an und vergleichen Sie diese mit den Möglichkeiten behinderter Menschen. Welche Diskrepanzen ergeben sich?

Kapitel 3.3.5

29. Familienentlastende Dienste bieten Beratung und Begleitung von Familien mit behinderten Kindern an, um diese von ihrer Pflege- und Betreuungssituation zu entlasten und die „Gesundheit" des gesamten Familiensystems zu stärken. Hierzu zählt auch das Angebot von Freizeiten oder die stundenweise Betreuung der Kinder. (S. 120)

30. Die Zunahme an Ein-Eltern-Familien sowie die Berufstätigkeit vieler Eltern machen familienunterstützende Maßnahmen immer notwendiger.

Kapitel 3.3.6

31. Hierzu zählen u. a. das im Durchschnitt geringe Einkommen oder auch die geringeren oder ungenügenden Arbeitsmöglichkeiten sowie die Belastungen in der Familie durch ein behindertes Kind. (S. 123)

32. Behinderung als soziale Tatsache wird beeinflusst von sozialen Bedingungen der Gesellschaft. Betrachten sie die limitierenden Faktoren der sozialen Lage Behinderter im Hinblick auf ihre gesellschaftliche Teilhabe, z. B. im Hinblick auf die Integration in den Arbeitsmarkt und diskutieren Sie die diesbezüglichen Probleme im Sinne der Valorisationstheorie von Wolfensberger. (Kapitel 3.2.3)

Kapitel 3.3.7

33. Die Sozialen Netzwerke behinderter Menschen sehen in den allermeisten Fällen signifikant schlechter aus als bei nicht behinderten Menschen. Dies betrifft vor allem die Zahl der Menschen, die potenzielle Unterstützung leisten könnten, die Unterrepräsentation der „natürlichen" Netzwerkangehörigen" gegenüber „professionellen" Netzwerkangehörigen" und die Wechselseitigkeit von Hilfeerhalt und Helfen.

34. Betrachten Sie Ihr Soziales Netzwerk einmal unter den Gesichtspunkten: wieviele Unterstützungspersonen existieren, welche Hilfe kann ich von diesen erwarten und was gebe ich selbst in meinem Sozialen Netzwerk an Unterstützung für Andere. Unterschiede werden Sie in Bezug auf die Reziprozität und die Dichte Ihres Sozialen Netzwerkes gegenüber dem behinderter Menschen feststellen.

Kapitel 3.3.8

35. Frühförderstellen sind im Gegensatz zu Sozialpädiatrischen Zentren Einrichtungen, die sich auf die Förderung von behinderten Kindern konzentrieren. Dies erfolgt z. T. auch ambulant bzw. mobil in den jeweiligen Wohnungen der betroffenen Familien. Die Sozialpädiatrischen Zentren haben neben der ebenfalls stattfindenden Therapie und Förderung zusätzlich eine wichtige diagnostische Funktion in der pädiatrischen Behandlung. Außerdem behandeln sie im Gegensatz zu Frühförderstellen i. d. R. auch ältere Kinder und Jugendliche. (S. 127 f)

36. Die frühe Förderung kann in hohem Maße präventiv wirken, bestimmte Behinderungssymptome lindern und die Entwicklung von Selbstständigkeit und Selbstbewusstsein bei den behinderten Kindern fördern. Die Lebenslauf-Perspektive verspricht dabei einerseits einen Entwicklungs-Optimismus, andererseits begründet sie die Notwendigkeit des frühen Lernens für spätere Aufgaben.

Kapitel 3.4

37. Hierzu zählen insbesondere die unter „Sozialraumorientierung" zu fassenden neuen Anforderungen, Hilfen so zu gestalten, dass sie eine soziale Integration und Netzwerkeinbindung in die Gemeinde ermöglichen und damit eine Ergänzung zu rein individuellen Förderzielen darstellen. (S. 139)

38. Selbstbestimmung und Teilhabe sind komplementäre Begriffe, die einerseits die Autonomie und andererseits die Abhängigkeit von Menschen gegenüber anderen Menschen signalisieren. Gemeinweseneinbindung kann beides bewirken, andererseits kann sich auch durch soziale Kontrolle eine Begrenzung von Selbstbestimmung ergeben.

Kapitel 4.1

39. Soziale Probleme werden von der Sozialen Arbeit gleichzeitig als gesellschaftlich generiert und individuell beeinflusst gesehen. Soziale Probleme sind nicht nur Teil der Sozialpolitik, sondern werden für die Soziale Arbeit durch das individuelle Leiden von Menschen manifest. (S. 150f)

40. Die Sonder- und Heilpädagogik orientiert sich z.B. an dem Bildungsanspruch aller Menschen und den Barrieren für behinderte Menschen. Andere Leitkonzepte sind etwa die der Medizin nach körperlicher und geistiger Gesundheit.

Kapitel 4.2.1

41. Die Sozialökologie versteht menschliche Probleme als Resultat aus einer Person-in-Umwelt-Transaktion. Störungen und Probleme entstehen an dieser Stelle ebenso wie Möglichkeiten zur Problemlösung, die in der Person und in der Umwelt gesehen werden. (S. 155f)

42. Beide Theorien fokussieren das Person-Umwelt-Verhältnis als für die Lebensgestaltung im positiven und die Entstehung sozialer Probleme im negativen als konstitutiv. Sowohl die Person als auch die Umwelt enthalten Ressourcen, aber auch Limitierungen bzgl. der Lebensführung von Menschen, Gruppen und Gesellschaften.

Kapitel 4.2.2

43. Staub-Bernasconi argumentiert, dass nur eine bedürfnisorientierte Theorie den Gegenstand und die Funktion Sozialer Arbeit erklären kann (methodisch und ethisch), Luhmann geht dagegen davon aus, dass sich auch das Helfen als eine funktionale Aufgabe eines Systems verstehen lässt und deshalb nicht direkt auf Bedürfnisse reagiert, sondern mehr

auf Anforderungen der Teilsysteme, z. B. der Schule oder des Arbeitsmarktes.

44. Betrachten Sie hierbei vor allem das zugrundeliegende Menschenbild der Bedürfnisorientierung (Staub-Bernasconi) bzw. der Funktionsorientierung (Luhmann), die jeweils ganz andere Anforderungen an die Individuen und die Gesellschaft bzgl. ihrer Lebensführung stellen.

Kapitel 4.2.3

45. Prävention, Alltagsorientierung, Integration, Partizipation (vgl. Hein). (S. 170)

46. Sowohl das Normalisierungsprinzip als auch die Lebensweltorientierung sehen die Realität als einerseits gegeben, andererseits auch im Sinne von potenziellen Freiheiten an und bewegen sich deshalb beide im Spagat zwischen gesellschaftlicher Normierung und lebensweltlichen Möglichkeiten der Lebensgestaltung behinderter Menschen.

Kapitel 4.2.4

47. Der Empowermentbegriff setzt sich aus dem Enablement (Fähigkeitenansatz) und dem eigentlichen Empowerment (Macht- bzw. Partizipationsansatz) zusammen. Individuelle Kompetenzen und soziale Rechte gehören dabei stets zusammen, d. h. Menschen können ihre gesellschaftliche Kraft erst zeigen, wenn sie entsprechende Fähigkeiten zur Durchsetzung ihrer Interessen besitzen. Gleichzeitig nutzen einem diese Fähigkeiten wenig, wenn sich kein politisch-gesellschaftlicher Raum zu deren Anwendung finden lässt. (S. 175)

48. Diskutieren Sie, inwieweit und wo sich die einzelnen Aspekte des Empowerment in der Praxis der Arbeit mit behinderten Menschen umsetzen lassen und wo man auf Grenzen des Enablement bzw. des Empowerment stößt. Gibt es z. B. Grenzen des Fähigkeitenerwerbs bei bestimmten Behinderungsarten? Welche institutionellen und sozialstaatlichen Regeln erschweren die Umsetzung des Partizipationsansatzes?

Kapitel 4.2.5

49. Betrachten Sie hierzu die Definition aus dem Lexikon der Sozialarbeit / Sozialpädagogik von Stimmer. (S. 177)

50. Diskutieren Sie hierbei, ob nicht – gemäß des generalistischen Ansatzes der Sozialen Arbeit und der Person-Umwelt-Theorie – die Fall- oder Feldarbeit sich immer entweder auf das Individuum, eine Gruppe oder ein Gemeinwesen richtet. Kann man die einzelnen Metho-

den überhaupt voneinander trennen oder sollte nicht in der Praxis die Methode dem Ziel folgen?

Kapitel 4.3.1

51. Soziale Diagnostik ist die „systematische, regelgeleitete, empirisch fundierte Informationssammlung, -auswertung und -interpretation". (S. 183)

52. Als Möglichkeit bietet sich an, sich in einem Gedankenspiel vorzustellen, die Soziale Arbeit hätte ein solches diagnostisches Repertoire wie die Medizin. Wo lägen Vorteile, wo Nachteile? Kann man überhaupt standardisierte Instrumente auf den menschlichen Einzelfall anwenden? Was spricht dafür, was dagegen?

Kapitel 4.3.2

53. Alltagsrekonstruktion bedeutet den (Wieder-)Aufbau von lebensweltlichen Alltagsstrukturen, die durch Krankheit, Behinderung oder andere soziale Probleme verloren gegangen sind. Alltagsbegleitung stellt die Methode dar, mit der auf längere Sicht Menschen in ihrer lebensweltlichen Situation begleitet werden. (S. 187)

54. Alltag ist einerseits oft ermüdend, da sich die Dinge immer wiederholen, andererseits stellt Alltäglichkeit eine routinisierte, strukturierte Form der Lebensgestaltung dar, die in normalen Lebensphasen die Zeit strukturiert. In Krisenzeiten geraten diese Zeitstruktur und damit die „Ordnung" im Leben durcheinander. Dieses Durcheinander stellt ein wichtiges Moratorium zur Neufindung von Lebenszielen, möglichen Bewältigungswegen und potenziellen Lösungen dar.

Kapitel 4.3.3

55. Mit Sickendieck/Engel/Nestmann (2002) kann man (sozial-)pädagogische, soziale, psychologische und psychosoziale Beratung unterscheiden. (S. 189)

56. Die häufig als verbale Beratung konzipierten Ansätze bedürfen bei kommunikationsbeeinträchtigten Menschen gegebenenfalls eine Anpassung hinsichtlich des Mediums Sprache. So können zur Beratung auch visuelle (Gestik, Mimik), ästhetische (Bilder) oder auch motorische (Berührungen, Bewegungen) Medien genutzt werden, um Beratungsinhalte zu vermitteln. Auch der Einsatz von kommunikationsunterstützenden Instrumenten, wie etwa einem PC, sowie die „Übersetzung" in Gebärdensprache kann hilfreich sein.

Kapitel 4.3.4

57. Eine enge Auffassung von Sozialer Therapie würde diese den Stellenwert einer Methode der Sozialen Arbeit zubilligen, d. h. sie würde neben der Beratung, der Gruppenarbeit und der Gemeinwesenarbeit eine eigenständige Stellung erhalten. Eine erweiterte Auffassung von Sozialer Therapie definiert diese als therapeutische Methode, die in oder mit der sozialen Umwelt des Patienten arbeitet, diese verändert oder stabilisiert. (S. 195)

58. Soziale Therapie als Veränderung der Eingebundenheit der Person in ihrer Lebenswelt fokussiert die sozialen Umstände der Behinderung und kann damit sowohl die darin liegenden Ressourcen als auch die Behinderungen erkennen und sie in den therapeutischen Prozess einbringen. Diskutieren Sie, was sich an den Behinderungen der Umwelt im Sinne einer Therapie verändern lässt und wo sich dazu auch die Person des behinderten Menschen gegebenenfalls verändern muss. Dabei hilft einem das biopsychosoziale Krankheits- und Behinderungsverständnis der Integrierten Medizin und der WHO. (vgl. Kapitel 3.1.3)

Kapitel 4.3.5

59. Einstieg (Intake), Assessment, Hilfeplanung, Controlling / Evaluation. (S. 199)

60. Menschen mit Behinderungen leben oft in einer sehr fremdbestimmten Welt mit institutionellen Hilfsangeboten einerseits und lebensweltlicher Unterstützung andererseits. Hinzu kommt, dass tendenziell ein „Mehr an Abhängigkeit" (Hahn 1999) besteht und damit die Gefahr der „fürsorglichen Belagerung" (Heinrich Böll). Um diesem zu begegnen, kann im Case Management mit höchster Priorität auf den Lebenszielen der Betroffenen ein Hilfearrangement hergestellt werden, dass so viel Hilfe wie nötig, aber auch so wenig wie möglich umfasst. Das kann von einem komplexen bis hin zu einem kontinuierlichen, aber überschaubaren Arrangement an Hilfen reichen.

Kapitel 4.3.6

61. Die Familienhilfe beruht zum einen auf einem systemischen Verständnis der Familie selbst und zum anderen auf sozialisationstheoretischen, gesundheitspsychologischen und sozioökonomischen Modellen. (S. 203)

62. Die häufig an einem Symptom, z. B. der Verhaltensauffälligkeit eines Kindes, sichtbar werdenden Probleme können als Probleme der gesamten Familie verstanden werden. Die zu Beginn der familiensystemischen Forschung entwickelten „Problemtheorien", die dysfunktio-

nalen Prozessen innerhalb der Familie die Schuld an der Entstehung von Auffälligkeiten oder Krankheiten geben, sind dabei durch ressourcenorientierte Ansätze, die Familien grundsätzlich die Kraft zur Entwicklung geben, zu ergänzen.

Kapitel 4.3.7

63. Soziale Netzwerke können einerseits nach ihrer Struktur, z. B. durch die Dichte des Netzwerkes oder die Zahl der Netzwerkpersonen, und andererseits nach den in ihnen enthaltenen sozialen Unterstützungsprozessen (z. B. der Reziprozität der Beziehungen) untersucht werden. (S. 205)

64. Ein solches Netzwerk wird sich in der Regel durch einen Hilfemix aus formellen und informellen Hilfen charakterisieren lassen. Je höher die in Not- oder Regelfall verfügbare soziale Unterstützung, je besser werden Krisen und Probleme bewältigt werden können. Integrativ wirkt ein Soziales Netzwerk dann, wenn es nicht nur gleiche Personen, z. B. alle mit einer Behinderung, enthält.

Kapitel 4.3.8

65. Die „diagnostischen" Mittel der Gemeinwesenarbeit sind u. a. die aktivierende Befragung, die Sozialraumanalyse und die Aktionsforschung. (S. 209)

66. Die Fachkräfte der Behindertenhilfe sind unter dem Titel „Community Care / Community Living" in Fortsetzung des Normalisierungsprinzips dazu aufgefordert, die Normalität des Lebens behinderten Menschen nicht nur innerhalb der Wohn- und Arbeitsstätten selbst, sondern vor allem in Richtung der diese umgebenden sozialen Umwelt herzustellen. Dazu gehört eine Netzwerkperspektive, d. h. die Vernetzung im Sozialraum mit „normalen" Einrichtungen, kulturellen angeboten, Sportvereinen, dem Konsummarkt usw..

Kapitel 4.3.9

67. Selbsthilfegruppen können nach dem uno-actu-Prinzip und dem Autonomisierungsprinzip charakterisiert werden. (S. 212)

68. Selbsthilfeaktivitäten schaffen im Sinne des Empowerment die Möglichkeit, einerseits von anderen etwas über deren Umgang mit ihrer Behinderung zu lernen und andererseits dadurch evtl. in der eigenen Lebenspraxis autonomer bzw. kompetenter zu werden. Darüberhinaus können durch Selbsthilfegruppen und -verbände die Interessen behinderter Menschen nach außen kommuniziert und damit die Lage in Teilen verbessert werden.

Literatur

Adler, H. (1998): Eine gemeinsame Sprache finden. Klassifikation in der Sozialen Arbeit – Ein Versuch: das Person-In-Environment System (PIE). Blätter der Wohlfahrtspflege, Heft 7+8, 161–164

Ahrendt, H. (1996): Vita activa oder: Vom Tätigen Leben. Piper, München/Zürich

Amann, A. (1983): Lebenslagen und Sozialarbeit. Dunker & Humblot, Berlin

Ansen, H. (2006): Soziale Beratung bei Armut. Ernst Reinhardt, München/Basel

Antonovsky, A. (1997): Salutogenese. Zur Entmystifizierung der Gesundheit. dgvt, Tübingen

Arlt, I. (1958): Wege zu einer Fürsorgewissenschaft. Verlag Notring der wissenschaftlichen Verbände Österreichs, Wien

Aselmeyer, L. (2008): Community Care und Menschen mit geistiger Behinderung. Gemeinwesenorientierte Unterstützung in England, Schweden und Deutschland. Verlag für Sozialwissenschaften, Wiesbaden

Baecker, D. (2000): „Stellvertretende" Inklusion durch ein „sekundäres" Funktionssystem: Wie „sozial" ist die soziale Hilfe? In: Merten, R. (Hrsg.), 39–46

Baumgartner, A. (2004): Personalität. In: Heimbach-Steins, M. (Hrsg.): Christliche Sozialethik. Ein Lehrbuch, Bd. 1. Pustet, Regensburg, 265–269

Beck, I. (1998): Das Konzept der Lebensqualität: eine Perspektive für Theorie und Praxis der Hilfen für Menschen mit einer geistigen Behinderung. In: Jacobs, H.; König, A.; Theunissen, G. (Hrsg.): Lebensräume – Lebensperspektiven. Erwachsene mit geistiger Behinderung in der Bundesrepublik. AFRA.Verlag, Butzbach-Griedel, 348–388

– (2002): Die Lebenslagen von Kindern und Jugendlichen mit Behinderung und ihrer Familien in Deutschland: soziale und strukturelle Dimensionen. In: Sachverständigenkommission 11. Kinder- und Jugendbericht (Hrsg.): Gesundheit und Behinderung im Leben von Kindern und Jugendlichen. Band 4. Deutsches Jugendinstitut, München, 175–315

– (2003): Lebenslagen im Erwachsenenalter angesichts behindernder Bedingungen. In: Leonhardt, A.; Wember, F. (Hrsg.): Grundfragen der Sonderpädagogik. Beltz, Weinheim, 848–874

–; Due, W.; Wieland, H. (1996) (Hrsg.): Normalisierung. Behindertenpädagogische und sozialpolitische Perspektiven eines Reformkonzepts. C. Winter, Heidelberg

–; Franz, D. (2007): Umfeld- und Sozialraumorientierung in der Behindertenhilfe. Empfehlungen und Handlungsansätze für Hilfeplanung und Gemeindeintergratin. DHG, Hamburg/Jülich

Benner, D. (2001): Allgemeine Pädagogik. Eine systematisch-problemge-schichtliche Einführung in die Grundstruktur pädagogischen Denken und Handelns. Juventa, Weinheim / München

Berger, P.; Luckmann, Th. (1996): Die gesellschaftliche Konstruktion der Wirklichkeit. Eine Theorie der Wissenssoziologie. Fischer, Frankfurt / M.

Binner, U.; Ortmann, K. H. (2008): Klinische Sozialarbeit als Sozialtherapie. In: Ortmann, K. H.; Röh, D. (Hrsg.): Klinische Sozialarbeit. Konzepte, Praxis, Perspektiven. Lambertus, Freiburg / Br., 71–88

Blasius, D. (1980): Der verwaltete Wahnsinn. Eine Sozialgeschichte des Irrenhauses. Fischer Taschenbuch, Frankfurt / M.

– (1994): Einfache Seelenstörung: Geschichte der deutschen Psychiatrie 1800–1945. Fischer Taschenbuch, Frankfurt / M.

Bleidick, U. (1999): Behinderung als pädagogische Aufgabe. Behinderungsbegriff und behindertenpädagogische Theorien. Kohlhammer, Stuttgart

– (2003): Der Personbegriff in der Behindertenpädagogik. In: Dederich, M. (Hrsg.), 20–48

Bobzien, M. (1993): Kontrolle über das eigene Leben gewinnen. Empowerment als professionelles Konzept in der Selbsthilfeunterstützung – Aspekte aktivierender Beratung. Blätter der Wohlfahrtspflege. Deutsche Zeitschrift für Sozialarbeit, Heft 2, 46–49

Boettner, J. (2007): Sozialraumanalyse – soziale Räume vermessen, erkunden, verstehen. In: Michel-Schwartze, B. (Hrsg.): Methodenbuch Soziale Arbeit. Verlag für Sozialwissenschaften, Wiesbaden, 259–292

Böhnisch, L. (2002): Lebensbewältigung. Ein sozialpolitisch inspiriertes Paradigma für die Soziale Arbeit. In: Thole, W. (Hrsg.): Grundriss Soziale Arbeit. Leske & Budrich, Opladen, 199–214

–; Lösch, H. (1973): Das Handlungsverständnis des Sozialarbeiters und seine institutionelle Determination. In: Otto, H.-U.; Schneider, S. (Hrsg.): Gesellschaftliche Perspektiven der Sozialarbeit, Bd. 2. Luchterhand, Neuwied / Berlin, 21–40

Bommes, M.; Scherr, A. (2000): Soziale Arbeit, sekundäre Ordnungsbildung und die Kommunikation unspezifischer Hilfsbedürftigkeit. In: Merten, R. (Hrsg.), 67–86

Bormann, B.; Häußler, M.; Wacker, E. (1996): Dokumentationsstand der Strukturen stationärer und teilstationärer Einrichtungen der Behindertenhilfe in Deutschland. Schriftenreihe des Bundesministeriums für Gesundheit. Nomos, Baden-Baden

Bronfenbrenner, U. (1981): Die Ökologie der menschlichen Entwicklung. Klett-Cotta, Stuttgart

Brückner, M. (2004): Der gesellschaftliche Umgang mit menschlicher Hilfsbedürftigkeit. Österreichische Zeitschrift für Soziologie, 29. Jg., Heft 2, 7–23

Brumlik, M. (2004): Advokatorische Ethik. Zur Legitimation pädagogischer Eingriffe. Philo, Berlin

Buchkremer, H. (1990): Heil-/Sonderpädagogik und Sozialpädagogik. In: Speck, O.; Martin, K.-R. (Hrsg.), 46–73

Budde, W.; Früchtel, F.; Hinte, W. (Hrsg.) (2006): Sozialraumorientierung. Wege zu einer veränderten Praxis. Verlag für Sozialwissenschaften, Wiesbaden

Bullinger, H.; Nowak, J. (1998): Soziale Netzwerkarbeit. Lambertus, Freiburg/Br.

Bundesarbeitsgemeinschaft der Integrationsämter (BIH) (2003), im Internet unter: http://www.integrationsaemter.de/files/599/Merkblatt_Arbeitsassistenz_Juni2003.pdf, 18.11.2008

Bundesarbeitsgemeinschaft der überörtlichen Träger der Sozialhilfe (BAGüS) (2006a): Wohnformen und Teilhabeleistungen für behinderte Menschen. Münster

– (2006b): Entwicklung der Fallzahlen in der Eingliederungshilfe. Auswertung eine Erhebung der überörtlichen Sozialhilfeträger. www.lwl.org/spur-download/bag/i67_06an2.pdf, 18.11.2008

Bundesministerium für Familie, Senioren, Frauen und Jugend (2005): Gender Datenreport, Kapitel 9: Zur Situation von Frauen und Männern mit Behinderung. http://www.bmfsfj.de/bmfsfj/generator/Publikationen/genderreport/9-behinderung.html, 18.11.2008

Bundesministerium für Gesundheit und soziale Sicherung (2004): Die Lage der behinderten Menschen und die Entwicklung ihrer Teilhabe. Bundesministerium für Gesundheit und soziale Sicherung, Referat Information, Bonn

Bundesregierung Deutschland (2005): Lebenslagen in Deutschland. Der 2. Armuts- und Reichtumsbericht. http://www.sozialpolitik-aktuell.de/docs/Lebenslagen%20in%20Deutschland_EndBericht.pdf, 18.11.2008

– (2008): Lebenslagen in Deutschland. Der 3. Armuts- und Reichtumsbericht. http://www.sozialpolitik-aktuell.de/docs/Dritter_Armuts-_&_Reichtumsbericht.pdf, 18.11.2008

Bundesvereinigung Lebenshilfe für Menschen mit geistiger Behinderung e. V. (Hrsg.) (1996): Selbstbestimmung: Kongressbeiträge. Dokumentation des Kongresses „Ich weiß doch selbst, was ich will!". Lebenshilfe Verlag, Marburg

Büschges-Abel, W. (2000): Systemische Beratung in Familien mit behinderten oder chronisch kranken Angehörigen: ein lösungsorientierter Ansatz für Heilpädagogik und klinische Sozialpädagogik. Luchterhand, Neuwied/Kriftel/Berlin

Cloerkes, G. (2000): Erkenntnisse und Erfahrungen aus integrativen Ferien- und Freizeitmaßnahmen. In: Markowetz, R.; Cloerkes, G. (Hrsg.), 342–349

– (2007): Soziologie der Behinderten. Universitätsverlag Winter, Heidelberg

– (Hrsg.) (2003): Wie man behindert wird. Texte zur Konstruktion einer sozialen Rolle und zur Lebenssituation betroffener Menschen. Universitätsverlag Winter, Heidelberg

–; Neubert, D. (2001): Behinderung und Behinderte in verschiedenen Kulturen: eine vergleichende Analyse ethnologischer Studien. Universitätsverlag Winter, Heidelberg

Con_sens GmbH (2003): Bestands- und Bedarfserhebung Werkstätten für behinderte Menschen. Im Auftrag des Bundesministeriums für Arbeit und Sozialordnung. http://www.consens-info.de/upload/files/CMSEditor/Bericht-WfBEndfassung.pdf, 18.11.2008

Dederich, M. (2001): Menschen mit Behinderung zwischen Ausschluss und Ankerkennung. Klinkhardt, Bad Heilbronn/Obb.

– (2003): Bioethik und Behinderung. Klinkhardt, Bad Heilbronn/Obb.

– (2006): Geistige Behinderung – Menschenbild, Anthropologie und Ethik. In: Wüllenweber, E. et al. (Hrsg.), 542–557

Deinet, U. (2006): Aneignung und Raum – sozialräumliche Orientierung von Kindern und Jugendlichen. In: Deinet, U.; Gilles, C.; Kopp, R. (Hrsg.): Neue Perspektiven in der Sozialraumorientierung. Frank & Thimme, Berlin, 44–63

Deutscher Bildungsrat (1973): Empfehlungen der Bildungskommission. Zur pädagogischen Förderung behinderter und von Behinderung bedrohter Kinder und Jugendlicher. Bundesdruckerei, Bonn

Deutscher Bundestag (1975): Bericht über die Lage der Psychiatrie in der Bundesrepublik Deutschland zur psychiatrischen, psychotherapeutischen und psychosomatischen Versorgung der Bevölkerung. Bundestagsdrucksache 7/4200

Deutsches Institut für medizinische Dokumentation und Information (DIMDI) (2005): Internationale Klassifikation der Funktionsfähigkeit, Behinderung und Gesundheit. http://www.dimdi.de/dynamic/de/klassi/downloadcenter/icf/endfassung, 18.11.2008

Diewald, M. (1991): Soziale Beziehungen. Verlust oder Liberalisierung? Soziale Unterstützung in informellen Netzwerken. Ed. Stigma, Berlin

Doose, S. (2002): Berufliche Integration von Menschen mit Behinderung. In: Eberwein, H.; Knauer, S. (Hrsg.), 245–263

– (2007): Unterstützte Beschäftigung: Berufliche Integration auf lange Sicht. Lebenshilfe-Verlag, Marburg

Dörner, K. (1994): Wir verstehen die Geschichte der Moderne nur mit den Behinderten vollständig. Leviathan. Zeitschrift für Sozialwissenschaft, Heft 3, 367–390

– (1995): Bürger und Irre. Zur Sozialgeschichte und Wissenschaftssoziologie der Psychiatrie. Europäische Verlagsanstalt, Hamburg

– (2006): Der Nationalsozialismus. In: Wüllenweber, E. et al. (Hrsg.), 23–29

– (2007): Leben und sterben, wo ich hingehöre. Dritter Sozialraum und neues Hilfesystem. Paranus, Neumünster

–; Plog, U. (1994): Irren ist menschlich. Lehrbuch der Psychiatrie/Psychotherapie. Psychiatrie-Verlag, Bonn

Dreitzel, H. P. (1972): Die gesellschaftlichen Leiden und das Leiden an der Gesellschaft: Vorstudien zu einer Pathologie des Rollenverhaltens. Deutscher Taschenbuch Verlag, München

Düring, K.; Schöler, J. (2004): Vom Schulversuch zum Regelfall – die integrativ-kooperativen Schulen in Birkenwerder als eine Perspektive für die sonderpädagogische Förderung im Land Brandenburg. In: Schnell, I.; Sander, A. (Hrsg.): Inklusive Pädagogik. Klinkhardt, Bad Heilbrunn/Obb., 137–150

Dworschak, W. (2004): Lebensqualität von Menschen mit geistiger Behinderung. Theoretische Analyse, empirischer Erfassung und grundlegende Aspekte qualitativer Netzwerkanalyse. Klinkhardt, Bad Heilbrunn/Obb.

Eberwein, H. (1997): Integrationspädagogik als Weiterentwicklung (sonder)pädagogischen Denken und Handelns. In: Eberwein, H.; Knauer, S. (Hrsg.): Integrationspädagogik. Kinder mit und ohne Beeinträchtigung lernen. Beltz, Weinheim/Basel, 45–53

–; Knauer, S. (Hrsg.) (2002): Integrationspädagogik. Kinder mit und ohne Beeinträchtigung lernen gemeinsam. Ein Handbuch. 6. Aufl. Beltz, Weinheim/Basel

Eisenmann, P. (2006): Werte und Normen der Sozialen Arbeit. Kohlhammer, Stuttgart

Elias, N. (1997): Über den Prozess der Zivilisation. Soziogenetische und psychogenetische Untersuchungen. 2 Bd. Suhrkamp, Frankfurt/M.

Engelbert, A. (2003): Behinderung im Hilfesystem: Zur Situation von Familien mit behinderten Kindern. In: Cloerkes, G. (Hrsg.), 209–224

Engelke, E. (2003): Die Wissenschaft Soziale Arbeit. 2. Aufl., Lambertus, Freiburg/Br.

Erath, P. (2006): Sozialarbeitswissenschaft: eine Einführung. Kohlhammer, Stuttgart

Feuser, G. (1996): Geistigbehinderte gibt es nicht! – Projektionen und Artefakte in der Geistigbehindertenpädagogik. Geistige Behinderung 35, 18–25

Fornefeld, B. (2004): Einführung in die Geistigbehindertenpädagogik. 3., aktual. Aufl. Ernst Reinhardt, München/Basel

Freidson, E. (1975): Dominanz der Experten. Zur sozialen Struktur der medizinischer Versorgung. Urban & Schwarzenberg, München

Frevert, U. (2000): Selbstbestimmt leben behinderter Menschen im Sinne der Internationalen Independent Living Bewegung. In: Verein für Behindertenhilfe (Hrsg.): Von der Betreuung zur Assistenz? Professionelles Handeln unter der Leitlinie der Selbstbestimmung. Tagungsbericht, Hamburg, 65–69

Frühauf, T. (1999): Zur Situation der Integration von Kindern mit Behinderung. In: Sachverständigenkommission für den 10. Kinder- und Jugendbericht. Deutsches Jugendinstitut, München, 64–162

Gaedt, C. (2000): Der Beitrag eines psychodynamischen Konzeptes zum Verständnis und zur Therapie von psychischen Störungen bei Menschen mit geistiger Behinderung. In: Häßler, F.; Fegert, E. (Hrsg.): Moderne Behandlungskonzepte für Menschen mit geistiger Behinderung. Schattauer, Stuttgart, 43–76

Galuske, M. (1998): Methoden der Sozialen Arbeit. Juventa, Weinheim

Gehlen, A. (1974): Der Mensch. Seine Natur und seine Stellung in der Welt. Athenäum, Frankfurt/M.

Gehrmann, G.; Müller, K. (2001): Praxis Sozialer Arbeit. Familie im Mittelpunkt. Effektives Krisenmanagement für Familien. Walhalla, Regensburg

Geiser, K. (2007): Problem- und Ressourcenanalyse in der Sozialen Arbeit. Eine Einführung in die Systemische Denkfigur und ihre Anwendung. interact, Luzern; Lambertus, Freiburg/Br.

Geislinger, R. (1998): Experten in eigener Sache – Psychiatrie, Selbsthilfe und Modelle der Teilhabe. Zenit, München

Germain, C. B. (1999): Praktische Sozialarbeit. Das ‚Life Model' der sozialen Arbeit. 3. völlig neu bearb. Auflage, Enke, Stuttgart

–; Gitterman, A. (1988): Praktische Sozialarbeit. Das ‚Life Model' der sozialen Arbeit. Enke, Stuttgart

Giesecke, H. (2003): Pädagogik als Beruf. Grundformen pädagogischen Handelns. Juventa, Weinheim/München

Ginnold, A. (2004): Wege und Sackgassen ins Arbeitsleben. Kritische Betrachtungen zum System der beruflichen Förderung für Jugendliche mit Lernschwierigkeiten. In: Schnell, I.; Sander, A. (Hrsg.): Inklusive Pädagogik. Klinkhardt, Bad Heilbrunn/Obb., 289–302

Glatzer, W.; Zapf, W. (Hrsg.) (1984): Lebensqualität in der Bundesrepublik. Objektive Lebensbedingungen und subjektives Wohlbefinden. Campus, Frankfurt/M.

Gleiss, G. (2000): Selbstbestimmtes Leben mit Assistenz zwischen Pflegeversicherung und Globalrichtlinien. In: Verein für Behindertenhilfe (Hrsg.): Von der Betreuung zur Assistenz? Professionelles Handeln unter der Leitlinie der Selbstbestimmung. Tagungsbericht, Hamburg, 70–78

Goffman, E. (1973): Asyle: über die soziale Situation psychiatrischer Patienten und anderer Insassen. Suhrkamp, Frankfurt/M.

– (1992): Stigma. Über Techniken der Bewältigung beschädigter Identität. Suhrkamp, Frankfurt/M.

Groenemeyer, A. (2005): Soziale Probleme. In: Otto, H.-U.; Thiersch, H. (Hrsg.): Handbuch Sozialarbeit/Sozialpädagogik. 3. Aufl. Ernst Reinhardt, München/Basel, 1693–1708

Gronemeyer, M. (1988): Macht der Bedürfnisse. Reflexionen über ein Phantom. Rowohlt, Reinbek bei Hamburg

Großmaß, R. (2006): Die Bedeutung der Care-Ethik für die Soziale Arbeit. In: Dungs, S.; Gerber, U.; Schmidt, H.; Zitt, R. (Hrsg.): Soziale Ethik im 21. Jahrhundert. Ein Handbuch. Evangelische Verlagsanstalt, Leipzig, 319–328

Haack, G. (2002): Zur behindertenpolitischen Ausgangslage in den Bundesländern. In: Thimm, W.; Wachtel, G. (Hrsg.): Familien mit behinderten Kindern. Juventa, Weinheim/München, 29–44

Hahn, M. (1999): Anthropologische Aspekte der Selbstbestimmung. In: Wilken, E.; Vahsen, F. (Hrsg.), 14–30

Hähner, U.; Niehoff, U.; Sack, R.; Walther, H. (1998): Vom Betreuer zum Begleiter. Eine Neuorientierung unter dem Paradigma der Selbstbestimmung. Lebenshilfe-Verlag, Marburg

Hamel, T.; Windisch, M. (1993): Soziale Integration. Vergleichende Analyse von sozialen Netzwerken nichtbehinderter und behinderter Erwachsener. neue praxis, Heft 5, 425–439

Hausdörfer-Reinert, S. (2005): Von der Krüppelfürsorge zur Rehabilitation für Körperbehinderte: ein Beitrag zur Verortung sozialer Arbeit. Jacobs-Verlag, Lage

Hauss, F. (1989): Von der Zwangsjacke zur Fördergruppe: geistig Behinderte in der Geschichte der Psychiatrie: medizinhistorische Untersuchung über das sich wandelnde Krankheitsverständnis anhand von Psychiatrielehrbüchern ab 1850. Lang, Frankfurt/M./Bern/New York/Paris

Heckmann, Chr. (2004): Die Belastungssituation von Familien mit behinderten Kindern: soziales Netzwerk und professionelle Dienste als Bedingungen für die Bewältigung. Universitätsverlag Winter, Heidelberg

Heiner, M. (2004a): Professionalität in der Sozialen Arbeit. Theoretische Konzepte, Modell und empirische Perspektiven. Kohlhammer, Stuttgart

– (2004b): PRO-ZIEL Basisdiagnostik. Ein prozessbegleitendes, zielbezogenes, multiperspektivisches und dialogisches Diagnoseverfahren im Vergleich. In: Ders. (Hrsg.): Diagnostik und Diagnosen in der Sozialen Arbeit. Ein Handbuch. Eigenverlag Deutscher Verein, Berlin, 218–238

–; Schrapper, Chr. (2004c): Diagnostisches Fallverstehen in der Sozialen Arbeit. In: Schrapper, Chr. (Hrsg.): Sozialpädagogische Diagnostik und Fallverstehen in der Jugendhilfe. Juventa, Weinheim/München, 201–221

Hensle, U.; Vernooij, M. A. (2002): Einführung in die Arbeit mit behinderten Menschen I. Psychologische, pädagogische und medizinische Aspekte. Quelle & Meyer, Wiebelsheim

Hergarten, M.; Heyer, P. (1999): Zusammenleben lernen – Verschiedenheit respektieren. Integration statt Selektion. In: Schmitt, R. (Hrsg.): Bundesgrundschulkongress. An der Schwelle zum dritten Jahrtausend. Beiträge zur Reform der Grundschule. Bd. 105. Grundschulverband – Arbeitskreis Grundschule, Frankfurt/M.

Herriger, N. (1992): Empowerment – eine neue Zauberformel der Sozialen Arbeit? Soziale Arbeit, Heft 7, 231–234

– (1995): Empowerment und das Modell der Menschenstärken. Bausteine für ein verändertes Menschenbild der Sozialen Arbeit. Soziale Arbeit, Heft 5, 155–162

– (1997): Das Empowerment-Ethos. Sozialmagazin, Heft 11, 29–35

– (2002): Empowerment in der Sozialen Arbeit. Eine Einführung. Kohlhammer, Stuttgart

– (2006): Ressourcen und Ressourcendiagnostik in der Sozialen Arbeit. Online unter: www.empowerment.de/materialien_5.html (Download am 1.6.2008)

Heuser, K. (2007): „Gemeinsam zum Erfolg verurteilt". Die Zukunft der Eingliederungshilfe. Soziale Psychiatrie, Heft 1, 39–43

Hey, G. (2004): Soziale Probleme: Konstrukt der Soziologie und der Sozialen Arbeit. In: Wüllenweber, E. (Hrsg.), 18–35

Heyer, P. (2002): Grundschule – Schule für alle Kinder. Grundsätze zur

Entwicklung integrativer Arbeit. In: Eberwein, H.; Knauer, S. (Hrsg.), 191–200

Hinte, W. (2006): Geschichte, Quellen und Prinzipien des Fachkonzepts „Sozialraumorientierung" (Einleitung). In: Budde, W.; Früchtel, F.; Hinte, W. (Hrsg.), 7–26

–; Karas, F. (2003): Die Aktionsforschung in der Gemeinwesenarbeit. In: Lüttringhaus, M.; Richers, H. (Hrsg.), 36–54

Hinz, A. (2006): Integration und Inklusion. In: Wüllenweber, E. et al. (Hrsg.), 251–263

Honneth, A. (1994): Kampf um Anerkennung. Zur Grammatik sozialer Konflikte. Suhrkamp, Frankfurt / M.

Illich, I. (1979): Entmündigung durch Experten. Zur Kritik der Dienstleistungsberufe. Rowohlt, Reinbek bei Hamburg

International Federation of Social Workers (IFSW) (2000): Definition Sozialer Arbeit. (Abgerufen am 16.6.08 unter http://ifsw.org)

Jantzen, W. (1974): Sozialisation und Behinderung. Studien zu sozialwissenschaftlichen Grundlagen der Behindertenpädagogik. Focus, Gießen

– (1985): Materialistische Theorie der Behindertenpädagogik. In: Bleidick, U.: Theorie der Behindertenpädagogik. Marhold, Berlin, 322–342

– (1987): Allgemeine Behindertenpädagogik. Sozialwissenschaftliche und psychologische Grundlagen. Beltz, Weinheim / Basel

– (1996): Diagnostik, Dialog und Rehistorisierung: Methodologische Bemerkungen zum Zusammenhang von Erklären und Verstehen im diagnostischen Prozess. In: Ders.; Lanwer-Koppelin, W., 9–32

–; Lanwer-Koppelin, W. (1996): Diagnostik als Rehistorisierung. Methodologie und Praxis einer verstehenden Diagnostik am Beispiel schwer behinderter Menschen. Wissenschaftsverlag Spiess, Berlin

Jakobs, S.; Röh, D. (2005): Über die (Un-)Möglichkeit einer Sozialen Diagnose. Soziale Arbeit, Heft 8, 282–287

Jonas, H. (1984): Das Prinzip Verantwortung. Versuch einer Ethik für die technologische Zivilisation. Suhrkamp, Frankfurt / M.

Kan, P. van (2004): Peer-Counseling. In: Ders.; Doose, S.: Zukunftsweisend. Peer Counseling & Persönliche Zukunftsplanung. bifos e. V., Kassel, 15–70

Karls, J.; Wandrei, K. (1994): Person-in-Environment-System. NASW Press, Washington DC

Keupp, H. (2006): Gemeindeorientierung. In: Antor, G.; Bleidick, U. (Hrsg.): Handlexikon Behindertenpädagogik. Kohlhammer, Stuttgart, 364–368

Kindler, K. (1992): Wohlfahrtsverbände und Selbsthilfegruppen zwischen Interessensegoismus und Altruismus. Hartung-Gorre, Konstanz

Klassen, M. (2004): Was leisten Systemtheorien in der Sozialen Arbeit? Ein Vergleich der systemischen Ansätze von Niklas Luhmann und Mario Bunge. Haupt, Berlin

Klein, G. (2002): Frühförderung für Kinder mit psychosozialen Risiken. Kohlhammer, Stuttgart

– (2004): Frühförderung und lebensweltorientierte Sozialarbeit. In: Grunwald, K.; Thiersch, H. (Hrsg.): Praxis lebensweltorientierter sozialer Arbeit. Handlungszugänge und Methoden in unterschiedlichen Arbeitsfeldern. Juventa, Weinheim/München, 281–296

Kling-Kirchner, C. (1989): Institutionelle Beratung als Herrschaft von Expert/innen – Das Ende der Autonomie und Selbsthilfe von Klient/innen? Soziale Arbeit, Heft 8, 298–302

Klüsche, W. (1999): Ein Stück weitergedacht … Beiträge zur Theorie- und Wissenschaftsentwicklung in der Sozialen Arbeit. Lambertus, Freiburg/Br.

Kniel, A.; Windisch, M. (1993): Lebensbedingungen behinderter Erwachsener. Eine Studie zu Hilfebedarf, sozialer Unterstützung und Integration. Deutscher Studienverlag, Weinheim

–; – (2005): People First. Selbsthilfegruppen von und für Menschen mit geistiger Behinderung. Ernst Reinhardt, München/Basel

Knuf, A.; Seibert, U. (2000): Selbstbefähigung fördern – Empowerment und psychiatrische Arbeit. Psychiatrie-Verlag, Bonn

Knust-Potter, E. (1997): Self-Advocacy oder: Wie sprechen für uns selbst. In: Bundesvereinigung Lebenshilfe für Menschen mit geistiger Behinderung e. V. (Hrsg.), 519–535

– (1998): Behinderung – Enthinderung. Die Community-Living-Bewegung gegen Ausgrenzung und Fremdbestimmung. Klaus-Novy-Inst., Köln

Kräling, K. (2006): Ambulant vor stationär? Chance oder Risiko? In: Theunissen, G.; Schirbort, K. (Hrsg.), 103–115

Kron, M. (2002): Gemeinsame Erziehung von Kindern mit und ohne Behinderung im Elementarbereich. Theorieansätze und Praxiserfahrungen. In: Eberwein, H.; Knauer, S. (Hrsg.), 178–190

Kulig, W. (2005): Behinderung als zentraler Begriff. In: Opp, G. et al., 35–46

– (2006): Soziologische Anmerkungen zum Inklusionsbegriff in der Heil- und Sonderpädagogik. In: Theunissen, G.; Schirbort, K. (Hrsg.), 49–58

–; Theunissen, G. (2006): Selbstbestimmung und Empowerment. In: Wüllenweber, E. et al. (Hrsg.), 237–250

–; –; Wüllenweber, E. (2006): Geistige Behinderung. In: Wüllenweber, E. et al. (Hrsg.), 116–127

Laireiter, A. (1993): Soziales Netzwerk und soziale Unterstützung. Konzepte, Methoden und Befunde. Huber, Bern

Lazarus, R. S.; Folkman, S. (1984): Stress, appraisal and coping. Springer, New York

Lenz, A. (2002): Empowerment und Ressourcenaktivierung – Perspektiven für die psychosoziale Praxis. In: Lenz, A.; Stark, W. (Hrsg.): Empowerment. Neue Perspektiven für psychosoziale Praxis und Organisation. Fortschritte der Gemeindepsychologie und Gesundheitsförderung. Band 10. Dgvt, Tübingen, 13–54

Leroi-Gourhan, A. (1988): Hand und Wort. Die Evolution von Technik. Suhrkamp, Frankfurt/M.

Lindmeier, Chr. (2000): Integrative Erwachsenenbildung im Interesse von Menschen mit (geistiger) Behinderung. In: Markowetz, R.; Cloerkes, G. (Hrsg.), 171–184

– (2004): Biografiearbeit mit geistig behinderten Menschen. Juventa, Weinheim

– (2006a): Berufliche Bildung und Teilhabe geistig behinderter Menschen am Arbeitsleben. In: Wüllenweber, E. et al. (Hrsg.), 394–407

– (2006b): Aufbau und Entwicklung der Pädagogik bei geistiger Behinderung von 1950–1989 in der BRD. In: Wüllenweber, E. et al. (Hrsg.), 41–52

–; Lindmeier, B. (2001): Supported Living. Ein neues Konzept des Wohnens und Lebens in der Gemeinde für Menschen mit (geistiger) Behinderung. Behinderte in Familie, Schule und Gesellschaft 24, Heft 3/4, 39–49

Lingg, A.; Theunissen, G. (2000): Psychische Störungen und geistige Behinderung. Lambertus, Freiburg/Br.

Löcherbach, P.; Klug, W.; Remmel-Faßbender, R.; Wendt, W. R. (Hrsg.) (2005): Case Management. Fall- und Systemsteuerung in der Sozialen Arbeit. 3. Aufl., Ernst Reinhardt, München/Basel

Löw, M. (2006): Einstein, Techno und der Raum. In: Deinet, U.; Gilles, Chr.; Knopp, R. (Hrsg.): Neue Perspektiven in der Sozialraumorientierung. Berlin, Frank & Thimme, 9–22

Lübbe, A.; Beck, I. (2002): Individuelle Hilfeplanung – Anforderung an die Behindertenhilfe. Deutsche Heilpädagogische Gesellschaft, Bremen

Lüders, Chr. (1989): Der wissenschaftlich ausgebildete Praktiker: Entstehung und Auswirkung des Theorie-Praxis-Konzeptes des Diplomstudienganges Sozialpädagogik. Dt. Studien-Verlag, Weinheim

Luhmann, N. (1988): Soziale Systeme. Grundriß einer allgemeinen Theorie. Suhrkamp, Frankfurt/M.

– (1997): Die Gesellschaft der Gesellschaft. Suhrkamp, Frankfurt/M.

Lüttringhaus, M. (2007): Zusammenfassender Überblick: Leitstandards der Gemeinwesenarbeit. In: Hinte, W.; Lüttringhaus, M.; Oelschlägel, D.: Grundlagen und Standards der Gemeinwesenarbeit. Ein Reader für Studium, Praxis und Lehre. Juventa, Weinheim, 277–282

–; Richers, H. (2003): Handbuch Aktivierende Befragung. Konzepte, Erfahrungen, Tipps. Stiftung Mitarbeit, Bonn

Luxen, U. (2006): Psychotherapie bei Menschen mit geistiger Behinderung. In: Wüllenweber, E. et al. (Hrsg.), 445–464

Maas, T. (2006): Community Care in der Evangelischen Stiftung Alsterdorf. In: Theunissen, G.; Schirbort, K. (Hrsg.), 141–169

Maikowski, R. (2002): Gemeinsames Lernen in der Sekundarstufe I: Eine Standortbestimmung. In: Eberwein, H.; Knauer, S. (Hrsg.), 201–208

Markowetz, R. (2000): Freizeit von Menschen mit Behinderungen. In: Ders.; Cloerkes, G. (Hrsg.), 9–38

– (2007): Freizeit behinderter Menschen. In: Cloerkes, G., 307–340

–; Cloerkes, G. (Hrsg.) (2000): Freizeit im Leben behinderter Menschen. Theoretische Grundlagen und sozialintegrative Praxis. Universitätsverlag Winter, Heidelberg

Marquard, O. (2003): Über die Unvermeidlichkeit der Geisteswissenschaften. In: Ders.: Zukunft braucht Herkunft. Philosophische Essays. Phillip Reclam, Stuttgart, 169–187

Maschke, M. (2003): Die sozioökonomische Lage behinderter Menschen in Deutschland. In: Cloerkes, G. (Hrsg.), 165–182

Matter, H. (1999): Sozialarbeit mit Familien – eine Einführung. Haupt, Bern / Stuttgart / Wien

Mattner, D. (2000): Behinderte Menschen in der Gesellschaft. Zwischen Ausgrenzung und Integration. Kohlhammer, Stuttgart

Maturana, H.; Varela, F. (1997): Der Baum der Erkenntnis. Die biologischen Wurzeln des Erkennens. Goldmann, München

McGoldrick, M.; Gerson, R. (2002): Genogramme in der Familienberatung. 2., durchges. und neugestaltete Aufl., Huber, Berlin

Meinhold, M. (1996): Ein Rahmenmodell zum methodischen Handeln. In: Heiner, M.; Meinhold, M.; von Spiegel, H.; Staub-Bernasconi, S.: Methodisches Handeln in der Sozialen Arbeit. Lambertus, Freiburg / Br., 184–217

Merten, R. (2000): Soziale Arbeit als autonomes Funktionssystem der modernen Gesellschaft? Argumente für eine konstruktive Perspektive. In: Merten, R. (Hrsg.), 177–204

– (Hrsg.) (2000): Systemtheorie Sozialer Arbeit. Leske und Budrich, Opladen

Metzler, H. (2004): Behinderte Teilhabe. Eine Fallgeschichte. In: Grunwald, K.; Thiersch, H. (Hrsg.): Praxis lebensweltorientierter sozialer Arbeit. Handlungszugänge und Methoden in unterschiedlichen Arbeitsfeldern. Juventa, Weinheim / München, 297–304

–; Rauscher, Chr. (2004): Wohnen inklusive. Wohn- und Unterstützungsangebote für Menschen mit Behinderungen in Zukunft. Diakonisches Werk, Stuttgart

Michel, M.; Häußler-Sczepan, M. (2005): Die Situation von Frauen und Männern mit Behinderung. In: Bundesministerium für Frauen, Familie, Senioren und Jugend

Miles-Paul, O. (1992): Wir sind nicht mehr aufzuhalten. Behinderte auf dem Weg zur Selbstbestimmung. AG-SPAK-Publikationen, München

Moeller, M. L. (1978): Selbsthilfegruppen. Selbstbehandlung und Selbsterkenntnis in eigenverantwortlichen Gruppen. Rowohlt, Reinbek bei Hamburg

Mollenhauer, K.; Uhlendorff, U. (1992): Sozialpädagogische Diagnosen I. Über Jugendliche in schwierigen Lebenslagen. Juventa, Weinheim / München

–; – (1995): Sozialpädagogische Diagnosen II. Selbstdeutungen schwieriger Jugendlicher als empirische Grundlage für Erziehungspläne. Juventa, Weinheim / München

Mühl, H. (2006): Pädagogische Angebote im Vorschulalter. In: Wüllenweber, E. et al. (Hrsg.), 281–285

Mühlum, A. (1999): Rehabilitation im Lebenslauf. Die Ganzheitsperspektive als Herausforderung für Sonderpädagogik und Soziale Arbeit. In: Wilken, E.; Vahsen, F. (Hrsg.), 44–60

– (2001): Sozialarbeit und Sozialpädagogik: ein Vergleich. 3. überarb. und aktual. Aufl., Dt. Verein für öffentliche und private Fürsorge, Frankfurt/M.

– (2004): Zur Notwendigkeit und Programmatik einer Sozialarbeitswissenschaft. In: Ders. (Hrsg.), 121–156

–; Gödecker-Geenen, N. (2003): Soziale Arbeit in der Rehabilitation. Ernst Reinhardt, München/Basel

– (Hrsg.) (2004): Sozialarbeitswissenschaft – Wissenschaft der Sozialen Arbeit. Lambertus, Freiburg/Br.

Mührel, E. (2005): Verstehen und Achten. Philosophische Reflexionen zur professionellen Haltung in der Sozialen Arbeit. Die Blaue Eule, Essen

–; Röh, D. (2008): Menschenrechte als Bezugsrahmen in der Sozialen Arbeit – eine kritische Diskussion der ethisch-anthropologischen, fachwissenschaftlichen, sozialpolitischen und sozialphilosophischen Dimensionen. Widersprüche. Zeitschrift für sozialistische Politik im Bildungs-, Gesundheits- und Sozialbereich, Heft 107, 47–64

Müller, B. (2008): Sozialpädagogisches Können. Ein Lehrbuch zur multiperspektivischen Fallarbeit. Freiburg/Br., Lambertus

Müller, C. W. (2004): Wie Helfen zum Beruf wurde. Eine Methodengeschichte der Sozialen Arbeit, Beltz

Neuffer, M. (2002): Case Management. Soziale Arbeit mit Einzelnen und Familien. Juventa, Weinheim/München

Niemeyer, Chr.; Schröer, W.; Böhnisch, L. (1997) (Hrsg.): Grundlinien historischer Sozialpädagogik. Traditionsbezüge, Reflexionen und übergangen Sozialdiskurse. Juventa, Weinheim

Nirje, B. (1994): Das Normalisierungsprinzip – 25 Jahre danach. Vierteljahreszeitschrift für Heilpädagogik und ihre Nachbargebiete, 63, 12–32

Nussbaum, M. (1999): Gerechtigkeit oder das gute Leben. Suhrkamp, Frankfurt/M.

– (2003): Langfristige Fürsorge und soziale Gerechtigkeit. Deutsche Zeitschrift für Philosophie, 51, 179–198

Obrecht, W. (2001): Das Systemtheoretische Paradigma der Disziplin und der Profession der Sozialen Arbeit. Eine transdisziplinäre Antwort auf das Problem der Fragmentierung des professionellen Wissens und die unvollständige Professionalisierung der Sozialen Arbeit. Hochschule für Soziale Arbeit, Zürich

Opaschowski, H. W. (1990): Pädagogik und Didaktik der Freizeit. Leske & Budrich, Opladen

Opp, G. (2005a): Gesellschaftliche Entwicklungslinien der Heilpädagogik. In: Ders. et al., 11–17

– (2005b): Frühförderung. In: Ders. et al., 97–105

– (2005c): Schulische Förderung. In: Ders. et al., 106–112

–; Kulig, W.; Puhr, K. (2005): Einführung in die Sonderpädagogik. Verlag für Sozialwissenschaften, Wiesbaden

Osbahr, S. (2000): Menschen mit geistiger Behinderung verwirklichen Selbstbestimmung. Überlegungen aus der Sicht einer konstruktivistisch-systemtheoretischen Sonderpädagogik. Vierteljahresschrift für Heilpädagogik und ihre Nachbargebiete, 69. Jg., Heft 1, 58–69

Pantucek, P. (1998): Lebensweltorientierte Individualhilfe. Lambertus, Freiburg/Br.

– (2005): Soziale Diagnostik. Verfahren für die Praxis Sozialer Arbeit. Böhlau, Wien/Köln/Weimar

Pearson, R. E. (1997): Beratung und soziale Netzwerke. Eine Lern- und Praxisanleitung zur Förderung sozialer Unterstützung. Beltz, Weinheim/Basel

Peters, H. (2002): Soziale Probleme – Soziale Kontrolle. Westdeutscher Verlag, Wiesbaden

Pixa-Kettner, U. (2007): Elternschaft von Menschen mit geistiger Behinderung. Ergebnisse einer zweiten bundesweiten Fragebogenerhebung. Geistige Behinderung, Heft 4, 309–321

–; Bargfrede, S.; Blanken, I. (1996): „Dann waren sie sauer auf mich, dass ich das Kind haben wollte …“. Eine Untersuchung zur Lebenssituation geistigbehinderter Menschen mit Kindern in der BRD. Nomos, Baden-Baden

–; – (2004): Elternschaft von Menschen mit geistiger Behinderung – ein soziales Problem? In: Wüllenweber, E. (Hrsg.), 78–88

Pfaff, H. u. Mitarbeiter (2004): Behinderung und Einkommen. Ergebnisse des Mikrozensus. In: Statistisches Bundesamt (destatis.de): Auszug aus Wirtschaft und Statistik, http://www.vdk.de/cms/mime/754D1113986009.pdf, 18.11.2008

Puhl, R. (Hrsg.) (1996): Sozialarbeitswissenschaft: Neue Chancen für theoriegeleitete Soziale Arbeit. Juventa, Weinheim/München

Puhr, K. (2005): Berufliche Integration. In: Opp, G. et al., 113–129

Rauschenbach, Th. (1994): Inszenierte Solidarität: Soziale Arbeit in der Risikogesellschaft. In: Beck, U.; Beck-Gernsheim, E. (Hrsg): Riskante Freiheiten. Suhrkamp, Frankfurt/M., 89–114

– (1999): Das sozialpädagogische Jahrhundert. Analysen zur Entwicklung sozialer Arbeit in der Moderne. Juventa, München/Weinheim

Rawls, J. (1975): Eine Theorie der Gerechtigkeit. Suhrkamp, Frankfurt/M.

Riedel, B. (2005): Integration von Kindern mit Behinderung in Regeleinrichtungen. DJI, Zahlenspiegel 2005, 169–182

Ritscher, W. (2006): Einführung in die systemische Soziale Arbeit mit Familien. Carl-Auer, Heidelberg

Robertson, J.; Emerson, E.; Gregory, N.; Hatton, C.; Kessissoglou, S.; Hallam, A.; Linehan, C. (2001): Social Networks of People with Mental Retardation in Residential Settings. Mental Retardation. Volume 39, Nr. 3, 201–214

Röh, D. (2008): Apologie der Sozialen Arbeit. Soziale Arbeit, Heft 1, 8–14

Rohrmann, E. (1999): Was ist überhaupt Selbsthilfe? Zum Begriff und Verständnis Sozialer Selbsthilfe. In: Günther, P.; Rohrmann, E. (Hrsg.): Soziale Selbsthilfe: Alternative, Ergänzung oder Methode sozialer Arbeit? Universitätsverlag C. Winter, Heidelberg, 15–36

– (2004): Auf dem Weg zu mehr ambulanten Hilfen? Blätter der Wohlfahrtspflege, Heft 4, 137–139

–; Schädler, J.; McGovern, K. (2000): Chancen und Hindernisse der Offenen Behindertenhilfe am Beispiel Familienunterstützender Dienste. Geistige Behinderung, Heft 2, 150–164

Rösner, M.; Peiffer, S. (2006): Verlässliche und lebendige Grundlagen für den Alltag. Neue Wohnformen in der Behindertenhilfe. Blätter der Wohlfahrtspflege, Heft 1, 19–22

Roters, M.; Möller, S. (2006): Case Management in der Eingliederungshilfe für behinderte Menschen. In: Wendt, W. R.; Löcherbach, P. (Hrsg.), 173–190

Sachs-Pfeiffer, T. (1989): Partizipation: Teilhaben statt Teilnehmen. In: Stark, W. (Hrsg.): Lebensweltbezogene Prävention und Gesundheitsförderung: Konzepte und Strategien für die psychosoziale Praxis. Lambertus, Freiburg/Br., 191–222

Sachße, Chr.; Tennstedt, F. (1980): Geschichte der Armenfürsorge in Deutschland. Band 1. Kohlhammer, Stuttgart

–; – (1988): Geschichte der Armenfürsorge in Deutschland. Band 2. Kohlhammer, Stuttgart

–; – (1992): Geschichte der Armenfürsorge in Deutschland. Band 3. Kohlhammer, Stuttgart

Schablon, K.-U. (2008): Community Care: Professionell unterstützte Gemeinweseneinbindung erwachsener geistig behinderter Menschen. Lebenshilfe-Verlag, Marburg

Schädler, J. (2002): Paradigmenwechsel in der Behindertenhilfe unter Bedingungen institutioneller Beharrlichkeit: Strukturelle Voraussetzungen der Implementation Offener Hilfen für Menschen mit geistiger Behinderung. Dissertation. Uni Siegen

Schmid, W. (1998): Philosophie der Lebenskunst: eine Grundlegung. Suhrkamp, Frankfurt/M.

Schnoor, H. (2006): Psychosoziale Beratung in der Sozial- und Rehabilitationspädagogik. Kohlhammer, Stuttgart

Schröder, U. (2000): Lernbehindertenpädagogik. Grundlagen und Perspektiven sonderpädagogischer Lernhilfe. Kohlhammer, Stuttgart

Schuchardt, E. (2003): Krisenmanagement und Integration. Bd. 1, Biografische Erfahrung und wissenschaftliche Theorie. Bertelsmann, Bielefeld

Schütze, F. (1992): Sozialarbeit als bescheidene Profession. In: Dewe, B. (Hrsg.): Erziehen als Profession. Zur Logik professionellen Handelns in pädagogischen Feldern. Leske und Budrich, Opladen, 132–170

Schwarte, N. (2005): Fachliche und sozialpolitische Grundlagen der offenen Hilfen. HEP-Informationen, Heft 2, 11

–; Oberste-Ufer, R. (2001): LEWO II. Lebensqualität in Wohnstätten für erwachsene Menschen mit geistiger Behinderung. Lebenshilfe Verlag, Marburg

Schwendter, R. (2000): Einführung in die Soziale Therapie. dgvt, Tübingen

Seifert, M. (1997): Lebensqualität und Wohnen bei schwerer geistiger Behinderung. Theorie und Praxis. Diakonie-Verlag, Reutlingen

– (2002): Menschen mit schwerer Behinderung in Heimen. Ergebnisse der Kölner Lebensqualität-Studie. Geistige Behinderung, 41, Heft 3, 202–222

– (2004): Wenn Anforderungen zur Überforderung werden. Ablösung vom Elternhaus – im Interesse des behinderten Kindes. Geistige Behinderung, 43, Heft 4, 312–321

Seligman, M. (1999): Erlernte Hilflosigkeit. Beltz, Weinheim / Basel

Sickendieck, U.; Nestmann, F.; Engel, F. (2002): Beratung. Eine Einführung in sozialpädagogische und psychosoziale Beratungsansätze. Juventa, Weinheim / München

Singer, P. (1994): Praktische Ethik. Reclam Verlag, Stuttgart

Sommerfeld, P.; Hüttemann, M. (2007): Evidenzbasierte Soziale Arbeit. Nutzung von Forschung in der Praxis. Schneider, Baltmannsweiler

Speck, O. (1991): System Heilpädagogik. Eine ökologisch reflexive Grundlegung. Ernst Reinhardt, München / Basel

– (1999 / 2005): Menschen mit geistiger Behinderung und ihre Erziehung. Ein Lehrbuch zur Erziehung und Bildung. 9. / 10., überarb. Aufl., Ernst Reinhardt, München / Basel

– (2008): System Heilpädagogik. Eine ökologisch reflexive Grundlegung. 6., überarb. Aufl., Ernst Reinhardt, München / Basel

–; Martin, K.-R. (Hrsg.) (1990): Sonderpädagogik und Soziale Arbeit. Handbuch der Sonderpädagogik. Band 10. Edition Marhold im Wiss.-Verlag Spiess, Berlin

Spiegel, H. v. (1996): Arbeitshilfen für das methodische Handeln. In: Heiner, M.; Meinhold, M.; Spiegel, H. v.; Staub-Bernasconi, S.: Methodisches Handeln in der Sozialen Arbeit. Lambertus, Freiburg / Br., 218–268

– (2008): Methodisches Handeln in der Sozialen Arbeit. 3. Aufl., Ernst Reinhardt, München

Staub-Bernasconi, S. (2003): Soziale Arbeit als (eine) Menschenrechtsprofession. In: Sorg, R. (Hrsg.): Soziale Arbeit zwischen Politik und Wissenschaft. Lit, Münster, 17–54

– (2005): Ressourcenerschließung, In: Otto, H.-U.; Thiersch, H. (Hrsg.): Handbuch Sozialarbeit / Sozialpädagogik, Ernst Reinhardt, München / Basel, 1507–1515

– (2007): Soziale Arbeit als Handlungswissenschaft: systemtheoretische Grundlagen und professionelle Praxis – ein Lehrbuch. Haupt, Bern / Stuttgart / Wien

Stein, A.-D. (2007): Was ist Community Living? In: Maas, T.; Bayer, W.; Götz, D.; Heimler, J; Kraft, W.; Nernheim, K.; Schulz, B.; Schulze-Steinmann, L. (Hrsg.): Community Living. Bausteine für eine Bürgergesellschaft. Alsterdorf, Hamburg, 16–25

Steiner, G. (1999): Experten in eigener Sache. In: Günther, P.; Rohrmann, E. (Hrsg.): Soziale Selbsthilfe: Alternative, Ergänzung oder Methode sozialer Arbeit? Universitätsverlag Winter, Heidelberg, 181–190

Stimmer, F. (2000): Lexikon der Sozialpädagogik und Sozialarbeit. Oldenbourg, München

– (2006): Grundlagen des methodischen Handelns in der Sozialen Arbeit. Kohlhammer, Stuttgart

Störmer, N. (2006): Die Entwicklung der Erziehung, Bildung und Betreuung von Menschen mit geistiger Behinderung von den Anfängen bis zur Zeit des Nationalsozialismus. In: Wüllenweber, E. et al. (Hrsg.), 12–22

Strubel, W. (2004): Menschen mit Behinderungen gehören zu ihren Gemeinden. Jahrbuch Neue Caritas. Freiburg, 154–157

Thesing, Th. (1998): Betreute Wohngruppen und Wohngemeinschaften für Menschen mit geistiger Behinderung. Lambertus, Freiburg/Br.

Theunissen, G. (1997): Pädagogik bei geistiger Behinderung und Verhaltensauffälligkeiten. Ein Kompendium für die Praxis. Klinkhardt, Bad Heilbrunn/Obb.

– (2005): Wege aus der Hospitalisierung. Empowerment in der Arbeit mit schwerstbehinderten Menschen. Psychiatrie-Verlag, Bonn

– (2006a): Inklusion – Schlagwort oder zukunftsweisende Perspektive? In: Theunissen, G.; Schirbort, K. (Hrsg.), 13–40

– (2006b): Geistigbehindertenpädagogik in der DDR. In: Wüllenweber, E. et al. (Hrsg.), 30–40

– (2006c): Zeitgemäße Wohnformen – Soziale Netze – Bürgerschaftliches Engagement. In: Theunissen, G.; Schirbort, K. (Hrsg.), 59–96

– (2007): Empowerment behinderter Menschen. Inklusion – Bildung – Heilpädagogik – Soziale Arbeit. Lambertus, Freiburg

–; Mattner, D.; Neubauer, G.; Niehoff, U. (2000): Zur Situation geistig behinderter Menschen in ihrer Freizeit. Eine Umfrage bei der Lebenshilfe in Deutschland. Geistige Behinderung, 39. Jg., Heft 4, 360–372

–; Plaute, W. (2002): Handbuch Empowerment und Heilpädagogik. Lambertus, Freiburg/Br.

–; Schirbort, K. (Hrsg.) (2006): Inklusion von Menschen mit geistiger Behinderung. Zeitgemäße Wohnformen – Soziale Netze – Unterstützungsangebote. Kohlhammer, Stuttgart

Thiersch, H. (1997): Alltag. In: Deutscher Verein für öffentliche und private Fürsorge (Hrsg.): Fachlexikon Sozialer Arbeit. Deutscher Verein Eigenverlag, Frankfurt/M., 16–18

– (2004): Praxis lebensweltorientierter sozialer Arbeit. Handlungszugänge und Methoden in unterschiedlichen Arbeitsfeldern. Juventa, Weinheim/München

–; Grunwald, K. (2002): Lebensweltorientierte Soziale Arbeit. In: Thole, W. (Hrsg.): Grundriss Soziale Arbeit. Leske & Budrich, Opladen, 161–178

Thimm, W. (1997): Kritische Anmerkungen zur Selbstbestimmungsdiskussion in der Behindertenhilfe. Zeitschrift für Heilpädagogik, Heft 6, 222–232

– (2002): Familien mit behinderten Kindern in Deutschland – Wege der Unterstützung. In: Ders.; Wachtel, G. (Hrsg.): Familien mit behinderten Kindern.

Wege der Unterstützung und Impulse zur Weiterentwicklung regionaler Hilfesysteme. Juventa, Weinheim/München, 11–28

– (2003): Epidemiologie und soziokulturelle Faktoren. In: Neuhäuser, G.; Steinhausen, H.-C. (Hrsg.): Geistige Behinderung. Kohlhammer, Stuttgart, 9–25

– (2005): Das Normalisierungsprinzip. Eine Einführung. In: Ders. (Hrsg.): Das Normalisierungsprinzip. Ein Lesebuch zu Geschichte und Gegenwart eines Reformkonzepts. Lebenshilfe-Verlag, Marburg, 12–31

–; Schiller, B.; Beck, I. (1987): Soziale Netzwerke behinderter Menschen. Bericht an die Deutsche Forschungsgemeinschaft. Universität Oldenburg

–; Wachtel, G. (Hrsg.) (2002): Familien mit behinderten Kindern. Juventa, Weinheim/München

Thoma, R. (2004): Lebenslagen behinderter Menschen im 19. Jahrhundert. In: Baumgartner, I.; Landersdorfer, A. (Hrsg.): Jeder Mensch ist kostbar. Dominikus Ringeisen (1835–1904). Ein Anwalt des Lebens. Dietmar-Klinger-Verlag, Passau, 83–98

Uexküll, Th. v.; Wesiack, W. (2003): Integrierte Medizin als Gesamtkonzept der Heilkunde. In: Uexküll, Th. v.: Psychosomatische Medizin. Urban und Fischer, München/Jena 3–42

Uhlendorff, U. (1997): Sozialpädagogische Diagnosen III. Ein sozialpädagogisch-hermeneutisches Diagnoseverfahren für die Hilfeplanung. Juventa, Weinheim/München

Vereinte Nationen – Zentrum für Menschenrechte / Internationaler Verband der Sozialarbeiterinnen (IFSW) / Internationale Vereinigung der Ausbildungsstätten für Soziale Arbeit (IASSW) (1992): Menschenrechte und Soziale Arbeit. Ein Handbuch für Ausbildungsstätten der Sozialen Arbeit und für den Sozialarbeitsberuf. UN-Manual. FH Weingarten-Ravensburg

Vieweg, B. (2006): Für Heimbau-Moratorium und ambulante Strukturen. Standpunkt Sozial, Heft 3, 53

Waldschmidt, A. (2003): Ist Behindertsein normal? Behinderung als flexibel-normalistisches Dispositiv. In: Cloerkes, G. (Hrsg.), 83–102

Warnke, A. (1990): Elternarbeit. In: Speck, O.; Martin R, (Hrsg.), 410–426

Weber, E. (2002): Persönliche Assistenz-assistierende Begleitung. Veränderungsforderungen für die professionelle Betreuung und für Einrichtungen der Behindertenhilfe. Deutsche Heilpädagogische Gesellschaft (Hrsg.): Schriften Band 8, Eigenverlag, Köln/Düren

Weiß, H.; Neuhäuser, G.; Sohns, A. (2004): Soziale Arbeit in der Frühförderung und Sozialpädiatrie. Ernst Reinhardt, München/Basel

Wendt, W. R. (1988): Das Konzept der Lebenslage. Seine Bedeutung für die Praxis der Sozialarbeit. Blätter der Wohlfahrtspflege, Heft 4, 79–83

– (1990): Ökosozial denken und handeln. Grundlagen und Anwendungen in der Sozialarbeit. Lambertus, Freiburg/Br.

– (1994): Sozial und wissenschaftlich arbeiten. Status und Positionen der Sozialarbeitswissenschaft. Lambertus, Freiburg/Br.

– (2001): Case Management im Sozial- und Gesundheitswesen. Lambertus, Freiburg/Br.

–; Löcherbach, P. (Hrsg.) (2006): Case Management in der Entwicklung. Stand und Perspektiven in der Praxis. Economica, Heidelberg

Wilken, E. (2000): Urlaub, Reisen und Tourismus für behinderte Menschen. In: Markowetz, R.; Cloerkes, G. (Hrsg.), 185–194

–; Vahsen, F. (Hrsg.) (1999): Sonderpädagogik und Soziale Arbeit. Luchterhand, Neuwied/Kriftel/Berlin

Windisch, M. (2004): Assistenzorientierung in der sozialen Arbeit mit behinderten Menschen. Gemeinsam leben. 12. Jg., Heft 2, 64–70

Winkler, M. (1997): Herman Nohl – Sozialpädagogik im Horizont der Geisteswissenschaften. Eine Interpretationsperspektive. In: Niemeyer, Chr. et al. (Hrsg.), 143–164

Wörthmann, D. (2006): treffpunkt.altona. Wie Netzwerkarbeit ganz konkret aussehen kann. Standpunkt Sozial, Heft 3, 54–56

Wolfensberger, W. (2005): Die Entwicklung des Normalisierungsgedankens in den USA und in Kanada. In: Thimm, W. (Hrsg.): Das Normalisierungsprinzip. Ein Lesebuch zu Geschichte und Gegenwart eines Reformkonzepts. Lebenshilfe-Verlag, Marburg, 168–186

Woog, A. (2006): Soziale Arbeit mit Familien. Theoretische und empirische Ansätze zur Entwicklung einer pädagogischen Handlungslehre. Juventa, Weinheim/München

World Health Organization (WHO) (2001): International Classification of Functioning, Disability and Health. Genf

Wüllenweber, E. (2004) (Hrsg.): Soziale Probleme von Menschen mit geistiger Behinderung. Fremdbestimmung, Benachteiligung, Ausgrenzung und soziale Abwertung. Kohlhammer, Stuttgart

– (2006): Case Management – Konzept, Implementierung, Chancen. In: Wüllenweber, E. et al. (Hrsg.), 436–444

–; Ruhnau-Wüllenweber, M. (2004): Soziale Probleme und geistige Behinderung – Einleitung in die Thematik. In: Wüllenweber, E. (Hrsg.), 12–17

–; – (2006): Pädagogische Beratung – ein bedeutender Ansatz für die heilpädagogische Arbeit mit Menschen mit geistiger Behinderung. In: Wüllenweber, E. et al. (Hrsg.), 428–435

–; Theunissen, G.; Mühl, H. (2006) (Hrsg.): Pädagogik bei geistigen Behinderungen. Kohlhammer, Stuttgart

Zimmerman, M. A. (2000): Empowerment Theory. Psychological, Organizational and Community Levels of Analysis. In: Rappaport, J.; Seidman, E. (Ed.): Handbook of Community Psychology. New York, 43–63

Zimpel, A. (1994): Entwicklung und Diagnostik. Diagnostische Grundlagen der Behindertenpädagogik. Lit, Münster

Sachregister

Leseprobe

Bruno W. Nikles:
Institutionen und Organisationen der
Sozialen Arbeit

1 Einführung

Landläufig werden die Begriffe Institution und
Organisation eng verbunden, wenn nicht gar
synonym gebraucht. Der Institutionenbegriff ist
jedoch soziologisch gesehen zunächst sehr viel
offener angelegt.

*Als Institution wird ein Komplex miteinander ver-
knüpfter Handlungsmuster verstanden, die sich lei-
tend und lenkend auf Beziehungen und Abläufe auswirken. Institutionen repräsentieren zudem Sinn-
und Symbolkontexte. In Prozessen der Institutiona-
lisierung werden also Verbindungen hergestellt zwischen dem Wert-, Norm oder Zielhorizont einerseits
und dem konkreten Verhalten und Handeln andererseits. Hingegen bezeichnet der Organisationsbegriff
eine in der Regel zweckrationale, geplant arbeitstei-
lige Ordnung.*

Diesen Zusammenhang wollen wir sehr vereinfacht am Beispiel sozialer Hilfen erläutern: Wenn
Einzelpersonen oder soziale Gruppen in Reaktion
auf konkrete Problemlagen Menschen situativ und
einmalig in schwierigen Situationen helfen, unterstützen, beraten, stärken oder begleiten, dann han-

deln sie gewiss auf der Grundlage von Orientierungen wie „Hilfe", „Solidarität", „Nächstenliebe"
oder Ähnlichem. In dem Moment, wo ihre Hilfen
dauerhaft erbracht sowie in größere Zusammenhänge eingebaut werden – und sei es auch nur die
Einrichtung einer ständigen Telefonkette – werden Abläufe und Handlungen institutionalisiert.
Auf diesem Wege verstetigt sich das Engagement,
nimmt erkennbare Strukturen an. Manche solcher
Prozesse laufen auf die bewusste Bildung zweckrationaler Organisationen zu.

Organisation „als je vorhandenes Beieinander und
je vorhandener prozessualer Zusammenhang von
Menschen, Sachen, Handlungen, Informationen
und Symbolen kann nur theoretisch rekonstruiert
werden" (Girschner 1990, 22). Alltagssprachlich
könnte man sagen, dass Organisationen bestenfalls
im Hinblick auf die Gebäude, in denen Geschäfts-
stellen residieren oder in denen bestimmte Handlungen ihren Ort haben, sichtbar, ansonsten aber
insgesamt nicht erkennbar sind.

Dies bedeutet, dass wir sie zum Teil recht müh-
sam gedanklich zusammenstellen (rekonstruieren)
müssen.

Es gibt hinsichtlich dieser Rekonstruktion – vereinfacht dargelegt – zwei grundsätzliche Zugangs-
perspektiven. Die eine nutzt den Systembegriff
und beschreibt die Organisation als ein Gefüge von
Elementen (Abteilungen, Produktionseinheiten,
aber auch von Personen besetzte Positionen), die in
einem funktionalen Zusammenhang (Kommunika-
tionsverbindungen, Handlungen und dergleichen)
stehen. Dadurch entsteht ein Gebilde mit Grenz-

ziehungen zur Umwelt. Eine andere Zugangsweise geht von den genannten Handlungen zwischen den in einem Zusammenhang stehenden Personen aus und fragt nach den konkreten Handlungsformen. Beide Zugangsweisen ergänzen sich. Eine umfassende Institutionenkunde dürfte sich demnach nicht darauf beschränken, Organisationen als quasi leblose Systembildungen darzustellen, im Extremfall also nur die „gesellschaftliche Adresse" anzugeben. Sie müsste über den Hinweis hinaus, dass Organisationen sich entwickeln und verändern, zumindest die dazugehörenden Handlungsfelder der Sozialen Arbeit thematisieren. Veränderungen in diesen Handlungsfeldern führen in den weitaus meisten Fällen auch zu organisatorischen Anpassungen, manchmal gar zum Verschwinden von Organisationen.

Die Darstellungsgrenze dieser einführenden Institutionenkunde liegt aber vor dem administrativen oder sozialarbeiterischen Handeln selbst. Die konkreten Handlungsformen und -intentionen, beispielsweise des Beratens, Helfens, Unterstützens, Anregens und Erziehens, bleiben ausgespart. Die genannten beiden Zugangsweisen lassen sich in einem einfachen, der soziologischen Theorie entlehnten Modell (Parsons 1972) beschreiben.

Systeme bestehen aus Elementen, die miteinander in spezifischer Weise (durch Tauschverhältnisse, gemeinsame Orientierungen, bestimmte Regeln und Ähnliches) verbunden sind und durch ihre Verbundenheit nach außen eine Grenze bilden.

Jede Systembildung muss danach folgende vier Aufgaben bearbeiten:

Systeme können zwar gegenüber ihrer Umwelt unter Umständen eine hohe Autonomie erreichen und sich damit in starkem Maße selbst steuern, doch existieren sie immer in einer Umwelt und müssen Anpassungsaufgaben lösen. Eine Einrichtung im Bereich der erzieherischen Hilfen steht in einem Tauschverhältnis: Öffentliche Träger finanzieren die Unterbringung und die pädagogische Arbeit mit den dort betreuten Kindern, gegebenenfalls werden die Eltern auch zu einem Kostenbeitrag herangezogen, und die Einrichtung selbst erbringt nach festgelegten Qualitätsstandards ihre Leistungen. Sind die Leistungen unzureichend, entsprechen sie also nicht den Anforderungen der Umwelt in fachlicher oder finanzieller Hinsicht, wird sich das System bestenfalls auf die geforderten Bedingungen einstellen oder schlechtestenfalls vor Existenzproblemen stehen. Wenn wir also die in dieser Einführung dargestellten Institutionen der Sozialen Arbeit beschreiben wollen, können wir zunächst mit den Fragen „Welche Leistungen erbringt diese Einrichtung?", „Für wen werden diese Maßnahmen angeboten?" und „Wer stellt die dafür erforderlichen Ressourcen bereit?" auf ihre Tauschverhältnisse schauen.

Soziale Systeme stehen überdies vor der Aufgabe, sich Ziele zu setzen, die Verfolgung dieser Ziele durch eine angemessene Kommunikation zu unterstützen oder gegebenenfalls auch neue Ziele aufzustellen. Insoweit gibt es eine Willensbildungsaufgabe. Nehmen wir als Beispiel einen

Sozialverband, der sich nach dem Krieg für die Durchsetzung von Entschädigungen und Eingliederungshilfen für kriegsbeschädigte Menschen einsetzte. Nach einigen Jahren gingen die Mitgliederzahlen zurück und der Verband entschied sich, seine Grundfunktion, für Bürger die Durchsetzung von Ansprüchen gegenüber der staatlichen Sozialpolitik zu erstreiten, auf andere Personengruppen, wie zum Beispiel Zivilbeschädigte, Unfallopfer oder Gewaltopfer, auszudehnen. Im Verband fand also ein existenzsichernder Willensbildungsprozess statt. Aber auch bei gleichbleibenden Zielstellungen müssen Kommunikationsleistungen zwischen Träger, Geschäftsführung und Mitarbeitern gesichert werden, damit Dienste oder Einrichtungen „auf Kurs" bleiben. Hierzu gehören Fragen wie „Welche Ziele verfolgt die Organisation?", „Welche Mechanismen werden genutzt, um die Ziele wechselnden Bedingungen und Anforderungen anzupassen?", „Gibt es Zielkonflikte zwischen der Organisation und der Umwelt?", „Wie können durch den Träger oder durch einen Verband sozialpolitische Debatten oder Zielsetzungen beeinflusst werden?"

Auszug aus (S. 10 – 12):
Bruno W. Nikles
Institutionen und Organisationen der Sozialen Arbeit
Eine Einführung
2008. 148 Seiten. 44 Abb.
UTB-S (978-3-8252-3058-6) kt

Benno Biermann
Soziologische Grundlagen der Sozialen Arbeit

2007. 222 Seiten. 21 Abb. 9 Tab.
UTB-M (978-3-8252-2879-8) kt

Am Leitfaden grundlegender soziologischer Begriffe – soziales Handeln, Rolle und Institution, Gruppe und Organisation, Macht und Herrschaft, soziale Ungleichheit und sozialer Konflikt – bietet das Buch Studierenden und Praktizierenden der Sozialen Arbeit Hilfen für die angemessene Bearbeitung beruflicher Probleme.

Zugleich vermittelt es jenes Basiswissen im Bereich soziologischer Theorie, das für kompetentes Handeln im Sozialen Beruf unerlässlich ist. Dabei gilt der Grundsatz: zu verstehen und zu beurteilen, was man lernt, ist wichtiger als möglichst viel zu lernen. Alle Themen des Buches werden verständlich, praxisbezogen und anhand vieler Beispiele vorgestellt. Eine Einführung im besten Sinne!

www.reinhardt-verlag.de

Gabriele Moos / Andre Peters
BWL für soziale Berufe

Eine Einführung
2008. 155 Seiten. 71 Abb. 25 Tab.
UTB-M (978-3-8252-3120-0) kt

Betriebswirtschaftliche Modelle, Effektivitäts- und Effizienzüberlegungen bestimmen zunehmend auch die Soziale Arbeit. Das Buch stellt einen „Streifzug" durch die BWL dar. Wichtige betriebswirtschaftliche Instrumente und deren Auswirkungen auf das Handeln sozialer Organisationen werden auch für Einsteiger in die Thematik gut verständlich dargestellt. Neben einer Klärung der Grundbegriffe werden u. a. folgende Themen behandelt: Rechnungswesen, Controlling, Strategisches Management, Finanzierung, Personal-, Qualitäts- und Risikomanagement, Marketing. Für Leitungskräfte in sozialen Einrichtungen und Studierende unverzichtbar!

ℜ reinhardt
www.reinhardt-verlag.de

Johannes Schilling
Didaktik / Methodik Sozialer Arbeit

Grundlagen und Konzepte
(Studienbücher für soziale Berufe; 2)
5., durchges. Aufl. 2008. 287 Seiten. 41 Abb. 7 Tab.
170 Lernfragen
UTB-L (978-3-8252-8311-7) kt

Dieses Standardwerk führt grundlegend in die Didaktik und Methodik Sozialer Arbeit ein. Es hilft den Studierenden dabei, Konzepte für die praktische Arbeit zu entwickeln, Lösungen praktischer Aufgaben strukturiert und zielorientiert zu erarbeiten, Arbeitsschritte theoretisch begründen zu können, die Wirksamkeit der eigenen Arbeit zu überprüfen.
Dieses Arbeitsbuch ist reichhaltig mit didaktischen Elementen ausgestattet.

ᴇ᙮/ reinhardt
www.reinhardt-verlag.de

Karsten Speck
Schulsozialarbeit

Eine Einführung
2007. 173 Seiten. 14 Tab.
UTB-S (978-3-8252-2929-0) kt

Die Schulsozialarbeit hat in den letzten Jahren an
Bedeutung gewonnen – nicht nur die PISA-Debatte und
der Ausbau der Ganztagsschulen haben dazu geführt.
Was aber macht Schulsozialarbeit aus? Welche
Ansätze haben sich in der Praxis bewährt? Welche
Schlüsselkompetenzen sind für das Arbeitsfeld unerlässlich? Karsten Speck klärt über zentrale Begriffe auf, skizziert den Rahmen für das Arbeitsfeld – von rechtlichen
Fragen über Finanzierung, Träger, Handlungsprinzipien
und Wirkungen der Schulsozialarbeit bis hin zu notwendigen Standards und Fragen der Qualitätsentwicklung.

reinhardt

www.reinhardt-verlag.de